湛庐CHEERS

与最聪明的人共同进化

HERE COMES EVERYBODY

67枚奥运奖牌

GAME CHANGERS

[英] 若昂·梅代罗斯 João Medeiros 著

孙焕君 译

中国纺织出版社有限公司

谨以此书献给我最亲爱的父亲

序 言

英国体育是如何崛起的

2012 年，我突然被一个故事深深迷住了。在时间跨度长达 20 多年的故事情节中，科学与体育交织在一起，一个由科研人员、教练和分析师组成的群体，如先驱般创造出诸多全新的方法，而他们的终极目标，就是解决体育领域中最核心的问题：何以制胜？

一切都是从一次偶然的发现开始的。伦敦奥运会期间，我对英国代表团表现优异的原因产生了巨大的好奇。毕竟 1996 年亚特兰大奥运会上英国在奖牌榜仅列第 36 位，甚至排在阿尔及利亚、比利时和哈萨克斯坦等国家之后。那惨不忍睹的成绩也成为英国有史以来最差的纪录，英国媒体将之形容为国家丑闻。

英国政府被迫介入，这样一来，资金得到了保障，随后又成立了一个名为“英国体育”（UK

Sport）的专门机构，负责资金的分配，这些资金的绝大部分来自英国国家彩票（National Lottery）的收入。资金的分配标准十分严格，不能用于提高体育运动在大众中的普及，甚至也不能简单地帮助运动员提高水平。这些资金必须精准投放，其回报目标必须是相应数量的世界冠军和奥运会金牌。这项政策后来被称为“军令状战略”（no-compromise system），只针对那些最具夺牌希望的项目。

换句话说，“英国体育”只对“成功”进行投资。在接下来的悉尼奥运会、雅典奥运会与北京奥运会这三届奥运会中，英国代表团在奖牌榜上的排名稳定提升。

“英国体育”对于伦敦奥运会四年周期的投入约为 5 亿英镑。即使如此，该数字仍比像韩国和日本这样的国家少很多。与俄罗斯、中国和美国等体育超级大国相比，更是九牛一毛。

凭借国家彩票的资金，英国建成了一批体育中心，很多运动员得到了资助，可以进行全职训练。2002 年，这笔资金还赞助成立了英国体育学院（English Institute of Sport），为“英国体育”提供技术、科学和医学方面的支持。英国体育学院的核心任务就是为所有项目的英国国家队提供体育科学人员。英国体育学院创建时以澳大利亚体育学院为模板，因为澳大利亚体育学院早在千年交替之时就已经被公认为体育科学领域的最佳机构。而到了 2012 年，英国体育学院显然已经跃升成为这一领域供同行学习的新榜样。

那么，一个国家的体育成绩究竟是如何在不到一代人的时间里就发生了质变呢？

这是我向“英国体育”运动表现总监（performance director）彼得·基恩（Peter Keen）提出的问题。

“我很奇怪为什么之前很少有人问过我这个问题，”基恩说，“我在谈论体育话题的时候，会时刻保持清晰的逻辑和冷静的态度，这与大众眼中充满激情的体育形成了反差。但也正是因为这种态度，可以确保我为你提供一个有力而完整的答案。”他沉默地站了一会儿继续说：“我们在过去的20年中所做的，就是运用理性和科学的手段解析运动表现。开展科学研究需要数据的支持，需要研究者具备科学能力，也就是提出假设并用最简单的方法进行求证的能力。在通往成功的道路上，一个很重要的能力是保证研究过程的客观性。客观性保持得越好，效果就越惊人。”

2012 年伦敦奥运会之后，“英国体育”发布了两份重要的声明。2013 年 12 月的第一份声明宣布了英国在 2016 年里约奥运会上的目标——66 枚奖牌。在历史上，还从来没有哪个国家在自己举办过奥运会之后的下一届奥运会上，获得比自己作为东道主时更多的奖牌。如果这一目标能够实现，英国将创造历史。

第二份是内部声明，发布对象是所有教练员、项目总监和体育科学家，发布内容包括一个旨在提高运动成绩、名为“何以制胜”（What It Takes to Win）的标准化流程，这一流程将在英国体育界的高效系统（high-performance system）中实施。

我不断融入体育精英的世界，开始认识一些深居幕后的体育科学家，他们被称为“团队背后的团队”。我逐渐加入他们的里约奥运四年之旅中。

在四年的时间里，“何以制胜”作为一个句式表达了大家共同的信念，逐渐获得了教练员与科学家的认可。其实，“何以制胜”中包含的理念，并不是最近才出现的。

从某种意义上来说，这一切都源于一次伟大的实验，而实验的内容就是对于下面四个问题进行重新思考：某项体育运动是如何运行的？运动员的水平是如何发挥的？运动员是如何训练的？教练是如何执教的？该实验是在建立了世界上第一个体育科学系的利物浦理工学院（1992 年更名为利物浦约翰摩尔斯大学）最早开始实施的。那是 20 世纪 80 年代末期，就在这所大学，由一位数学家、一位生理学家、一位心理学家和一位退役篮球运动员组成的杂牌军开创性地建立起运动表现的分析方法。在这个过程中，他们在球场和更衣室晃来晃去，扮演讨人嫌的角色，把摄像机对着足球场。他们近距离地对顶级教练进行研究，结果发现即使是顶级教练中的顶级人物也无法精确地复述出比赛过程中那些最重要的事件。他们的研究首次在生理学的层面上对足球运动员的场上活动进行了量化，还编写出了可以预测壁球赛事冠军的软件。

英国体育学院成立初期，那些之前在纯学术环境中开创出新的运动表现分析方法的体育科学家，开始直接进入英国各国家队，并对分析方法实现了第一次升级。此时，他们的主要任务已不再是进一步的科学研究，而是帮助英国夺取金牌。他们将模型运用于类似的项目中，这一分析方法的第一次成功迭代很快便在壁球、英式橄榄球、自行车和一级方程式赛车等不同项目中得以实现。

英国体育界的高效系统为 2012 年伦敦奥运会开足马力，这些以获取成功为目标的新方法便在英国各项目的国家队中推广开来，其结果也很快在世人面前得到清晰的展现。在伦敦奥运会之后的 2016 年里约奥运会，英国体育继续创造历史，不仅奖牌总数比 2012 年伦敦奥运会的 65 枚还多出 2 枚，而且在奖牌榜高居第二，超过了中国。

当然，赛场上的胜利是由天才和勤奋的运动员获得的，但每块奖牌背后都是三位一体的紧密配合：天才的运动员、智慧的教练和思路清晰的体育科学家。这其中显然包含着一个充满了奋斗、假想、奉献和冲突的故事。

在所有的赛事和项目中，这种故事都无比真实。本书的视角将对准三位一体中最不为人所知的一方——体育科学家。

体育科学家是成功队伍身后的那群人，那些队伍包括欧洲足球赛事的冠军、英式橄榄球世界冠军和奥运金牌选手。体育科学家的任务是帮助球队打破失利怪圈，确保冠军选手保持强大竞争力。他们以科学研究的方法，通过不断的试错，探寻体育领域中最核心问题的答案：何以制胜？

目 录

01

运动研究的新领域

故事发生在 1972 年 1 月 5 日晚上，52 岁的哈里 · 卡特里克（Harry Catterick）在看完足球比赛后开车回家，结果路上突发心脏病。

卡特里克时任埃弗顿足球俱乐部主帅，带领球队在当时的英国足球顶级联赛拼杀。20 世纪 60 年代，卡特里克被俱乐部主席约翰·摩尔斯（John Moores）招致麾下。

摩尔斯靠博彩业起家，后逐步转型经营大型连锁商店兼邮购公司，并建立起 Littlewoods 零售帝国。早在事业有成之前，摩尔斯就对足球情有独钟。他从小就热衷于这项运动，直到 40 岁都还在坚持参加业余足球比赛。摩尔斯与埃弗顿队的渊源始于第二次世界大战期间，也就是在那个时候，他成了俱乐部的股东。随着时间的推移，他对俱乐部的投资越发深入，从最初借钱给俱乐部在古迪逊公园球场（Goodison Park）安装泛光灯，到后来资助球队购买球员。1960 年，“约翰先生”成了摩尔斯在埃弗顿队内部的称谓，他也成了 21 年未能夺冠的埃弗顿队的主席。次年，摩尔斯开除了当时的教练，聘请了俱乐部前球员卡特里克担任负责人。前一个赛季的时候，卡特里克带领谢菲尔德星期三足球俱乐部赢得了英国足球顶级联赛的亚军。然而，就在两年前，谢菲尔德星期三队还只能踢第 2 梯队的联赛。“埃弗顿是我的老东家，”卡特里克对媒体说，“我会加倍努力，帮助球队夺冠。”

他确实也是这样做的。新官上任的球队教练集收购天才球员的超凡眼光、低调隐忍的办事作风和强烈厌恶媒体的个人态度于一身。由于担心球队战术被对手摸清，他强烈反对在电视上播出埃弗顿队参加的比赛。此外，他还将发掘球员的过程伪装成打高尔夫球的假期，秘密签下了不少球员。

有了摩尔斯的重金支持，卡特里克集结了一批足球天才，没过多久就把埃弗顿队打造成了前途无量的联赛劲旅，成为家喻户晓的超级球队。“他只嘱咐了我们一件事情，就是好好踢球。”埃弗顿队的中场队员科林·哈维（Colin Harvey）在自传中写道。他还说，自己甚至不记得卡特里克曾经把大家叫到一起坐下来讨论战术。

卡特里克取得的成绩是毋庸置疑的。1966 年，埃弗顿队赢得了英国足总杯冠军。这是自 1933 年夺冠后，埃弗顿队时隔 33 年再次获得这一殊荣。此外，埃弗顿足球俱乐部还夺得了 1962—1963 赛季和 1969—1970 赛季的英国足球顶级联赛冠军。20 世纪 70 年代，埃弗顿队辉煌一时，称霸英国足坛。

到了 1972 年，埃弗顿队却变成了强弩之末，曾经战绩惊艳的球队竟然变得死气沉沉，成绩飘忽不定。1972 年 1 月的一个风雪交加的冬夜，卡特里克独自前往谢菲尔德市观看谢菲尔德星期三队主场对战西汉姆联队的比赛。作为球队的教练，卡特里克觉得压力巨大，于是决定亲自研究球队接下来要迎战的对手。怎奈麾下球员早已是一群乌合之众，失去了夺冠的冲劲。后来有人推测，球队表现欠佳可能给卡特里克带来了沉重的压力，最终导致其突发心脏病。

1972 年 3 月，卡特里克重拾球队教练的工作，情况却大不如前，不光身体每况愈下，在寻找新人方面似乎也黔驴技穷了。埃弗顿队的表现越来越差，连续错签球员更是令球队雪上加霜。在该年度赛季剩余的 13 场比赛中，埃弗顿队仅获胜 1 场，在联赛中排名第 15 位。

临近赛季尾声，虽然约翰·摩尔斯十分信任自己选择的球队教练，但显然，球队急需积极改变，否则就只能坐以待毙。就在球队生死存亡的关头，摩尔斯先生收到了利物浦理工学院生理学家沃恩·兰开斯特－托马斯（Vaughan Lancaster-Thomas）的来信，声称可以帮助埃弗顿足球俱乐部走出困境。

虽然已年过 40，但兰开斯特－托马斯依旧保持着运动员的良好体态：肌肉发达、结实强壮，一看就知道他常年坚持体育锻炼。他是田径项目和自行车项目的前英国冠军，曾打破英国马拉松竞走纪录，还担任过英国国家篮球队的主教练。随着运动员生涯步入尾声，他决定全情投入学术研究中。“过去，我只是一个肌肉发达的愣头青，”兰开斯特－托马斯这样说自己，“我的大脑还是一片处女地。”

在获得拉夫堡大学体育教育学博士学位后，兰开斯特－托马斯成了英国体育运动科学领域首位拥有博士学位的体育教育家。随后，他在伦敦特维克纳姆圣玛丽大学建立了生理学实验室，这个实验室是最早的一批生理学实验室之一。他以英国顶级运动员为研究对象，进行了大量的实验，其中包括举重运动员路易斯·马丁（Louis Martin）和自行车运动员汤姆·辛普森（Tom Simpson）等。1967 年，辛普森因服用大量兴奋剂导致心力衰竭，在环法自行车赛的旺图山（Mont Ventoux）赛道上猝死。“他来找我，问我对比赛有什么意见，我对他进行了一系列测试，然后他就出发参赛了，”兰开斯特－托马斯回忆道，“他故意隐瞒了服用安非他命的违法行为，以及嗜饮白兰地的恶习。饮酒虽不算违法，但对身体伤害颇大。”

在英国圣玛丽大学就职期间，兰开斯特－托马斯撰写了运动生理学领域的开创性专著《科学与运动：运动表现的衡量与提升》（*Science and Sport: The Measurement and Improvement of Performance*）。该书的核心观点是：这门初创学科想要取得进展并赢得信任，一定要使用跨学科研究的方法。

诚然，新兴的运动生理学确实需要得到大家的认可，但当时，成为合格的体育运动科学家的唯一途径就是取得体育教育学学位。兰开斯特－托马斯的目标是创建体育运动科学领域内的荣誉学位，并巩固该学科的学术地位。

秉承着最初的理想，兰开斯特－托马斯于 1971 年申请了利物浦理工学院的职位。自然科学学院院长的想法与他不谋而合。利物浦是英国国内极为热衷体育运动的城市之一，理应设置体育运动科学系。因此，院长委托兰开斯特－托马斯创建新院系。“虽然我们不知道从何开始，但我们一定会全力支持你。”院长跟兰开斯特－托马斯说。兰开斯特－托马斯随即问道：“我必须有一个体育运动科学实验室，如何才能申请到实验室呢？”

埃弗顿队主席约翰·摩尔斯对兰开斯特－托马斯的学术名望早有耳闻，因此一接到来信就立刻邀请他到古迪逊公园的豪华套房，并热情款待。作为埃弗顿队的主席，摩尔斯问兰开斯特－托马斯，如何才能拯救俱乐部。作为体育教育学家和运动生理学家，兰开斯特－托马斯告诉他，可以在利物浦理工学院建立一个体育运动科学实验室。实验室将会按照埃弗顿队的需求提供服务。当然，作为服务的一部分，兰开斯特－托马斯也会针对球队的训练提供专业意见。新成立的实验室会开展秘密研究，帮助卡特里克扭转球队的颓势。饭还没吃完，摩尔斯就已经同意出资，赞助并协助成立这个英国当时最先进的体育运动科学实验室。

然而，兰开斯特－托马斯从未想过独立承接埃弗顿队这一项目。毕竟他本人其实对足球颇为反感。“我只看过一次埃弗顿队的比赛，觉得简直就是浪费时间，不如不看。裁判员公平公道地对球员进行判罚，球员们却粗暴蛮横，不讲道理。我觉得自己仿佛置身于古罗马斗兽场中。球迷的行为更是令人感到如身处噩梦般恐怖，他们一直都在威胁和诋毁对手。足球比赛给人的整体感觉就像是一群未开化的穴居人在进行某种活动。”

因此，兰开斯特－托马斯聘用了一名研究助理帮助自己做研究。这名助理名叫托马斯·赖利（Thomas Reilly），25 岁，爱尔兰籍，拥有英国伦敦皇家自由医院（Royal Free Hospital）的人体工程学硕士学位。

赖利从小就对运动兴趣浓厚。在梅奥郡（County Mayo）长大的他打过爱尔兰式橄榄球和爱尔兰式曲棍球，但最喜欢的还是长跑。在孩提时代，他经常跑上 6 千米往返于学校和家之间；成年之后，他跑起了马拉松，还大方地邀请竞争对手一起跑半程马拉松。后来，他以 2 小时 37 分钟的优秀成绩跑完了全程马拉松，在业余运动员中实属出众。

兰开斯特－托马斯想将利物浦理工学院的体育教育课题组建设成羽翼丰满的运动研究系。赖利就是他为了实现理想而聘用的第一批科学家之一。之后，学校又引进了一批教师，研究和设计体育运动科学这门新学科的核心课程，其中有一位名叫弗兰克·桑德森（Frank Sanderson）的生理学家。

桑德森清晰地记得自己第一天入职的场景，他竟然去默西河（River Mersey）参与了一堂滑水课。有了摩尔斯提供的充裕资金，兰开斯特－托马斯甚至挪用学校经费购入了一艘快艇放在自家车库中。“赖利挣扎得特别厉害，因为他不会游泳，”桑德森回忆道，“大约 1 个小时后，他已经完全成了落汤鸡。为了他的人身安全，我们只得把他拖出来。”院长在听说了兰开斯特－托马斯的糟糕计划之后，命令其立刻将快艇归还学校。据说，兰开斯特－托马斯还觉得自己受到了侮辱，在他看来，反倒是学校应该付给自己快艇保管费才对。

桑德森和赖利很快就成了亲密的朋友。他们和新加入的两名同事共用一间狭长的办公室。办公室的角落里有一个水槽，常年都堆满没洗的咖啡杯，看起来就像是马上要溢出水槽一般；大家跑完步后还会把沾满汗渍的衣服挂在取暖器上。办公室里通常都是既吵闹又凌乱，电话铃声此起彼伏，学生们进进出出，赖利却经常在自己的工位上埋头苦干，专心致志。据桑德森说，赖利毅力惊人，经常深夜打来电话，讨论研究的进展以及其他相关的工作。“他喜怒不形于色，”桑德森回忆说，“总是低调行事。他从不放声大笑，但大家依然可以从他眼角的皱纹里看出笑意。”

这种温和的性格令赖利在科研工作上产出颇丰，堪称模范研究助理。一天，兰开斯特－托马斯问他是否愿意担任研究项目的志愿者，探索男性运动员对时长为 100 小时的中等强度持续训练有何反应。“我可不是强人所难的刻薄导师，我也没有故意欺负人，”兰开斯特－托马斯忙着解释，“是他自己欣然接受了这一挑战。”在接下来的 4 天中，赖利不是在骑动感单车，就是在跑步机上跑步，要么就是在划船机上划船。他唯一的营养摄入就是一种名为“迪纳摩”（Dynamo）的浓稠葡萄糖浆，外加一点盐，而这些盐则来自由兰开斯特－托马斯任顾问的英国比切姆集团（Beecham Group）。赖利被准许可以每小时去一次洗手间，涂抹少量凡士林来缓解伤痛。

在短暂的休息时间里，兰开斯特－托马斯会对赖利的体重、体温、心率和血糖水平进行测量。“我坚信，正确的条件可以造就稳定的生理状态，”兰开斯特－托马斯解释说，“人们认为昼夜交替的生理规律使人类无法保持永动，但我不同意。无法实现永动是因为人类没有找到正确的能量源。”一开始，赖利的心率有所上升，但在后来做匀速运动时，心率逐渐降了下来，最终跟预期的情况差不多。44 小时之后，赖利的生理指标趋于稳定。在 100 小时的实验结束后，兰开斯特－托马斯握了握赖利的手，感谢他完美地扮演了志愿者这一角色，并成功地坚持到最后。

随后，兰开斯特－托马斯打算再做一次这个实验，目的是为“迪纳摩”进行品牌炒作。在桑德森的帮助下，大家在利物浦韦弗特里游乐场的大篷下安装了一台跑步机。不幸的是，“迪纳摩”被公园水管里的水污染了，兰开斯特－托马斯患上了严重的痢疾。但他仍旧试图一边夹着夜壶，一边继续在跑步机上坚持跑步，并由桑德森帮忙处理排泄物。结果，他们连第一天都没撑过去。

据桑德森说，兰开斯特－托马斯为人狂妄自大，树敌无数。“篮球运动中有个术语叫‘传切’，”桑德森说，“队员在团队内部称之为‘沃恩·托马斯传切’。他们把球扔给他之后就回去防守了。”但桑德森也承认，老板博学多识，极具个人魅力，天生就是个领导者。“很多人警告我不要跟沃恩共事，”他回忆道，“然而我认为，与沃恩相处是我人生中最棒的经历。”

很早的时候，兰开斯特－托马斯就开始雄心勃勃地布局，为利物浦新近建立的体育运动科学学科宣传造势，并寻求官方认可。他还想方设法地进入了负责学位授予的英国学位授予委员会，可见其政治手腕十分高明。“其他院系的老师都嫉妒我们，”桑德森说，“我都忘了有多少人来问过我：‘要获得体育运动科学学位得做多少个俯卧撑？’”

兰开斯特－托马斯的心态倒是十分积极，一边享受着自己招来的非议，一边在舆论的喧哗中开展工作。“我的性格不是很讨喜，做事也比较鲁莽，所以朋友不多，但学生还是很尊重我的。甚至有一些女学生还对我情有独钟，但最后也都不了了之。”他说。后来，英国独立电视台的《十点新闻》（*News at Ten*）栏目主动上门采访新成立的体育运动科学实验室，在直播中，兰开斯特－托马斯让一名学生进行“破坏实验”。这个实验需要学生不断加速蹬自行车，直至筋疲力尽，身心崩溃。“大家觉得实验太残酷了，但也确实开始有人申请我们这个专业了。”

当时，学界对竞技能力的普遍认识主要是以一位匈牙利内分泌学家的研究为基础的。

20世纪30年代，麦吉尔大学生化系的研究人员汉斯·谢耶（Hans Selye）利用小鼠进行了一系列实验，测试它们对各类虐待行为的生理反应，虐待行为包括诸如将小鼠暴露在极端气温下、喂食药物、强迫进行超常运动以及切除脊髓之类的物理创伤等。通过观察，谢耶发现，无论小鼠遭受何种形式的虐待，其反应似乎都遵循着某种相似的模式。在遭受创伤的 48 小时内，小鼠身上出现了一系列症状，包括出血性溃疡、肾上腺增大以及胸腺萎缩。谢耶认为，这是小鼠对“警告”的第一阶段的反应。在这里，“警告”是指持续的虐待。之后，小鼠的身体会开始恢复，受影响的器官也会逐渐复原，并重获正常的功能。谢耶将这第二个阶段称为适应阶段。

然而，随着虐待继续，小鼠会进入一种衰竭状态：最终丧失反抗能力，被外在伤害压垮，甚至死亡。谢耶将此称为第三阶段。

谢耶将上述三个阶段的情况详细记录在了论文《多种伤害行为所导致的综合征》（*A Syndrome Produced by Diverse Nocuous Agents*）中，该论文于 1936 年 7 月发表于《自然》杂志。谢耶认为，这些反应的出现与伤害行为本身没有关系，是器官对温度变化、药物和肌体训练等外界刺激的正常反应。“从广义上讲，小鼠对外界各类干预的综合反应可以被视为器官为了适应新环境而自发做出的努力，”他写道，“因此，我们可以称之为‘一般适应综合征’。”

在描述小鼠的身体对创伤所做出的生理反应时，谢耶借用了“stress”这一术语，在工程领域中被译为“应力”，在生理学领域被译为“应激”。在工程领域中，应力主要用于量化材料的弹性强度。用谢耶自己的话来说，应激是“身体对外界所有需求的反应”。在他看来，应激是身体对生活的无声反应，“是对来自外界的各类摧残身体的行为的回应”。1956 年，他在《生活的应激》（*Stress of Life*）一书中写道：“我穿过车水马龙的十字路口，就稿件征求他人的意见……这类事件，以及单纯的愉悦之情都会激活身体的应激机制。应激并不一定对人体有害，也可以是生活的调味剂。”

到了晚年，谢耶经常感慨未能确定隐藏在适应能力背后的生化原理。不过他的一般适应综合征理论为后人的研究打下了基础。后来的学者在研究人体对如受伤、感染、沮丧、锻炼等外界应激源的反应方式时，都是以谢耶的理论为框架和依据的。

虽然谢耶的研究对象主要是啮齿类动物，但他的应激理论迅速地在竞技体育和运动生理学中得到了验证。1961 年 9 月，悉尼大学生理学讲师，当地著名的游泳教练福布斯·卡莱尔（Forbes Carlile）在《田径技能》杂志（*Track Technique*）上发表了一系列文章。他认为，教练在训练运动员时可以将一般适应综合征理论作为指导性假设。他建议大家去了解不同应激会对运动员产生何种不同影响，从节食到缺乏睡眠，“从常规的肌紧张、内心波动、兴奋易怒、肠胃不适到感冒流涕”。

据卡莱尔称，虽然聪明的教练能正确识别出运动员身体所释放的疲惫信号，但训练的极限和疲惫之间的界线并不十分明显。他写道：“训练运动员就好比是在弯折一根娇嫩的树枝。尽管我们的身体能够逐渐适应体育训练所带来的持续压力，但它跟树枝一样，如果遇到太大的压力，也会表现出逐渐崩溃的迹象。如果再继续增加压力，身体就有可能到达崩溃的临界点。”

在逐渐接受了谢耶的理论后，运动生理学家开始结合运动训练对理论进行改良和提升，例如改良超负荷运动的方法。超负荷运动是指运动员必须经受的超常规训练，认可这一理论的人认为训练达到这样的强度才能进一步提升成绩。谢耶的理论假设了临界值的存在，也就是说在临界值到来之前，压力可以一直促进生理性适应，强化肌肉组织，强健心脏功能，提升肺活量。锻炼二头肌就是其中一个较为简单直观的例子。举重这一应激源会在微观水平上撕裂肌肉组织，从而引发应激反应。在恢复期间，身体会切换到合成状态，产生更多的肌纤维。有了更多的肌肉，身体自然就可以承受更高负荷的压力。

生理学家要挑战的就是测试人体会对应激产生何种程度的适应，并不断摸索方法，探究运动员身体承受能力的极限。特异性是体能训练的一个重要方面。“只有了解了某项运动的需求，才能根据需求来调整训练，”兰开斯特－托马斯说，“我们必须要先分析某项运动的组成，然后再进行针对性训练。”

这就是赖利在埃弗顿队要解决的问题。此前，关于足球运动中的生理应激源和心理应激源的研究是很少的，已有的研究还总因为方法不得当或数据不足而乏善可陈。毫不夸张地说，足球堪称世界范围内极为流行的运动之一，但一提到解析足球运动的需求，大家却一无所知。

1972 年 7 月 10 日，赖利在埃弗顿队内开展了一项关键性实验，从而奠定了自己作为体育运动科学创始人的地位。当时，埃弗顿队的球员刚刚结束了暑假，陆续归队报到，并开始为赛季前的训练做准备。埃弗顿队的贝尔菲尔德训练场被公认为当时最现代化的训练场。训练场内建有一栋两层高的主体综合楼，一个铺有人造草皮的室内运动场馆和两块标准全尺寸户外场地。

第一天，队医先对大家进行了常规体检。次日，球员按照要求前往利物浦理工学院新成立的体育运动科学实验室报到。大家在实验室中见到了赖利。赖利按照兰开斯特－托马斯设计的实验，细心地对 31 名专业足球运动员进行了一系列测试。大家甚至在量身高体重时脱得只剩袜子和短裤。此外，赖利还测试了每位球员脚踝的灵活度，并利用测力计测量了他们的握力。为了量化反应速度，赖利为球员播放了一些视觉刺激信号，并要求大家用食指按下相关按钮予以反馈。赖利还安排球员进行了哈佛台阶测试。球员需要在 5 分钟内连续上下半米高的台阶，并保持每分钟 30 次的频率。性格评估则运用了“卡特尔 16 种人格因素测验”。这种测验采用长篇问卷模式，要求球员对“我白天做的梦总是十分清晰”或“不一定要那么诚实”等一系列描述做出“非常同意”到“非常不同意”的各种选择。至于球员的最大心率则是通过折返跑来测定。“大家的收缩压都略高出平常值，这需要进一步做出解释，”赖利后来在报告中写道，“没有过测试经历的实验对象第一次来实验室会感到紧张，这也是正常的。”

后来，赖利又在赛季准备阶段的末期、赛季中和赛季末对球员进行了重复测试。在此期间，他可以自由接触球员，这让他十分享受。他受邀参加了赛季开始前在瑞典的巡回赛，并获得了球队的许可，在凌晨三点至四点之间为球员测量心率。球员必须详细记录个人每天的行为（性生活除外，毕竟这侵犯了球员的隐私），赖利有权了解球员的全部医疗记录和特制的食谱。每场比赛前，球员都会在更衣室中勒紧鞋带，做上场准备，而此时，赖利会对他们进行心率测量。

在贝尔菲尔德训练场进行周训时，赖利会记录球员特定时刻的心率。心率监测仪上配有两个电极，通过胶带和松紧带贴到运动员的胸腔上，并与运动员橡胶腰带上的传感盒相连。伸缩天线传出心率信号，赖利则在球场边线处操作盒状接收器，捕捉信号。

主帅卡特里克本人很少出现在训练场上。“球队教练的任务就是坐在办公室里不停地打电话，买卖球员。”兰开斯特 - 托马斯解释说。从事过自由职业的退役教练经常采用一些自由任性的训练方法，球员大部分时候都是在跑长跑和做游戏。“用这种方法训练球队实在荒谬，”兰开斯特－托马斯说，“站在体育教育学的角度来看，这样的训练方法已经落后了几十年，更不要说跟运动科学沾边了。”

为了计算球员在比赛中的跑动距离，赖利和兰开斯特－托马斯设计出了一套速记方法。他们绘制出了球场轮廓，并利用球场上的线条、草坪修剪导致的颜色差异，以及边线外的巨幅广告牌对球场进行了网格划分。赖利将场地分区熟记于心，并一场不落地参加了埃弗顿队的全部比赛。他以嘉宾身份坐在教练席上，紧盯一个球员，观察其整场比赛的全部行为。他还利用盒式录音机来记录对球员的行为注解：“他在向后走，现在又站定不动了，他正沿对角线方向朝球场最后三格移动……”赖利用秒表为不同方式的运动计时，包括行走、后退、慢跑、匀速跑和冲刺。他还对每场比赛进行了录像，然后通过在屏幕上叠加网格，计算出球员跑动的距离及速度。利用上述方式计算得出的球员的运动效率，使大家首次对足球运动中处于不同位置的球员的生理需求做出了精准量化。

对埃弗顿队来说，1972—1973 赛季简直就是灾难。赛季刚开始的时候，球队形势一片大好，连续 7 场不败。然而在剩余的 35 场比赛中，却仅获胜 10 场。10 月，球队更是仅胜一场。11 月和 12 月，仍旧没有走出阴霾，连败 6 场，创造了俱乐部历史上的连败纪录。

卡特里克将败绩归咎于球迷，称球迷太过热情，吓坏了球员。然而事实却是，球队内部长期以来都处于无组织无纪律的状态，球员整天只知道寻欢作乐。在圣诞节前夕，卡特里克发掘并引进了一位绰号为“闪电”的大块头中锋伯尼·赖特（Bernie Wright），但旋即又将其降格为替补队员，因为赖特竟然在贝尔菲尔德训练场上拿着破酒瓶子喝威士忌。遭到警告之后，赖特毫无悔意，不仅掌掴了一名教练，还试图冲撞卡特里克，而卡特里克不得已只能从后门开车逃走。1973 年 2 月 3 日，埃弗顿队竟然在英国足总杯第 4 轮的比赛中，在古迪逊公园球场上输给了处于第 3 梯队的米尔沃尔足球俱乐部。在那场比赛中，11 名米尔沃尔球迷被刺伤，愤怒的埃弗顿球迷纷纷从看台上往下扔坐垫。

1973 年 4 月，摩尔斯终于开除了卡特里克，这似乎也在情理之中了。

接替卡特里克的是比利・宾厄姆（Billy Bingham），他立刻终止了赖利和兰开斯特 - 托马斯的研究计划。“很大一部分原因是研究计划并非他的初衷，而且他也不想让局外人对自己指手画脚，教自己做事。不过闭门造车显然是管理不善的典型表现。”兰开斯特 - 托马斯说。后来宾厄姆要求兰开斯特 - 托马斯将球员的数据全部交给俱乐部。于是，兰开斯特 - 托马斯将大量数据打印出来，用盒子打包好，找了一辆出租车送到古迪逊公园球场。

虽然研究因宾厄姆的干涉而被迫中止，但对于兰开斯特 - 托马斯来说，研究算是已经取得了成功。他们成功地帮助埃弗顿队摆脱了降级的危险。更重要的是，他们还记录了专业足球运动员参加比赛时的生理需求。例如，他们发现平均每位球员每场比赛的运动距离约为 8680 米，其中，37% 为慢跑，25% 为走动，11% 为快跑。当然，平均数据可能会掩盖不同位置对球员的具体要求。通常来说，中场球员平均每场比赛的运动距离约为 10 000 米，比其他任何位置上的球员都多。反过来说，中卫运动的距离最短，而且更多的时候是在向后跑，前锋则经常用头顶球。

赖利还总结出，能够给球员带来场上紧张感的训练次数，不足全部训练次数的三分之一。此外，他还将球员的日常表现划分为“表现平平”和“数值明显低于其他优秀球员”等的等级。他写道：“研究对象行为习惯的典型特征就是，大部分时间都处于静坐或横卧的状态。”结果显示球员每天躺卧和静坐的时间竟然接近 20 个小时，“这些专业足球运动员似乎只配被称为‘躺坐专业户’”。

赖利觉得职业足球运动员的工作性质跟演员并无二致，都是在长时间的训练和排练后，被迫在一大群观众面前进行表演，取悦观众。通过剖析球员心理，他发现，埃弗顿队的球员性格外向、敏感焦虑、不负责任、刚愎自用、盲目自大。“他还发现了踝关节灵活度与智力之间的关系，”弗兰克·桑德森大笑，“数据经常会产生一些奇奇怪怪的关联性。”

赛季进入中旬之后，球员身上那种想要主导赛场的霸气与冒险精神都有了明显的下滑。这两种态度恰好与获胜密不可分。“这种现象倒是跟俱乐部一塌糊涂的战绩刚好吻合。”赖利评论说。

后来，赖利将研究结果发表在了论文《专业足球运动员职业压力的人体工学评价》(*An ergonomic evaluation of occupational stress in professional football*）中。他在文章末尾建议到，训练内容可以再丰富一些，不要给球员“造成负担”，有氧运动辅以无氧运动，间歇性、高强度快跑结合慢跑，这样才能更好地满足球员的备战需求。赛季过后，赖利赢得了埃弗顿队球员们的高度尊敬。“球员觉得赖利就是魔法师，因为他能指出大家之前意识不到的事情，”兰开斯特－托马斯说，“我认为球员都能明辨是非，如果赖利信口雌黄，准会被大家发觉，所以他肯定是言之有理的。赖利温文尔雅，从不惹人生气。只要是赖利提出的建议，球员都会仔细聆听。”

随着论文的发表，赖利和兰开斯特－托马斯的研究得到学术界的广泛关注，他们的方法也在其他体育门类中得到了广泛应用。后来，人们将这项开创性的研究称为运动表现分析，而这开启了运动研究的新领域。

然而，在时隔多年之后，足球界却还没有认识到这项研究结果的重要性。1979年，赖利在《科学研究教会足球教练的那些事》（*What Research Tells the Coach About Soccer*）一书中写，“固有的多面性和神秘难解”导致足球运动是质疑科学研究的，甚至是心生敌意的。

“比赛结果常常与预测有出入，科学预测信誓旦旦，实际结果却总是事与愿违。意外失利常被球员与教练忽视，因为大家觉得一切都是上帝的旨意，天命难违。简而言之，在足球界，迷信仍大行其道。外人在提出不同的客观意见时，要么被拒之门外，要么被冷淡处理。”

凡事不可一蹴而就，新兴技术的发展更是如此。在足球领域真正认识到科学的威力之前，研究人员还有很长的路要走。

02

发掘运动的真相

每当斯塔福德·默里（Stafford Murray）去参加青少年壁球巡回赛，他的父亲马尔科姆·默里都会从窗口向外张望。母亲林达·默里经常会紧张到把自己锁在卫生间里，只敢偶尔在比赛间隙露面，询问比分，然后又赶忙回到自己的安全区。当然，无论结果如何，她都会一如既往地支持儿子。

不过，父亲的支持却是有条件的。假如默里输了比赛，父亲肯定会大发脾气。有一次，在参加英国壁球公开赛时，他刚从球场上下来就听到父亲冲母亲大嚷："斯塔福德打得太差了。"母亲却说："怎么了？这重要吗？他不过就是太累了。"这一幕令他难以忘怀。"我坐在原地号啕大哭，"默里回忆道，"输球就是罪过。没得第一，就等于得了倒数第一。现实就是这么残酷，没有任何余地。对于年仅 11 岁的小男孩来说，父亲可能有些过于严厉了。"

默里从 6 岁起就在父亲的带领下接触了壁球。在 20 世纪 80 年代，壁球运动深受英国大众喜爱，身为水管维修工的马尔科姆·默里也爱打着玩。当时，默里一家人都住在赫里福德郡（Herefordshire）塔灵顿村。村政府驻地是一栋用瓦楞状铁皮搭成的建筑，带有一块小型的壁球场地。球场顶棚很低（“稍微抛个高球就会打到灯”），正面那道墙的中间还开了道门（“打球的时候如果有人进门，那个人很可能会被打到头”）。每天晚上，默里就是在这样的球场里连续训练几小时，全年无休，哪怕到了冬天，冰雪的融水顺着木质的围墙缓缓流下的时候也要坚持练球。马尔科姆·默里总是要求儿子在一节训练课的末尾进行冲刺折返跑。然后，他会从清洁橱柜中拿出一个水桶放在左后方的角落里。默里需要对着墙壁练球，并尽量让球反弹到桶里，重复 10 次。只有在完成了所有的训练后，默里才能回家。

在父亲“惩罚”式的训练下，小默里的壁球越打越好。周一到周五随机挑选三天，再加上周末两天，他都会跑上两个小时，向自己的偶像——世界壁球之王乔纳·巴林顿（Jonah Barrington）致敬。巴林顿身强体壮，球风凌厉，曾经六次夺得英国壁球公开赛的冠军。“当时的我以为长跑是一种良好的锻炼方式，实则不然，长跑使我的后背劳损过度，”默里说，“不过，也确实让我的意志更加坚强了。”相较于在雪地里跑上两个小时，一个小时的壁球训练就显得没有那么难熬了。

到了 12 岁的时候，默里几乎每晚都在参加比赛，包括周末。他还入选了国家队 10 岁以下组。后来，默里成了国家队 12 岁以下组的头号种子运动员。13 岁的时候，他赢得了赫里福德郡高年级组的冠军。据默里说，他是世界上最年轻的高年级组壁球冠军。

然而在学校里，他的学习成绩却很惨淡，还会时不时地给他留下些阴影。“数学简直让我痛不欲生，”默里回忆道，“时至今日，我还会经常梦到自己被迫回到学校参加数学补考，而且一丝不挂。”有两次，他因调皮捣蛋而被学校给予了停课处罚：一次是违反校规剃了光头，还有一次是在校长的椅子下面放臭气弹。“当时，注意缺陷多动障碍还没有被大众接受。如果那时候有这个说法，那我肯定是注意缺陷多动障碍患者。”默里说。

后来，默里开始涉足音乐，跟随哥哥沃里克·默里（Warwick Murray）的乐队进行全国巡演，并担任乐队管理员。他发现自己在演奏吉他方面颇具天赋，没过多久就会弹奏史蒂维·雷·沃恩（Stevie Ray Vaughan）、查克·贝里（Chuck Berry）、吉米·亨德里克斯（Jimi Hendrix）和滚石乐队的代表作了。后来，他和哥哥组成了自己的乐队，起名默里兄弟。他们将首秀放在了本地的酒吧。吞云吐雾的烟民把酒吧弄得乌烟瘴气，从舞台上望下去，几乎什么都看不到。后来，不知为何，突然有人打了起来。默里兄弟在离开酒吧时甚至还欠了酒吧 12 英镑，因为同行的伙伴喝了不少酒，不仅花光了他们整晚的佣金，还欠了账。

当时的默里眼中只有壁球和吉他，对其他事情都不感兴趣。1990 年，他成为英国国内青少年组的头号种子运动员，赢得了许多著名的巡回赛的冠军，例如英国青少年壁球赛，法国名将蒂埃里·林库（Thierry Lincou）都曾是他的手下败将。然而，10 年后，蒂埃里·林库成了全球最佳壁球运动员，而默里的命运则一波三折。1991 年前后，16 岁的默里成了一名职业壁球运动员。他的第一个赞助商是格洛斯特（Gloucester）的二手车经销商“大道汽车”。大道汽车赞助了他一辆蓝色的福特福睿斯，上面印着“国际壁球明星斯塔福德·默里”。

“妈妈开着这辆车送我去学校。”默里说。虽然有点难为情，但他觉得无伤大雅。

默里坚信，总有一天自己会成为世界上最棒的壁球运动员。然而造化弄人，天不遂人愿。职业生涯刚开启几个月之后，默里就患上了一种怪病，他总是感到异常疲惫。

起初，他以为是自己训练过度。“当时，大家的观念还比较落后，觉得身体应付不了就应该加大训练量，瓶颈期过去之后也不能松懈，还要更加刻苦才行。”默里说。

事实上，他也是这么做的。没过多久，他就开始在比赛中频繁失利，一些本该稳赢的比赛也都没能拿下来。咬牙坚持了好几个月之后，默里才被诊断出患上了腺热[①]。然而，他早已被疲惫击垮，再加上自我怀疑，他开始思考，除了困在世界各地的壁球场里比赛，生活中是不是还有更重要的事情等着自己去做？

令他吃惊的是，父亲对他的遭遇表现得十分冷静，并为他提供了三个选择：第一，加强训练；第二，申请念大学；第三，退役，去上班，或者干脆一起修水管。

一开始，默里选择了去上班。为了工作，他每天早上 6 点就得准时开工，在冰冷的建筑工地上连挖 12 小时厕所。半年之后，他又觉得去大学里念个学位好像也不赖。

他听说威尔士大学加的夫学院开设了一门有关体育和人类运动研究的新课程，便着手申请。鉴于默里在壁球界的特殊背景，学校录取了他。1994 年 9 月，招生办在其入学的第一天就安排他与一位名叫迈克・休斯（Mike Hughes）的讲师会面。

---

① 传染性单核细胞增多症。——译者注

迈克·休斯做梦也没想到自己会成为一名体育运动科学家。他拥有航空工程的博士学位，在当地政府中担任高级职位，而且工作待遇优渥。休斯年轻时十分热爱运动，喜欢踢足球、打橄榄球，直到后来在一次自行车事故中伤了左臂。自那之后，他开始练习壁球，独臂战斗。

休斯还担任了默西塞德郡（Merseyside）女子壁球 19 岁以下组的教练。在被朋友介绍给了一栋维多利亚别墅的主人后，他便和大家一起在别墅所配备的壁球场里训练。“别墅主人十分亲切，”休斯回忆道，“他说，球场后面有个冰箱，里面的东西可以随便吃。”除了电话沟通之外，休斯从未见过别墅主人。

一天，介绍休斯认识别墅主人的朋友说，利物浦理工学院体育运动科学学院需要一名统计学讲师。出于礼貌，休斯表示自己有点兴趣。结果，当天晚些时候他就接到了系主任的电话。令他惊讶的是，系主任竟然就是别墅主人。就这样，休斯见到了沃恩·兰开斯特 - 托马斯本人。

1981 年，在休斯加入利物浦理工学院体育运动科学学院时，全院总共只有一名生物力学家、一名营养学家、一名生理学家和一名社会学家。兰开斯特 - 托马斯跟休斯说不要心急，先观察半年，参与一些课程，然后再决定如何为学院做贡献。

没过多久，休斯就发现生理学家弗兰克·桑德森也十分钟爱壁球，于是两人的友谊迅速升温。跟兰开斯特 - 托马斯一样，休斯也算得上一个富有传奇色彩的人物。在壁球场上，他活力十足，充满冒险精神。据桑德森回忆：“有一次，他竟然当着学生的面叫我滚蛋，当时我都蒙了，毕竟我还算是他的上司。”

一天，桑德森向休斯提出一个疑问，是否会有学生愿意花上一年时间，跟着他观察壁球比赛。桑德森创立了一套描述壁球比赛中球员的动作及场上其他情况的速记方法。这套速记方法包含 17 个不同的击球动作符号：抽击（|）、短球（.）、侧墙球（,）、截击球（V）、高吊球（L）和发球（S）等。桑德森在一张 A4 纸上画出了壁球场的示意图，并在相应位置上标注符号。标记分析师站在壁球场后面的高台上，在透明的图纸上详细地记录下球场上所发生的一切，即每个球员做出的每个动作，以及动作位置。通常来说，每场比赛大约会包含 1000 次击球，分析师使用的图纸将超过 50 张，后期的数据处理则需要近 40 小时。

桑德森的速记体系首次为大家揭示了壁球运动的规律。研究表明，球员偏爱反手抽击球，而短球是最不稳定的。球员在打球时都有自己的固定套路，无论输赢，几乎都不会偏离习惯。“据他总结，球员无法改变自己打球的习惯，”休斯说，“作为一名教练，我知道要改变球员的打球方式是十分困难的。实际上，针对大部分球员，我都不愿意去尝试。”

一天晚上，几瓶红酒下肚，休斯打了一场壁球比赛，然后就对桑德森的学生说，应当将分析过程电脑化。作为一位数学家，休斯在攻读博士期间就使用过复杂的大型电脑，因此他对桑德森这种原始的人工计算方法甚为不满。第二天早上，宿醉的休斯踉踉跄跄地走进办公室，结果却发现桑德森正和学生在自己办公室门口等候。这是因为，在所有的教职员工当中，只有休斯会将工作“电脑化”。

1982 年，利物浦理工学院终于购入了第一台电脑。那是一台 IBM 大型电脑，只能通过穿孔卡片逐行录入数据。休斯写的第一个程序将桑德森的人工数据分析转化成了自动化数据分析。“电脑的运行速度特别慢，一天以后我们才能拿到打印出来的结果。”休斯回忆道。在全球第一台个人电脑横空出世后，系里又买了一台带 16k 内存的康懋达个人电子事务机。休斯又写了个程序，这样大家就可以在球场边上输入和输出比赛实时进程的数据。

当时，桑德森身兼多项行政管理职能，在得知休斯全心全意地接手了自己的项目后，简直喜出望外。在随后的两年时间里，休斯拖着那台康懋达走遍了英国。他在壁球场后面架好设备，插上电源，录入数据。“经常有人在我工作的时候凑过来问我在做什么，我躲都躲不掉，”休斯说，“想要毫无遗漏地获取比赛的所有数据真的令人备感压力，甚至比打球出的汗都多。”最终，休斯决定在旁边立个牌子，写上“本人正在录入数据，闲人勿近，生人勿扰”。由于在比赛过程中实时存储数据会大幅降低电脑的运行速度，因此休斯就将数据都暂时存储在随机存储器中，但这样一来，如果电脑电源被切断，数据便会丢失，无法找回。此时，康懋达电脑所配置的软盘就显得很不可靠了。于是，在每场比赛过后，休斯都会花 20 分钟时间将新数据下载下来，储存到盒式卡带中。休斯还记得，有一次自己利用符号注释的方法记录英国两位排名十分靠前的运动员的比赛，“对打回合很多，速度也很快，”休斯说，“我很紧张，也很疲惫，汗水湿透了衣服。数据录入持续了一个半小时后，突然有个人从旁边经过，把插在墙上的电源插头踢掉了。电脑屏幕立刻变黑。那时候的便携式电脑还没有配置电池，于是整场比赛的数据都丢了。那时，离比赛结束仅剩 3 个回合。”

1983 年，休斯报名参加了利物浦的体育运动科学会议，汇报了自己利用微型电脑所做的研究。起初，他还有些不情愿，“是赖利拉着我的胳膊把我拖到了汇报现场”。后来他才想到，自己很有可能是第一个利用电脑进行实时符号分析的人。“我心想，行吧，既然别人都不会利用电脑，那就等着看我的吧！我要让这些科学家都开开眼界！整个会场都会为之沸腾的！”然而，他的报告被安排在了不列颠哥伦比亚大学的讲师伊恩·弗兰克斯（Ian Franks）之后。看到弗兰克斯的报告题目，休斯简直不敢相信自己的眼睛，题目竟然是《电脑辅助运动评估》（*Computer Assisted Sport Evaluation*）。

“混蛋！”休斯小声嘀咕道，竟然被人抢了先。

弗兰克斯出生于曼彻斯特，1970年移民到了加拿大。他在加拿大不列颠哥伦比亚大学主攻技能习得研究，并在温哥华奥林匹克中心担任足球教练。在研究过程中，他对球员在比赛时的心率进行了监测，利用高速相机分析了生物力学运动，还测试了场上球员的实时无线通信。此外，他还给教练配置了麦克风，以研究球员与教练之间的沟通模式。“一位著名的加拿大教练看到弗兰克斯的做法后说‘学术圈简直疯了’。”弗兰克·桑德森说。

休斯在利物浦对壁球运动进行了电脑分析，同时，弗兰克斯则在温哥华对足球进行了类似的研究。弗兰克斯对Ⅱe型苹果电脑的键盘进行了编程，用以记录比赛“事件”：键盘最上面一排代表零散的比赛“事件”，从传球到射门等动作。剩余部分则用来表示足球场内所发生的具体事件的实际位置。

事实证明，在足球场馆内进行复杂的运动表现分析是一项十分艰巨的任务。弗兰克斯第一次将电脑带往23岁以下组的锦标赛现场时，边检机关竟然直接没收了设备，直至贿赂成功才归还。在锦标赛上，他们不得不将电脑放在了体育馆最高一排的座位上，因为只有那里有插座。然而，糟糕的事情并没有结束，他们很快又遇到了其他问题。街上的熊孩子在体育馆里纵情玩闹，甚至偷盗软盘，弄得分析学家不得不在比赛过程中追着他们到处跑。“现场简直一片混乱，”弗兰克斯回忆道，“我们只好雇了个保镖以确保没有闲杂人等过来搞破坏。”

在会上，他以 1982 年世界杯的所有比赛的电脑分析为主题进行了汇报。临近结束时，休斯向弗兰克斯做了自我介绍，很快，两名学者找到了共同话题。毕竟，二人同时开发出了可以进行实时计算的标记分析法。

1988 年，休斯请长假去温哥华待了一年。在那里，他和弗兰克斯联手准备了极具开创性的运动表现分析纲要。由于出版公司编辑的屡次失误，他们的论著《运动标记分析》（*Notational Analysis of Sport*）在 5 年多之后才得以出版。

这本书很薄，深蓝色的封面几乎被网球场的图解占满。不仅如此，网球场上还叠加了一连串虚线，用以表现网球的运动轨迹。开篇引用了中国古代军事家孙武的名言：“知彼知己，百战不殆；不知彼而知己，一胜一负；不知彼，不知己，每战必殆。”

在简短精练的引言中，休斯和弗兰克斯向读者保证，目前，标记分析法仅在运动领域内有直接应用，但它还可以广泛应用于“看管护理、手术操作、熟练制造工艺和非熟练制造工艺，以及高级烹饪技法等多个领域”。

在那本书两百多页的正文内容中，他们运用典型的学术方法对标记分析法的基本原理进行了详细讲解：如何在运动中进行视频录制、高效能教练的口头指导策略、如何开发适合电脑分析的标记系统等。然而，为这门新学科定下基调的则是它的第一章：反馈。

“在传统意义上，教练的干预主要基于对运动员的主观观察，”他们在书中写道，“然而，部分研究表明，教练的主观观察不仅不够可靠，而且不够准确。”他们引用了弗兰克斯所做的研究。结果表明，在比赛期间，足球教练只能回忆起 30% 的关键制胜因素，更糟糕的是，在所能回忆起来的内容中，有 45% 是错的。即使已经事先知晓赛后将会被问及哪些问题，教练还是会答错。此外，研究还表明，在同时询问老教练和新教练两个常规动作的技术区别时，老教练提供的错误信息竟然更多。

总而言之，此前人们都认为教练拥有特殊的天赋，可以精准地回忆并敏锐地判断出与运动表现有关的重要因素，然而弗兰克斯的研究却打破了这种迷信。研究表明，认知偏差会阻碍大脑的正常思考，导致人们无法做出完全正确的决定。职业教练和普通人一样，都无法摆脱认知偏差所带来的影响。此外，休斯和弗兰克斯还进一步引用了定量研究来作为证据。他们对大批观察人员的观测精度做了定量研究。虽然研究的条件略有不同，但两类研究所揭示的现象是类似的，都属于犯罪目击者现象。“教练观察运动员的表现，与目击证人目睹犯罪现场时的情况类似。”他们提出，两者都容易因为意识唤醒、认知偏差和注意力不集中而出现错误。

于是，一个新的体育职业应运而生：运动表现分析师。运动表现分析师的主要任务是运用专业知识收集客观数据，消除臆测、主观观点和认知偏差。他们可以厘清赛场上的真实情况，而不会像教练那样主观。他们的工作就是发掘运动的真相。

1994 年 9 月，曾经的壁球运动员斯塔福德·默里入学了。在去拜见迈克·休斯的路上，他听到有人在用浓重的利物浦口音大喊大叫，莫名的熟悉感扑面而来。原来是休斯正在办公室里与另一个学生进行交流，那正是休斯的喊声。默里一直等到他们讨论结束才走进办公室，进门后只看到休斯正面朝电脑坐着。待休斯教授一转过身来，默里立刻就认出了他。

高高瘦瘦的默里戴着耳钉，头发几乎已剃光，只在前面留有一撮。他的品位也颇为另类，偏爱牛仔靴、马甲、鞋带一样的细领带和斯泰森（Stetson）毡帽。他嗓音低沉沙哑，说话时经常带脏字，偶尔还会结巴。

“你没事吧，王牌选手？”休斯嘟囔着说，“我早就听说你要来了！直接进来吧！”

1988 年，休斯在英国国家壁球训练营中第一次遇到了默里。作为夏令营的志愿者，助理休斯的主要工作是帮助运动员进行体检。在得知休斯精通计算分析和统计学后，夏令营组委会便委派他对少年组进行体能测试。

休斯在赛场旁边架好英国广播公司的微型电脑系统和大型打印机，然后开始工作。他要求运动员完成 12 组测试，包括冲刺跑、哈佛台阶测试、立定跳远和俯卧撑等，然后将体能报告打印出来发给每一个人。“当时，大家对体育运动科学知之甚少。”默里回忆说。默里虽然对数学不太感兴趣，但对体育运动科学中的定量研究十分着迷。曾几何时，他觉得运动是主观的、无形的，而现在运动却有望变成客观存在的科学、一堆令人费解的数字。“很多运动员，甚至教练，都对休斯的努力不屑一顾，我却觉得科学可以化腐朽为神奇。”默里说。

1991 年，休斯应基思·莱昂斯（Keith Lyons）的邀请加入了威尔士大学加的夫学院。莱昂斯不仅是视频分析领域内的权威，还撰写了有关视频分析的第一本教科书《如何在体育运动中利用视频》(*Using Video in Sport*)。在加的夫，休斯作为创始人之一加入了新晋成立的运动表现分析中心。

分析中心发展得十分迅猛，很多运动队都开始主动接触休斯和莱昂斯，比如草地网球协会、威尔士橄榄球队等。大家都希望签下他们的学生来担任运动表现分析师：编辑统计报告，利用视频分析运动员的长处与弱点，挑选积极正面的片段进行剪辑，然后配上每个人都爱听的音乐。学生得到的则是廉价的报酬和工作经验。休斯说："课程内容非常受欢迎。学生是有机会进行实际操作的，而不是整日待在象牙塔中。他们会在作为实验对象的运动员脸上贴一张面膜，在臀部夹一个体温计，然后要求实验对象跑到精疲力竭。在这里，你可以真的接触到世界冠军和奥运会运动员。"

分析中心还设有一个大型数据室，里面存储了五千多卷录像带，那是十年来全球所有橄榄球比赛的影像资料。所有资料都以年份序号放在两台大型视频编辑器的旁边。数据室外墙的布告栏上写着："在温布尔顿，网球真正被击打的时间只占全部比赛的 5%，很多人都不知道哦！在橄榄球比赛中，大家触球的时间只有 28 分钟，很多人也都不知道哦！"走廊对面是运动表现分析实验室，里面配有录像带转录机，以及 20 部台式电脑，角落里还架设了 1 台监控器。

初次会面，休斯就要求默里签署一份文件，做出以下承诺：我保证竭尽全力，努力工作。作为回报，休斯也做出了三项承诺：帮助默里恢复健康强壮；由默里担任壁球队教练；将默里培养成全国最棒的运动表现分析师。“他的情绪十分激动，声音都提高了很多。”默里回忆道。

默里陪休斯去学校餐厅吃饭，而他的新导师点了 8 次黄油吐司。然后，休斯拿出一张纸，在上面粗略地绘制了一个手势标记系统。他先画了一个壁球场，并将其分成 16 等份，然后给默里讲解运动表现分析的基本原理。“我从来没有见过类似的东西，”默里回忆说，“图纸虽然画得很潦草，却迅速地引起了我的兴趣，因为一切都是那么合情合理。直到现在，我还保留着那张纸。”

第二天的课程也令默里记忆犹新。休斯戴着领结，穿着壁球鞋，站在两台同时打开的幻灯片放映机前面。“他播放的都是最常见的照片，有橄榄球运动员，也有大猩猩。每张照片都配有一个故事。说实在的，内容确实有点奇怪，”默里说，“如果学生没有用心看，休斯就会警告他，冲着分心的人劈头盖脸一通大吼：‘你到底有没有认真听课？这多有意思啊，混蛋！’”

默里践行了自己对导师的承诺。在校期间，他几乎将所有的业余时间都花在了运动表现分析实验室里。实验室中的所有电脑都配置了休斯从利物浦理工学院带来的可编程触敏板。这些概念化的触敏板包含 128 个触敏单元，分析师可以在上面叠加网格，构建壁球场地或足球场地。在分析足球比赛时，键盘上还会配以与 11 名球员和两名替补队员相对应的数字键，特定事件也可以用特定键来表示，例如“过”代表“过人”，“丢”代表“丢球”。最终的分析结果会带来海量的数据，具体表现为球员过人的位置、传球的分布、丢球的原因，以及导致任意球的因素。

分析过程是比较缓慢的。如果球员 A 将球传给了球员 B，默里就得将影像暂停，按下球员 A 所对应的键，然后按“场地”记录下传球地点，最后按“传球”。随后，分析师再按下代表球员 B 及其位置的按键，记录下球 B 的接球位置。分析一场足球比赛通常需要花上一整天的时间。一般来说，一场历时 1 小时的壁球比赛要花 4 小时来分析处理。默里每天都会买上一提啤酒，坐在电脑前练习标记比赛视频脚本，一坐就是好几个小时，深夜 12 点之前很少离开。默里的本科毕业论文是《壁球运动中数据反馈对球员运动表现的影响》，“虽然写得很烂，但还是发表了”。1998 年，默里获得学士学位。在此之前，他已能实时标记比赛了，是第一位掌握这一技能的运动表现分析师。“他可以坐在那里一边跟教练聊天，一边手指生风，上演魔力标记，”休斯说，“简直令人叹为观止。”

然而，在毕业后的几个月里，默里一直没能找到一份全职工作。他担任了三个月南非板球队英国热身赛的比赛分析师，每天的薪水只有 5 英镑，而且所有的食宿费用都得从微薄的薪水中支出。因此，他不得不睡在自己花 120 英镑从父亲那买来的小货车里。他的工作主要是录制和分析比赛视频。录制视频的摄影机与一台大型的便携式工作站相连，他给工作站起名为“饭盒”。在罗德板球场（Lord's Cricket Ground），默里哪儿也不能去，只能待在评论席上，头顶一把雨伞，戴着心爱的斯泰森毡帽，与摆在塑料桌上的“饭盒”为伍。此外，按照球场的着装要求，他还穿了衬衣，打了领带。

为了能提供教练所要求的全部数据，默里会在每场比赛之后利用南非科学和工业研究理事会（Council for Science and Industrial Research）所研发的板球统计软件，对数据进行编辑，从球员的出局到特定的投球方式等。“教练会在回酒店的大巴上给球员们播放视频，”默里回忆说，“而很多球员就坐在教练背后打牌，胡闹。他们觉得我是英国人，所以根本不信任我。”

默里还在威尔士大学加的夫学院教授研究方法。到了晚上，他又和挚友化身市中心温斯通夜店门口的壮汉保镖。他的好友是个爱尔兰人，身强体壮，大腹便便，人送外号“飞机”。“他就像炮楼一样坚不可摧，”默里回忆说，“每当遇到有人闹事，我就会躲到他身后。”默里记得，有一次陪“飞机”去卡洛琳大街（Caroline Street，俗称薯条小巷）找另外一个欠钱的保镖。“结果欠钱的人不知死活地说了一句肯定不会还钱，”默里说，“当时，我们还坐在车里，他径直把欠债的人从车窗外拉了进来，用头猛撞，然后又推回到街上去。”默里惊魂未定地开车离开，心想：“我可不敢再做这种事了。”

对默里来说，家庭的悲剧无异于雪上加霜。父母的离婚大战陷入僵局，母亲申请了针对父亲的禁止令。后来，母亲搬到了斐济，也就是默里哥哥所在的地方。这件事给默里造成了沉重的打击，他甚至开始脱发。

屋漏偏逢连夜雨，默里的厄运还远不止于此。后来，他跟温斯通夜店的女老板订婚了，还在准岳父岳母的帮助下完成了置业大计。然而 3 个月后，他又被迫解除了婚约，因为未婚妻坚称他有外遇（默里坚决否认这一指控）。

导师休斯成了他渡过难关的精神支柱。“休斯对我就像父亲一样，”默里说，“他知道我一文不名，还邀请我教他儿子打球，并预付了薪水。我知道他儿子小迈克尔根本没有在家等我。我开车过去之后，老师一家人会请我进门，留我吃饭，还让我用饭盒带饭回家。”每当默里问起有没有适合自己的工作时，休斯就会跟他说，再坚持一下，总会有希望的。“但我已经快要坚持不下去了。当时我捉襟见肘，只能勉强生活下去。”在休斯跟他讨论好的工作机会时，他都已经做好准备不当运动表现分析师了。然而，壁球协会的运动表现总监正在等他回话。

03

神秘又神奇的数据分析公司

1950 年 3 月 18 日 13：50，英国皇家空军的会计师查尔斯·里普（Charles Reep）正在观看英国第 3 梯队的顿城队和布里斯托尔流浪者队的比赛。他拿了一支笔和一个本子，用自创的符号记录着比赛情况。

早在 17 年前，里普就参加过查理·琼斯（Charlie Jones）的讲座。20 世纪 30 年代，阿森纳队横扫英国足坛，造就了一代神话，琼斯时任球队边锋。每当谈及阿森纳队的战术，尤其是球队独创的 WM 体系战术（该战术得名于球员的站位形状），里普就开始思考能否将会计学的基本原理运用到体育运动当中，并从统计学角度进行深入的研究。

1968 年，里普与注册总局首席统计员伯纳德·本杰明（Bernard Benjamin）一道在《英国皇家统计学会》杂志（*Journal of the Royal Statistical Society*）上发表了论文。“原本连续的足球动作被划分为一系列独立的单元，例如传球、传中和射门等，”里普在论文中写道，“每种事件都对应了具体的细分类别及缩写编码。例如，每次传球都会被记录和归类，包括距离、方向、高度、结果以及起止位置。”里普还写道：“曾几何时，大家都是在依靠记忆、习惯和回忆比赛，这很有可能导致随机猜测和主观臆断，而我们开发的标记系统刚好可以解决这个问题。”

多年来，里普已标记了 2200 余场比赛。他常常戴着矿工头盔，打开矿灯，熬夜观看比赛。通常来说，数据分析都很缓慢，得花上 80 个小时左右的时间。对 1958 年世界杯决赛的分析竟然耗费了里普整整 3 个月的时间。

从前，大家都认为足球是一项动态运动，不可预测，然而里普的研究表明，足球运动背后蕴藏着可预测的稳定模式。例如，里普发现，第一轮传球的成功概率只有 50%，随着传球次数的增加，成功概率将不断降低。他还发现，90% 的传球不会超过 3 次传递。更令里普感到震惊的是与进球有关的统计数据。平均来看，球队每射门 9 次才能夺得 1 分；80% 的射门是在 4 轮传球内完成的；半数射门来自距离球门线 30 米以内的失而复得的传球，这个区域就是球门区，位于球场中靠近球门的 1/3 处。

通过数据透视分析，里普建议队员不要总想着连续传球，而应该多发高吊球，直接把球踢到对手半场内。他坚信“三次传球定律”：长传、触地和射门才是进球得分的制胜套路。

里普的长传理论很快在当地球队中斩获了一批粉丝。20 世纪 50 年代，因执掌伍尔弗汉普顿流浪者足球俱乐部而风光一时的斯坦・卡利斯（Stan Cullis）就是最早采用这一理论的一批人之一。20 世纪 70 年代，里普担任起沃特福德足球俱乐部教练格雷厄姆・泰勒（Graham Taylor）的顾问，不到 5 年时间，泰勒就带领球队从英国足球乙级联赛闯入英国足球超级联赛。后来，他还执掌了英国国家足球队。

推广长传理论最大的功臣就是查尔斯・休斯（Charles Hughes）。

1983 年，查尔斯·休斯出任英国足球协会的教练总监，为各球队的教练和青少年培训学校编写官方教练手册是其职责之一。他一共写了 31 本书，其中最受欢迎的就是 1990 年的《足球获胜公式》（*The Winning Formula*），书中满是对长传战术的溢美之词，称其是足球比赛中已被证实的制胜策略，并对巴西队和阿根廷队所采用的控球战术嗤之以鼻。他在书中称控球战术要求进行连续传球，技巧繁多、模式复杂，对进球并无裨益。他虽然肯定了里普的工作，却宣称书中的结论都是自己通过比赛独立分析而得的（后来，里普对他进行了谴责，认为这种行为与抄袭并无二致）。

这套足球理论对英国足球产生了深远影响，不仅在英国国内联赛中收获了众多粉丝，还影响到了英国国家队。

但是，利物浦理工学院的一名标记分析师却完全不认同长传理论。"我不喜欢这种说法，"迈克·休斯（与查尔斯·休斯同姓，但两人并无亲缘关系）说，"这个观点简直愚蠢透顶。"

足球本质上是一种与踢球、得分相关的团队运动，不过也有一些不同的变体：英式足球（广义上的足球）、美式足球、澳式足球、英式橄榄球和爱尔兰式足球。1987 年 4 月 13 日，在利物浦理工学院运动与娱乐研究部的主持下，意见双方终于在托马斯·赖利所组织的第一届世界科学与足球大会（World Congress of Science and Football）上相见了。数百名足球运动员、教练员、球队经理和运动科学家齐聚一堂。在会议中，一些爱尔兰式橄榄球队在安菲尔德球场（Anfield Stadium）展示了战术技巧。职业教练专门举办了主题研讨会，热烈讨论了长传的优点。诺茨郡足球俱乐部的教练迪克·贝特（Dick Bate）就查尔斯·休斯未发表的研究做了主题报告，报告中充斥着对长传战术的歌颂：尽量把球往前传，增加前向长传的次数；尽早把球踢到对方防守区域后。迈克·休斯坐在观众席中，不禁怒从心生。“其实，他是想说球员把球给出去的时间越多，控球次数才会越多，”他说，“确实，控球时间虽然缩短了，但控球频率增加了。控球机会越多，射门得分的概率就越大。但是忽略实际情况，只谈数据，这跟疯子有什么区别。”

迈克·休斯也在大会上做了报告。他利用新近开发的概念键盘进行了足球比赛分析，这是概念键盘的第一次出场。他站在统计学角度上对比分析了 1986 年墨西哥世界杯中的胜者与败者，并得出了与长传理论截然相反的结论：与失败者相比，获胜者的平均控球时间更长，每次控球时的触球次数也更多。“这表明长传理论根本就是无稽之谈。”他说。阿根廷队最终捧得了当年的大力神杯。阿根廷队不仅注重控球，队长还是有史以来最引人注目的足球天才马拉多纳。“确实，只有技能娴熟的球员才能进行长传，”迈克·休斯说，“但直到那时，大家都还没意识到一个简单粗暴的事实，捧得大力神杯的球队是巴西队和阿根廷队这些不怎么使用长传战术的球队。”

后来，迈克·休斯和伊恩·弗兰克斯决定利用从最近两次世界杯中所获取的数据重新对查尔斯·里普的研究做评估。一开始，他们发现统计结果与里普的分析并无出入，但仔细辨别之后，他们发现，进球前的传球次数大都不超过 4 次，是因为大多数足球战术的传球次数都不会超过 4 次，这就说明并不是传球次数越少，进球概率就越高。换句话说，进球频率和进球概率根本不是一回事。实际上，休斯和弗兰克斯发现，成功传球的次数越多，进球概率就越高。与此同时，失败的队伍无论是进攻还是防守，在靠近球场边界 1/6 处，也就是靠近球门处的失球频率都远高于获胜的队伍。获胜的队伍在接近球门附近区域时通常会从中路突破，而失败的队伍则大都习惯从两翼包抄。

一开始，他们的论文被拒，无从发表。“刚好有一位审稿人是里普的信徒。”休斯称。他本来想放弃，但弗兰克斯鼓励他继续坚持，共同应对批评之声。最终，他们的论文发表在了《体育运动科学》杂志（*Journal of Sport Science*）上。“我更相信直接的踢法：系列连续传球，然后直接射门。与长传关系不大，关键的是突破能力，要做到在防守球员之间及其身后精准传球，”弗兰克斯说，“是长传还是短传并不重要，但有些教练会乱用理念，认为足球运动的核心就是不断把球踢到前场，然后让球员们追球。”

弗兰克斯和休斯的研究表明，里普的统计结果本身并没有错，但他解读数据的方法陷入了误区。“数据收集永远都只是第一步，里普是一名出色的会计师。”康奈尔大学政治经济学家克里斯·安德森（Chris Anderson）说。安德森自 2011 年起就开始研究足球统计学。

“但里普并不是位出色的分析师，因为他在理解数字背后的意义时有局限性。”据安德森说，里普在进行数据分析前就已经先入为主了，因此，他在找到自认为想要的结果——投入最小、产出最大的比赛窗口机会之后，根本就顾不上论证其他可能性。“支持长传战术的人们非常喜欢里普，这些人只想知道如何运用策略，根本就不顾这种方法可能是错的，而且错得十分离谱。”安德森如此解释。在《数字游戏》（*The Numbers Game*）一书中，安德森和戴维·沙利（David Sally）写道：“里普通过统计数据所得出的策略之所以出现问题，是因为他太绝对了，只顾着用数据证明自己的想法。他需要摒弃寻找单一规则和制胜公式的初衷，试着去发掘真相的多样性和数字背后的假象。”然而，里普的统计学思维让我们看到原本被忽视的真相。事实也的确如此。

1998 年，两个法国人不请自来，在利物浦约翰摩尔斯大学与时任系主任托马斯・赖利见面。从前的小院系后来逐渐壮大成为学院，培养出了许多世界闻名的顶级体育运动科学家。赖利将自己的团队称为“利物浦黑手党”。赖利是个多产的科学家，涉足领域包含生物钟和人体工程学。有一段时间，他还亲自指导过系里的大部分学生。

当时，赖利会定期与自由职业分析师、技术专家和外国学者等校外人员会面，与他们分享有关足球分析方法的最新观点。可这两名来自法国尼斯（Nice）的学者却在没有预约的情况下突然出现了。他们要求与赖利见面，但是赖利当天恰好外出不在系里，同事没有办法，只得先答应下来。参与会谈的人员中有两名学生，丹尼・诺西（Danny Northey）和本・迪金森（Ben Dickinson）。

英国足球协会刚把详细分析国际赛事的任务委托给赖利所在的院系。1992 年，英国足球队在欧洲足球锦标赛中一场未赢。1994 年，英国队更是连参加世界杯的资格都未能获得。后来，查尔斯・休斯离开了英国足球协会。他的继任者霍华德・威尔金森（Howard Wilkinson）认为查尔斯・里普是个狂热分子，并想对足球运动进行现代化改革。由于诺西和迪金森的论文都与运动表现分析有关，而且对概念键盘比较熟悉，因此英国足球协会的项目便交给了他们。“在参与项目的过程中，我们可以免费观看那些需要付费的比赛，”迪金森说，“我们就是廉价的学生劳动力。”整个夏天，他们都在忙着项目的事，还在英国足球协会旗下的教练协会会刊《洞悉》（*Insight*）上发表了一系列文章，公布研究结果。

他们的大部分研究结果都进一步驳斥了长传战术，并强调了英国的足球队与世界其他国家的足球队的显著差异。他们发现，在英国本土的足球队中，进球得分通常得益于在前场 1/3 区域内的重新控球，而其他国家的足球队的破门得分往往得益于在中场和后场的 1/3 区域内的重新控球。此外，在英国本土的足球队中，大多数破门得分是在发起进攻约 5 秒后，传球次数不超过两次，而在世界其他国家的同类球队中，大部分破门得分都是在 3 至 5 轮传球后，导致进球的最后一波进攻通常会持续 10 秒左右。最后，与英国国内联赛的足球队相比，其他国家联赛足球队的进球得分通常需要经历十多轮传球，进攻时间也多于 15 秒。

最有趣的发现与 14 号区域联系紧密。研究人员按照 3×6 的方式将足球场地划分为 18 块网格区域。他们发现，位于场地边缘的 14 号区域，也就是教练所说的“敌方中场与后防之间”，是事关成败的关键位置。控制好这一区域，对获胜十分有利。1998 年，进入世界杯半决赛的四支队伍分别是巴西队、荷兰队、克罗地亚队和东道主法国队，这四支队伍在 14 号区域内的平均传球次数为 25 次，其中 70% 为前向传球，目标方向为罚球区。与之形成鲜明对比的是，未能进入四强的球队在该区域内的平均传球次数仅为 15 次。

诺西和迪金森一头雾水，不知道那两个法国的不速之客的葫芦里究竟卖的是什么药，于是便想一探究竟。两人自报了家门，原来他们是环球体育公司（Sport Universal）的首席技术官让 - 马克・乔治（Jean-Marc Giorgi）和首席执行官安托万・达维德（Antoine David）。

他们的介绍简洁有力，先是播放了一段欧洲冠军联赛的比赛片段，对阵双方为曼联队和尤文图斯队，随后又用动画形式将比赛重现了一遍，以俯瞰视角将足球场转换为了二维场景，球员则被简化为运动的点，看上去与经典的电脑游戏《冠军足球教练》（*Championship Manager*）很类似。

一款名为阿米斯科（Amisco）的软件可以从比赛的视频脚本中识别出球员位置，进而利用像素追踪算法将视频图像转换为动画。在追踪球员的实时移动方面，抓拍速度可达 0.1 秒。

“看到球员的实时动态时我都惊呆了，”诺西说，“一看到这款软件，我就知道它一定能够在体育界引发一场革命。”阿米斯科还可以帮助用户实现播放、重播、绘制越位线、筛选特定运动方式等功能，还可以详细记录各类细节，平均每场比赛可记录 3000 次触球，并轻松测算各种距离。也就是说，它可以回答一系列统计问题，从传球总次数到特定球员快速奔跑的距离等。

在开车回家的路上，迪金森和诺西依然觉得先前见到的一切如梦如幻，于是便暗下决心，一定要参与环球体育的这个项目。他们迅速地与这家创业公司签署了为期 3 个月的实习协议，并打包好行李准备奔赴尼斯。

让 - 马克・乔治所开发的项目原本是一项高校重大研究课题的一部分。该课题计划构建人工智能系统，为橄榄球教练提供实时战术方案。研究的第一阶段包括像素追踪算法的开发，也就是单凭比赛的视频脚本对足球和球员进行自动追踪。1995 年，乔治和达维德对阿米斯科申请了专利。后来，由于资金链断裂，项目被迫中止。

他们的一个朋友觉得实时追踪技术很了不起，于是帮他们安排了一场会面，对象是法国国家足球队的教练艾梅・雅凯（Aimé Jacquet）和吉拉德・霍利尔（Gérard Houllier）。在会面之前，环球体育公司获准拍摄法国国家队在马赛维洛德罗姆球场（Stade Vélodrome）的一场友谊赛。

看到所展示的效果后，雅凯十分兴奋。“他围着桌子绕圈并兴奋地大喊：‘这就是我想要的！我已经苦苦等了好多年了。’”乔治回忆说。会议开始于下午两点，但直到午夜稍过才结束。雅凯一直在刨根问底，向乔治和达维德询问了许多有关软件的细节问题，例如，软件能否绘制图像以连续展示防守位置、中场位置和进攻位置的距离？能否自动回放全部进球的画面？能否展示足球落地时的球队阵型？

乔治和达维德说这些功能都可以实现，但也承认要在次年的世界杯上使用全部功能有些不现实。在收到积极的反馈后，他们离开了法国尼斯大学，创立了一家公司。

1999 年的夏天，丹尼・诺西和本・迪金森抵达了一个名为普朗德瓦的静谧小镇。小镇位于尼斯以北 30 千米处。环球体育的办公室是由一所学校改造而成的，而大家的住处则是办公室对面的青年旅舍。

要运行阿米斯科，就要在场地周围安装若干个摄像头，以保证拍摄范围覆盖全部场地，以及每个球员都能出现在视频中。此外，在比赛过程中，还需要一位分析员对红牌的判罚、越位和拦截等行为进行标记。比赛开始前，分析师需要对每个球员的身份进行确认。理论上，在完成上述操作后，软件就可以全程自动追踪所有球员、裁判和足球的运动轨迹，观察频率为每秒 10 至 25 次，构建的数据库包含 450 万个位置和 2500 次触球，直至完成 90 分钟的实时记录。

“在第一次听到他们说，软件可以自动记录整个比赛过程时，我们颇为震惊，”迪金森说，“但在被问及软件如何实现自动功能时，他们却没能给出明确的答案。大致的说辞是，‘我们写了程序，电脑就能追踪球员了’。他们并不是心存戒备，怕被偷师，而是有点懒得解释。”到法国没多久，诺西和迪金森就发现乔治和达维德所声称的自动追踪并非事实。虽然软件可以捕捉到开阔场地内的球员的情况，但当球员的跑位有所重叠时，画面就会变得很不稳定，错认球员的情况时有发生。唯一的纠错方法就是对软件进行人工校正。为了完成这一任务，每到周六晚上，比赛结束后，环球体育都得雇用一批愿意熬通宵的兼职人员和在校学生来整理比赛数据，以尽快提高数据质量，并赶在周一早上及时向俱乐部汇报。原来所谓的自动作业并非事实。“人工校正是非常辛苦的，”迪金森回忆道，“球场周围一共放了 8 台摄像机，每台摄像机都有各自的坐标。大家必须在按下录制键后，用肉眼对球员整场比赛的表现进行追踪，而且每人每场只能追踪一个球员。”

环球体育想要开拓英国市场，毕竟英国足球超级联赛是全球最富有的联赛。不过，乔治和达维德也很快暴露了自身的缺点，他们对足球这项运动知之甚少。

“他们所做的基本上就是提取原始数据，”诺西说，“我们得告诉他们教练需要哪些信息：传球的方向、传球的结果、谁待的位置对、谁待的位置不对、如何才能进球得分、如何才能阻止对方得分。”因此，诺西和迪金森建议为软件增加新的功能，例如绘制球员热图；以全局视角观察单个球员在整场比赛中的传球数量；用红色标注失败、用绿色标注成功等。

诺西和迪金森的实习期将满，此时，两名来自英国利兹（Leeds）的商人忽然出现在了环球体育的办公室中。他们是拉姆·马尔瓦加纳姆（Ram Mylvaganam）和尼尔·拉姆塞（Neil Ramsay），自称是一家名为“专区”（Prozone）的公司的负责人。他们很好奇两个英国人来尼斯做什么，于是便邀请诺西和迪金森外出共进午餐。期间，马尔瓦加纳姆和拉姆塞表示，他们正在努力将技术引进到英国足球超级联赛，为此还跟乔治和达维德达成了协议。他们询问诺西与迪金森是否有意到专区公司工作。

马尔瓦加纳姆是一名商人，父辈自斯里兰卡移民而来，而他则在利兹出生长大。一开始，他学的是工程专业，后来在玛氏巧克力（Mars Chocolate）担任营销总监，负责日本、东南亚和拉美地区的业务，并且做得风生水起。再后来，马尔瓦加纳姆回到利兹，与前足球经纪人拉姆塞在其于当地开办的高尔夫俱乐部内会面。两人一见如故，开始构想商业合作模式。他们合作的第一个项目是按摩椅连锁销售商店。那个品牌的按摩椅是由芬兰的一名音乐教授设计研发的，通过释放电脉冲来达到舒缓肌肉，提升机体灵活性和血液循环速度的目的。

两人的这次合作迅速走向末路。拉姆塞认识德比郡足球俱乐部的教练吉姆·史密斯（Jim Smith），于是便安排大家在俱乐部内见面。当时，德比郡队刚刚晋级到英国足球超级联赛。第一次到德比郡队的训练场——德比郡棒球场（Baseball Ground）时，马尔瓦加纳姆感到十分震惊，他没想到场地设施会如此破败。"教练把花园顶棚稍微装修了一下，就拿给球员们当会议室和更衣室。"他说。作为一支英国足球超级联赛球队，他们需要一个作战室来备战。

在建筑师妻子的帮助下，马尔瓦加纳姆对球场重新进行了布局，以方便教练员与球员会面，并提供指导。他将这块区域称为"专区"，也就是"专业区域"的缩写（"原因很简单，球队之前的场地实在是太不专业了。"马尔瓦加纳姆挖苦道）。当他把项目情况介绍给史密斯时，史密斯大喜过望，表示十分看好该项目的前景，但自己在经济方面实在无力承担。马尔瓦加纳姆建议他跟拉姆塞共同出资以完成项目，结果却得到了生意伙伴刚刚破产的噩耗。马尔瓦加纳姆别无他法，只得自行筹措资金，创办公司，开发项目。

专区的第一版设计包含三个相互连接的活动房间，配备了 22 台芬兰产的按摩椅。事实证明，按摩椅深受运动员欢迎。没过多久，他们就探索出了一种新模式：每天 10 点 30 分，德比郡队全体球员到专区报到，花 15 分钟静坐聆听助理教练史蒂夫·麦克拉伦（Steve McClaren）的指导。年轻的麦克拉伦会通过录像讲解大家之前的表现、下周六的比赛计划，以及对对手的分析。麦克拉伦总说，聆听反馈才是冠军应该食用的精神早餐。

一天，马尔瓦加纳姆和拉姆塞发现球员都走了，麦克拉伦却还在办公室里工作，迟迟没有离开，原来他正在用两台录像机和一台显示器剪辑《当日赛事》（*Match of the Day*）中的视频。“这多浪费时间呀！为什么不随便抓个人来做？”马尔瓦加纳姆问。“他们哪能分清好坏，”麦克拉伦回答说，“我要向球员们展示赢得比赛的方法。”

马尔瓦加纳姆坚信他们一定可以做得更好，于是联系了一家名为“秀场时间”的伦敦公司。秀场时间可以将麦克拉伦的视频转换为精美的幻灯片和动画。“虽然《当日赛事》的原始视频也有问题，毕竟那节目侧重于记录足球的运动轨迹，”拉姆塞说，“但教练不仅对足球本身感兴趣，还想知道哪个位置上的球员与足球产生了联系。”

于是，拉姆塞提出了设计制造“动磁板”的想法，这也成了公司的目标。“动磁板”可以对比赛进行直观展示，可以让教练以俯视的角度观察整场比赛。随后，二人开始寻找专利技术。1997 年，他们无意间发现了环球体育。

马尔瓦加纳姆和拉姆塞随即便与环球体育进行了接洽，与其建立了合作关系，并成为其在英国的商业桥头堡。作为交易的一部分，专区公司购买了环球体育 25% 的股份。“我给德比郡队和切尔西队都发了邮件，跟他们说了系统的事情，并问他们是否愿意试用，”拉姆塞回忆道，“史密斯立刻给我回了电话，所以我们就选择了德比郡队。”

专区公司在德比郡棒球场上架设了完整的拍摄系统，总共包含 8 台照相机，以确保万无一失，能够拍摄到场地内的每一寸土地。环球体育则负责处理数据和控制质量。“问题还不少，”马尔瓦加纳姆说，“例如，拍摄技术太差，有时候我们得重复分析两遍，有时候还会漏拍球员。我们只得不停地修正软件。不过，技术是突破性的。我们对决定足球比赛胜负的统计变量做出了定义。”每到周一，马尔瓦加纳姆和拉姆塞就会来到德比郡队的训练场地，将专区公司的数据汇报给麦克拉伦和史密斯。麦克拉伦设置了公告板，公示拦截次数最多、射门次数最多、疾跑次数最多和跑动距离最长的前 10 名球员。拉姆塞说：“球员们开始进行内部比拼，争上光荣榜。”

德比郡队无力支付专区公司的服务费用，于是便在跟拉姆塞和马尔瓦加纳姆的协议中明确规定了专区公司可以与来访德比郡队的其他球队进行接触，并向其他球队教练推销其服务。因此，他们会在比赛结束后的第二周去其他球队的训练场地，利用比赛数据对软件进行展示。拉姆塞此前就是一名足球经纪人，所以很擅长跟足球圈内的人打交道，而马尔瓦加纳姆则更擅长跟管理执行者打交道，如此一来，拜访球队的工作就经常落在拉姆塞身上。有一次，西汉姆联队来德比郡比赛，拉姆塞刚好去度假了，他就寄了一份带有专区公司视频文件的光盘过去。几天后，西汉姆联队的教练哈里・雷德克纳普（Harry Redknapp）给他打来了电话。

“光盘里什么都没有！”他大喊。

“你在哪里呢？”拉姆塞问。

“什么都播不出来！”

“您现在在电脑前面吗？”

“没有，我为什么要在电脑前面！我在车里呢！光盘在放映机里，尼尔，这东西根本不管用！”

这时，拉姆塞才意识到，无论专区公司的软件做得多么精细，他们都有可能倒闭，因为教练根本就不知道要用光驱读取光盘。他们既要让分析师教会精英足球俱乐部的教练何为运动表现分析，还得教会他们如何使用电脑。

德比郡队在晋级英国足球超级联赛的第一年就取得了第 12 名的好成绩，超出所有人的预期。第二个赛季时，他们在普莱德公园（Pride Park）开辟了新球场，获得了第 9 名的好成绩，仅差一个名次就能拿到赛事的入场券。

到了 1998—1999 赛季，德比郡队的很多球员都开始引起其他俱乐部的关注。与此同时，德比郡队的教练史蒂夫·麦克拉伦也声名鹊起，他不仅是当时英国国内技战术最为精湛的教练，还是使用视频分析的先驱。1999 年 2 月，他被英国足球超级联赛中的顶级俱乐部曼联队的球队教练亚历克斯·弗格森（Alex Ferguson）看中。

麦克拉伦在加入曼联队时问弗格森，能否订购之前在德比郡队所使用的球赛分析软件。弗格森表示同意，并邀请拉姆·马尔瓦加纳姆前往老特拉福德球场（Old Trafford）演示软件。弗格森看完后感触良多，当天就安排马尔瓦加纳姆与俱乐部财务总监戴维·吉尔（David Gill）会面。

吉尔在会面时直接告诉马尔瓦加纳姆，要不是弗格森让他必须来，他肯定不会出现在这里。他还说，如果马尔瓦加纳姆想要钱的话，他会立马走人。专区公司一直在无偿地为德比郡队工作，从未获得过任何报酬，所以马尔瓦加纳姆恳请吉尔能够大发慈悲：他们是一家小公司，真的需要支持。吉尔顺势问了下价格。马尔瓦加纳姆说每年 10 万英镑。“开什么玩笑，”吉尔跟他说，“这么说吧：就算球队能够赢得比赛，我最多会在第二年付你一半的钱。”马尔瓦加纳姆也不甘示弱：如果曼联队能在当季捧得任何奖杯，就必须支付 5 万英镑的软件使用费，并签署全额合同以订购下一赛季的软件使用权。最终，吉尔同意了马尔瓦加纳姆的方案。

结果，在那个赛季，曼联队连中三元，包揽了欧洲冠军联赛、英国足球超级联赛和英国足总杯的奖杯。互联网时代的浪潮滚滚而来，专区公司终于挣得了自己第一张支票。“我还记得史蒂夫·麦克拉伦的高谈阔论，他讲述了公司如何帮助曼联夺得欧洲冠军联赛奖杯。”马尔文·迪金森（Marvyn Dickinson）说。迪金森毕业于利物浦约翰摩尔斯大学，后来加入了专区公司。“他会每周花上 20 分钟跟分析师喝茶，仅此而已。我简直不敢想象，专区公司能帮助奥勒·索尔斯克亚（Ole Solskjær）在对阵拜仁慕尼黑队时坚持到底。我实在受不了。”

每当有人问马尔瓦加纳姆，是不是专区公司帮助曼联队连中三元的，他都会笃定地回答“当然了”。截至 2000 年 8 月，德比郡队、曼联足球俱乐部和阿斯顿维拉足球俱乐部都成了专区公司所开发软件的付费用户。对于专区公司来说，早期的商业模式是以订购为基础的：他们在比赛场地架设摄像机，然后每场比赛收费 5000 英镑。平均下来，每个俱乐部每赛季所支付的费用都有近 10 万英镑。

残酷的英国足球超级联赛催生出了很多冠军球队和顶级球员，但也不乏反对创新的卢德派[①]传统教练。作为唯一一家采用新技术来分析球赛的创业公司，专区公司可谓举步维艰。

丹尼·诺西和本·迪金森是专区公司最早的一批员工。丹尼·诺西负责开发新的客户资源，本·迪金森负责与德比郡队保持联系。马尔文·迪金森则负责与曼联队对接。马尔瓦加纳姆跟大家说，阿森纳订购了下个赛季的软件服务，他们需要在 8 月前架设好分析设备。他们每天不得不工作 12 个小时，没过多久，大家就精疲力竭了。于是，他们来到当地一家劳务中介机构，询问是否有人会使用电脑，能够胜任文件质量控制这样的工作。

此外，他们还需要聘用更多的顾问来与新客户保持联络。因此，公司开始大量聘用刚毕业的专攻体育运动科学的毕业生。他们在利物浦约翰摩尔斯大学和威尔士大学加的夫学院等以体育运动科学见长的顶尖学府里发放招聘传单，为“全球领先的足球分析公司”招聘顾问，工作地点为利兹，起薪 14 000 ～ 16 000 英镑。传单上主要印着一些动画截图、统计数据，以及专区公司的标志。

挑选合适的顾问至关重要。在第一轮面试中，诺西和两个迪金森从容不迫地了解着众多应聘者的情况。他们问了一些与足球有关的问题，看应聘者能否对答如流。专区公司还格外注意应聘者的外貌，不过他们的审

① 工业革命时期，为了反抗机器驾驭人类，英国工人卢德带头捣毁了纺织机。卢德派即此次捣毁机器运动的参加者，卢德主义者是指厌恶新科技发明的人。——编者注

美比较独特：20 世纪 90 年代末期足球运动员的形象——短直发、体格健壮、穿着时尚、紧跟潮流。“光是说服人们使用软件就已经很难了，要是再让客户去适应一个跟足球俱乐部完全不搭调的人，那肯定是难上加难。”马尔文·迪金森说。他们将软件介绍给应聘者，要求其选出 6 条可能对教练有用的片段，然后将结果汇报给面试官。随后，专区公司会提出一些假设的场景，以评价应聘者的应变能力。例如，他们会提问：“想象一下这样的场景：有 12 个人被困在了矿井里，由于氧气不足，只能救 8 个人。”这 12 个人的特征完全不同，可能是参加过第二次世界大战的 90 岁退伍老兵，也可能是来自战乱国家的难民，等等。他们通过应聘者的处理方式来断定谁适合当领导者，谁适合当组织者，谁能承受压力，谁适合谈判，以及带有何种偏见。最后，他们要求应聘者做 10 分钟的陈述，阐述自己何以能被专区公司录取。

专区公司的第一批顾问堪称百花齐放：西蒙·威尔逊（Simon Wilson），半职业足球运动员，利物浦约翰摩尔斯大学科学与体育学学士；巴里·麦克尼尔（Barry McNeil），心理学专业毕业生，曾任英国国家医疗服务体系（National Health Service，简称 NHS）研究项目经理；加文·弗雷格（Gavin Fleig），威尔士大学加的夫学院优秀毕业生，曾受迈克·休斯指导。

大家整日在足球俱乐部和位于利兹红灯区仓库中的专区公司办公室之间奔波。仓库的风格有点像工厂厂房，平行放置着好几排长条工作台，上面密密麻麻地摆着两百多台电脑。办公室窗户都被铁栅栏封死，厨房是和一层的针织品公司共用的。“当时的办公室简直太简陋了，”专区公司的员工马尔文·迪金森回忆说，“我们就在仓库简陋的顶层进行着全世界最复杂的球赛分析。楼下是卖马甲和袜子的。”直到欧足联、国际足联、英国天空电视台和英国广播公司的高管来到公司办公室，大家才意识到花在办公场地上的钱实在是太少了。“我们把钱都花在了产品研发上。”拉姆塞说。除了设备，马尔瓦加纳姆还在办公室里挂了一幅街头画家朱利安・比弗（Julian Beever）的作品。那幅画名是一个视觉陷阱，从特定角度去看就可以看出 3D 效果。在马尔瓦加纳姆看来，他们收集的数据就像是比弗的粉笔画：想弄懂的东西就在眼前，只不过隐藏于全局之中。“如果拍摄位置错误，数据就无法派上用场。我们需要将数据转换为智慧。如果做不到，公司就得关门了。”

众人同甘共苦，一起工作，同住同出。到了有比赛的日子，专区公司的顾问便会到各自负责的球场收集数据，然后在凌晨两点乘坐公司的银色大众高尔夫车，回到利兹，连夜处理数据，最后再赶回各自负责的俱乐部，汇报分析结果。仓库里挤满了熬夜工作的兼职员工。“仓库就像是生产线上的传送带。大家必须赶快完成分析，因为下一场比赛很快就会到来。”拉姆塞说。

每场比赛都要使用 27 台电脑：每名球员 1 台，外加两个边线裁判和一名主裁判。每位校对人员负责盯一个球员，挑出像素追踪算法的全部问题，最后再汇总所有数据。“累计处理时长一旦超过 25 分钟，动画部门就会介入。”本・迪金森说。他们将花费好几个小时逐行梳理数据，直到找出所有错误。“结果他们发现自己用的程序并非最新版本，程序员把表示罚下的‘红牌’写成了‘红片’。所以，场上有球员被红牌罚下，程序代码却并没给出这项指令。这时，已经凌晨 4 点了，天一亮教练就要看比赛分析。红牌！老天啊！简直是疯了。”

“这些小问题时不时地就会让我们在英国足球超级联赛的俱乐部的教练面前出洋相，简直令人如坐针毡，”马尔文・迪金森说，“有时候，大家一起俯视球场，结果运动员突然从一边跳到另一边，就好像瞬间拥有了钢铁侠般的超能力，在 1 秒之内跑了 250 米左右的距离。”

周四晚上，大家会聚在利兹的夜总会，分享战斗故事。马尔文・迪金森最喜欢讲的是，有一次，一位门将教练主动提出想要学习如何使用软件。迪金森立马觉得自己有义务教好他，于是让他先从移动鼠标光标开始学起，把光标移动到屏幕顶端即可，没想到他竟然把鼠标抓起来悬空移动，迪金森关切地问他在干什么，他恼火地回答：“我怎么知道！”

当然了，并非所有教练都是卢德主义者。曼联球队教练亚历克斯・弗格森的助教是葡萄牙籍教练卡洛斯・凯鲁斯（Carlos Queiroz），他就能热情地拥抱新兴技术，不仅自己能熟练掌握，还贴心地配合着不同球员和教练员的敏感心理。凯鲁斯过去常对马尔文・迪金森说，他们已经不是在跟球员打交道了，而是在跟一群踢球的百万富翁共事。“例如，贝克汉姆就曾质疑专区公司的工作，”迪金森说，“而凯鲁斯是这么跟他说的，‘大卫，就是这个软件帮助我们把您的身价从 3500 万英镑提高到了 5000 万英镑’。”有一次，在分析欧洲冠军联赛海法马卡比足球俱乐部（Maccabi Haifa）所参加的赛事时，迪金森观察到世界杯冠军得主法国队的中卫劳伦特・布兰科（Laurent Blanc）表现得相当低迷。“我简直不敢相信自己的眼睛，”迪金森说，“他竟然防不住对方球员，奔跑速度亦不及对方球员，搞得队友需要帮他盯防。显然，他已经过了巅峰时刻，辉煌不再。”迪金森将布兰科的比赛镜头播放给凯鲁斯看，这位葡萄牙教练摇了摇头。“布兰科确实有问题，”凯鲁斯跟分析师说，“但弗格森钟爱布兰科。”这简直就是教科书式的晕轮效应。凯鲁斯建议暂停播放，然后仔细观看劳伦特・布兰科与另外一名防守队员盖瑞・内维尔（Gary Neville）的表现。“我们大概看了 8 段关于布兰科近乎犯规的视频。内维尔是典型的曼彻斯特人，他生气地站起来大喊：‘劳伦特，你脑子里都在想什么呢？’劳伦特就坐在自己的位置上，双臂交叉在胸前，肩上围着一件套头衫，耸了耸肩，不予理睬。迪金森觉得能有机会目睹两位世界顶级球员用自己设计的体育运动科学工具折磨对方，真是荣幸之至。”

凯鲁斯这样的球队教练只是个例，并不常见。虽然专区公司的顾问不辞辛劳地展示着软件能为球队带来的种种好处，但大部分球队教练在看完专区公司数据库衍生出的多维视频后，都觉得与自己在边线外所看到的即时信息无甚区别，体会不到其中的智慧。实际上，大部分教练都会跟专区公司建立联系，但又不清楚专区公司究竟能干什么。“有时候，我们觉得十分愧疚，因为只要我们能让球队明白软件的真正用途，他们就能立刻拿到获胜的金钥匙，”迪金森说，“软件能回答所有的问题。但在比赛之后，他们竟然什么问题也没有，简直令人难以置信。”

04

制胜与失误

作为经过认证的分析师，斯塔福德·默里首次参加壁球比赛是在1999年1月。他参加的是著名的纽约壁球冠军锦标赛。前半程的部分赛事将在纽约市内多家壁球俱乐部中同时举行。为了录制比赛视频，默里必须在一个场地安装好摄像头并按下“录制”按钮，然后赶紧跳上一辆出租车赶往下一个比赛场地，再次安装摄像头……如此往复工作。“比赛的前几天，我基本上都在纽约市里穿梭，尽可能多地录制视频。”默里说。此前，英国壁球管理部门刚刚购买了录制本国球员比赛视频的权利。因此，部分壁球运动员心存疑虑，提出抗议，质疑默里行为的合理性。碰到这种情况，默里就把摄像机的红灯关掉，然后继续录制比赛。

英国派了9名球员参加比赛。英国顶级壁球运动员，世界排名第4的保罗·约翰逊（Paul Johnson）成功闯入了半决赛。默里扎根看台，手持摄像机，录制约翰逊的比赛。约翰逊与埃及运动员艾哈迈德·巴拉达（Ahmed Barada）酣战100分钟，最终铩羽而归。约翰逊失利以后，默里被带到了贵宾专属酒吧，之后，他能记起的下一件事情就是自己在凌晨4点的酒店房间里惊醒。他赶紧跑回中央车站观看决赛。球场四面都是玻璃墙，比赛在场地中央进行。他在球场碰到了一名块头很大的纽约警察局的警官，只见其手里拿着一台索尼便携数码摄像机。“这是你的吗？”警官问。

就在默里想要放弃运动表现分析工作的时候，负责将英国国家彩票资金分配给各体育协会的主管部门——英国体育局成立了一个高水平的体育研究中心。默里得以入职。

此前，预算只有几十万英镑的体育项目身价突然暴涨了数十倍，几百万的资金纷纷涌入。所有主管部门都被要求提交打造世界顶级运动员的发展规划，并制定目标，以及申请资金支持。这意味着运动员不仅可以全身心地投入训练，还得以配备专职教练与助理。

此前，连英国壁球男队的教练戴维·皮尔森（David Pearson）都是兼职的。在当教练之前，皮尔森是一名国际壁球运动员，成绩斐然，在1988年退役后成了一名教练。与其说是皮尔森选择成为教练，不如说是组织需要他成为教练。他的二女儿艾玛一出生就患有脑瘫，身边根本离不了人。“在做运动员的时候，我就没能自给自足。我必须好好谋划生计了。”皮尔森说。

在英国体育彩票将资金拨付到英国壁球队后，皮尔森终于被聘为专职教练。“突然之间，我就能跟理疗专家和心理专家共事了，”皮尔森说，“我感觉自己就像是个进了巧克力店的小朋友。”

没过多久，英国壁球协会的运动表现总监马特·哈蒙德（Matt Hammond）就跟皮尔森说，一位名叫斯塔福德·默里的分析师会给他打电话，这位分析师是威尔士大学加的夫学院的迈克·休斯推荐来的。

“皮尔森先生您好，”电话里的声音说道，“我是斯塔福德·默里，目前人在威尔士。不知道您还记不记得我？”皮尔森确实记得默里，他们之前就见过，当时皮尔森还是国家壁球青少年队的教练，而默里则是一颗冉冉升起的壁球新星，桀骜不驯，品位不佳。“怎么形容默里的长相呢？简单来说，就是那种你绝对不想在黑胡同里碰见的人。”皮尔森回忆说。他问默里想不想来一局，结果在不到 20 分钟的比赛里，皮尔森连下 3 盘，实力碾压了年轻的对手，3 局比分分别是 9：1、9：2、9：1。“我以为自己无所不能，”默里在谈到比赛时说，“结果在皮尔森把我带到球场后，我压根儿不知道球要往哪里飞。”

皮尔森倒觉得默里是个不错的对手，触球干脆利落。默里的记忆却完全不同：“他说我没有策略，没有状态，没有球感。”因此，默里在打电话时表现得毕恭毕敬也就不足为奇了。皮尔森回忆说：“他很紧张，甚至有些结巴：‘是……是的，皮尔森先生，我……我记得。’他叫了我 20 次皮尔森先生，我笑得难以自持，叫他不要再这么称呼我了。”

最终，皮尔森答应与默里签订一份为期一年的合同。此后，默里再也没有叫过他皮尔森先生。“不过他又给我起了新名字。”皮尔森大笑着说。

在接下来的半年中，默里跟着皮尔森及其球员在世界各地奔波，马不停蹄地参加着各种国际壁球比赛。他的工作包括收集比赛视频、标记比赛，最重要的是编辑文件，详细分析并撰写世界排名前 20 位的男运动员与女运动员的个人资料。壁球冠军锦标赛结束后，他紧接着又参加了香港壁球公开赛与世界壁球锦标赛吉萨（Giza）站的比赛。他的行李中有 6 台照相机和两台笔记本电脑。

比赛期间，默里坐在皮尔森旁边，将电脑放在腿上，对比赛进行实时标记。刚开始跟新雇主相处，默里还有些放不开，总是小心翼翼，生怕得罪老板，活脱脱一个唯唯诺诺的应声虫。导师迈克·休斯在培养默里时就告诫过他，想成为一名优秀的分析师就必须跟教练达成默契。于是，默里就安安静静地埋头干活，用休斯开发的标记软件标记比赛。这款软件名叫SWEAT，是“simple winner-error analysis technology”（简易制胜－失误分析技术）的简称。

用运动表现分析的观点来讲，运动表现指标是与获胜有关的比赛数据。相关指标有很多：击球的方式、击球的时机，以及对抗距离等，然而事实证明，预测比赛结果的最佳指标是制胜与失误的比值。制胜与失误比反映出场上球员的技术熟练度。弗兰克·桑德森曾第一次证明，当球员在单场比赛中的制胜与失误比大于 1 时，其胜率就大于败率。在默里标记比赛时，皮尔森有时会问他一些有关统计的问题。有的问题比较简单，例如每个球员的制胜与失误比；有的问题则比较复杂，例如球场上每个位置的制胜与失误率。

每逢比赛前夜，默里和皮尔森都会跟球员一起坐下来讨论战术。默里一边播放对手的比赛录像，一边进行讲解，强调对手的三项优势与三项劣势。“戴维坚持认为球队的战术应该简单明了，”默里说，“这样做不是因为球员不够聪明，而是因为他们在走上赛场之后，精力不能太过分散。”

具有启发意义的视频是艺术和科学的完美融合，目的是激励球员，增强士气。默里会将 1/4 的工作时间用来为球员定制视频。“我必须要做到面面俱到，”他回忆说，“我得保证歌曲的鼓点与触球的节拍同步。球员这一辈子不是在训练就是在看电视，所以如果我制作的视频达不到英国天空电视台的标准，他们肯定会关掉视频。”

默里制作的第一段视频是为即将在吉萨站的比赛中对阵世界头号种子的球员准备的。“我对自己的作品十分满意，但他看完之后去比赛，没到20分钟就输了。在回去的大巴上，我问他是否想要保留这段特制的视频，他却让我滚一边去。其实我也能理解他。”

据默里说，包括三类制胜因素的激励视频是最完美的。首先，剪辑视频的时候必须使用球员最喜欢的歌曲，尤其是那种能够调动起球员情绪的曲子。其次，必须让球员在正确的时间观看视频，有的球员喜欢在赛前30秒观看，有的则喜欢在比赛前一天晚上观看。最后，视频内容一定要精确合理。“有一次，我为某位壁球运动员制作了激励视频，并在里面穿插了她的精彩击球瞬间。我本以为视频棒极了。”默里说。那段视频是为凯西·杰克曼（Cassie Jackman）定制的。1999年，她赢得了世界壁球公开赛的冠军。然而，她在观看视频时冲默里大喊：“我的天啊！你怎么把这个画面剪进来了？”默里回忆说：“我根本没有意识到那个精彩的击球片段竟然源自一场输掉的比赛。”

默里跟着球队奔波了几个月，而后就有消息传出：有位英国分析师会拿着摄像机和笔记本电脑出现在比赛场地内，俨然是壁球巡回赛中的一道新奇风景。“我就像是那个拿着摄像机，并在劣质笔记本电脑上敲敲打打的松鼠特务，”默里说，“大家对我的态度很极端，爱憎分明。”

在跟着英国队参加了半年的巡回赛后，默里接到任务，需要到位于诺丁汉的英国国家壁球特训营去汇报技术资料。他从导师迈克·休斯那里借了一辆破破烂烂的罗孚SD1款旧车，从加的夫一路开过去。他身穿一条奶油色的卡其裤，一件红色的衬衣。“穿得帅气利落一点是我自己的主意，”默里说，“我想要让自己显得精明干练一些，最好看上去能像个学术专家。”

在去特训营的路上，自我怀疑与焦虑不安不停地攻击着默里的心理防线。他将要教导的人可都是世界顶级的壁球运动员！默里开始疯狂出汗，还没到目的地，就已乱作一团，他的腋下、屁股和腹股沟都湿透了，“真是见鬼了！”运动员保罗·约翰逊看见默里时说，“你难不成是尿到身上了？”

“我不过就是有点紧张罢了。”默里没有生气，谦逊地答道。戴维·皮尔森、其他工作人员，以及球员都早已在会议室中等候了。不料投影仪竟突然罢工，气氛尴尬到令人窒息。

为了编辑技术资料，默里使用了一种名为“时差分析”的系统程序。为此，他专程把巡回赛的所有原始视频都重新看了一遍，并标记了所有的击球动作、击球位置和击球结果。每场比赛过后，SWEAT 软件会生成大概 20 页的数据，而时差分析软件所产生的数据则多达 800 页，包括各种各样的图表、球员身体语言所包含的额外信息、球员的弱点和强项，以及连续对打结束前的击球动作等。要完善一名球员的技术资料，默里至少得分析该球员参加的 6 场比赛。如果想用统计学上的运动表现指标来定义球员风格，观看 6 场比赛还只是最基本的工作。

就在默里准备开始做报告时，突然有人大声喝止并打断了他。那是英国头号壁球运动员西蒙·帕克（Simon Parke）。“我绝不允许别人把我的秘密泄露给在场的人，”他指着其他球员大喊，“没准下周我就要跟这些人比赛了！”皮尔森竭力安抚他说，这样做是为了让球队获胜，每个人都能从中受益，但帕克仍旧坚决反对。“比赛技巧是我个人的心血！”他大喊。会议室里的温度降至冰点。“他说的有道理。”默里让步了。于是，他开始分析对手的技术参数，第一个分析对象是当时世界排名第一的壁球运动员，苏格兰球员彼得·尼科尔（Peter Nicol）。

皮尔森是尼科尔的启蒙教练。当时，尼科尔才16岁。有一天，突然有人给皮尔森打了个电话，让他去苏格兰看看那位年轻的球员。“我本来是打算挂断电话的，但电话那头的声音冥冥之中有股魔力，阻止了我，”皮尔森回忆说，“我也说不上原因，就是想看看那个小孩有何不同。”在阿伯丁（Aberdeen），皮尔森第一次见到了尼科尔。那时的尼科尔还是个小男孩，彬彬有礼，但显得有点虚弱，他对皮尔森说的每一句话都特别上心。后来，两人打了一场比赛，皮尔森最先注意到的就是尼科尔的截击动作十分漂亮。“他从不让球从墙面上落下，天生就是打球的苗子，”皮尔森说，“那时我就知道，只要指导得当，假以时日，他一定能成为最棒的球员。”皮尔森跟尼科尔说自己愿意训练他，但条件是他必须搬到约克郡去。

所有接受皮尔森训练的球员都必须在哈罗盖特集合，也就是皮尔森和妻子乔所住的地方。球员定期到他家里集合，然后前往破败不堪的哈罗盖特壁球健身中心训练。场地十分破旧，房顶漏水，地板老化破损，踩上去吱吱作响。到了傍晚，大家通常会一起吃饭，但这家人和球员都总是三句话不离本行。“我都是先教人，再教球，”皮尔森说，“从不跟任何球员吵架。作为教练，在执教球员的时候，我从不短视。这关系着球员的一生，不只是教他们打球这么简单。”对皮尔森来说，打壁球就像是用身体下象棋，或者是“不会打破头的拳击”。他认为技术能力和战术能力同样重要，所以煞费苦心，耐心且从容地雕琢着球员的技能，这样一来，成败就是战术问题了。

在接下来的一年半里，尼科尔和皮尔森在哈罗盖特同吃同住，一起训练。1992年，尼科尔搬到了伦敦，成了一名职业壁球运动员，这才离开了皮尔森。同年，尼科尔的妈妈因罹患罕见的自体免疫疾病——硬皮病而撒手人寰。纵使家中发生了重大变故，尼科尔依旧没有放弃。1998 年，尼科尔将传奇球员加希尔·汗（Jansher Khan）拉下了神坛，打破了他在壁球界的垄断地位。此前，汗曾连续十几年排名世界第一，如今也仍被大家视为史上最伟大的球员之一。在接下来的 16 个月中，尼科尔成为新晋球坛霸主。

身体瘦削灵活，擅用左手的尼科尔向大家展示了自己卓越的控球技术与出众的比赛技巧，人送绰号壁球场上的“终极劲敌”。他在球场上移动自如的状态给默里留下了深刻的印象：他的走位不仅从容优雅，而且目标明确；他打起球来既系统又有条理，而且还很有耐心，简直就是教科书式的打法。“他在球场上穿梭自如，像大黄蜂一般，简直优美极了。”默里说。

在回看比赛视频时，默里发现，尼科尔总是主动出击，几乎从不等球从地板上反弹回来。这种打法虽然会损失一些精度，却能给对手施加更大的压力。“大家都说尼科尔具有极强的领悟能力，”默里说，“实际上，他会拼命给对手施压，使对手应接不暇，无力还击，这自然就显得他极具洞察力。”那一年，尼科尔在不同的场合与英国国家队的全部球员都有过交锋，结果只输过一场。

在诺丁汉的会议上，默里向运动员西蒙·帕克提供了有关尼科尔的所有技术参数：“前场十分强势……大部分制胜球来自前场角落里的反手抽击……失球通常出现在发球框位置，且受到对手的施压……在尼科尔最强势的击球中，50% 来自前场角落里的正手击球……制胜与失误比为 33：14。”

根据日程安排，下一轮比赛就是阿伯丁英国壁球公开赛了。大家认为尼科尔和帕克很有可能在决赛相遇，而且帕克有望再次击败尼科尔。

然而事与愿违，他们不仅在半决赛中就碰面了，而且尼科尔还以3：0的大比分战胜了帕克。“那场比赛打得简直惨不忍睹，”默里说，“后来，还有球员不甘心地说，总有一天能找到击败尼科尔的方法。我心想，你们做梦去吧。”

皮尔森一直没跟自己的老学员断过联络。他深知尼科尔已经26岁，就快要越过职业球员的巅峰了，赞助商也会越来越难找。苏格兰体育局认为尼科尔的职业生涯大获成功，早已挣得盆满钵满，因此拒绝为其提供任何形式的经费支持。作为排名世界第一的壁球运动员，尼科尔确实收入颇丰，但他还要支付教练的工资，以及负担自己的衣食住行。“如果带上所有随行人员一同参加比赛，那么我必须要打入半决赛，只有这样才能做到收支平衡，”尼科尔说，“其实，我真正需要的并不是钱，而是后勤支援和专业智囊团。”

好几次，皮尔森试图说服尼科尔为英国队比赛，但都被他婉言谢绝了。不过，尼科尔十分关注英国壁球队的发展情况。他知道英国壁球队近年来的后勤支援力量强大，不仅有理疗师还有心理咨询师。他还了解到体育研究局新近聘请了运动表现分析师。默里在球队驻地曼彻斯特签署了合同，成了第一名随队的全职分析师，而且每场比赛都坐在皮尔森旁边。在2001年1月的纽约壁球冠军锦标赛上，皮尔森再次恳求尼科尔：“来吧，彼得，来为英国队比赛吧。”“他沉默了5秒钟，”皮尔森回忆说，“我立刻就知道自己已经说服他了。”

当年3月，在英国壁球队的一次会议后，皮尔森与默里在汽车公园碰了面。“彼得·尼科尔要来为我们比赛了，”皮尔森跟他说，“而你就是他肯来的原因之一。他想知道你的分析结果。”

起初，英国队的部分球员表现出了些许不满，所以皮尔森让默里把尼科尔带到了欧洲壁球锦标赛的赛场上，虽然尼科尔并没有真正参赛。

两人在机场休息区撞了个正着。“真是见鬼了！”尼科尔见到默里时脱口而出，“我记得你，你就是那个穿豹纹短裤的小子。”两人一拍即合，在啤酒的助兴下，相谈甚欢，足足聊了好几个小时。“据我所知，按照规定，尼科尔是不能喝酒的，”默里回忆说，“但换个角度来说，戴维确实嘱咐过我，务必要让尼科尔感到宾至如归。”

尼科尔讲述了自己加入英国队的艰难历程。他父亲是个坚定的苏格兰爱国者，但如今也想开了，只要儿子能东山再起，重获冠军，自己愿意付出一切。他还跟默里提到了所遭受的谩骂、接到的匿名电话，以及死亡威胁，甚至还吐露了母亲辞世的悲痛。默里也将自己父母离婚的伤心往事毫无保留地告诉了尼科尔。“除了壁球，我们无所不谈，而且都是真情流露，对彼此的处境感同身受。”默里回忆说。

尼科尔首次代表英国队参加的巡回赛，是古尔代盖（Hurghada）世界壁球公开赛。除了默里和皮尔森以外，陪同尼科尔前往的还有一名理疗师、一名心理咨询师和其他三名教练。在埃及，尼科尔闯入了 1/4 决赛，却以 0：3 的大比分输给了排名世界第 7 的澳大利亚运动员戴维·帕尔默（David Palmer）。“简直是胡闹，大家捧杀了尼科尔，”皮尔森抱怨道，“随行人员太多，给球员的意见太繁杂。”

自那之后，他们轻车出行，恢复了原来的一名球员、一名教练，再加上一名分析师的自给自足三人小分队。默里也更加投入且深入地观察了尼科尔的比赛情况，研究了数百小时的比赛视频，生成了一份详细的报告，对尼科尔的比赛情况、移动方式和打球风格等都做了详尽的解析。每场比赛过后，皮尔森和默里都会客观地分析失误原因：是注意力不集中？移动方式不当？还是过度劳累？皮尔森从默里那里得知了制胜失误比的重要性。因此，他坚持要将失误率降到最低。“当球员处于疲惫状态时，优势也会变成劣势。这一发现令我十分震惊，”尼科尔说，“我在状态最佳时所能打出的制胜球，竟然会在疲惫时变成失误的罪魁祸首。”

当时，迈克·休斯和学生默里，以及另外一位高徒朱莉娅·韦尔斯（Julia Wells）刚刚完成了对顶级球员比赛方式的第一次全面评估，他们称之为精英模式，包含了比赛的全部要素：平均击球数量，根据输赢划分出制胜球与失误球；对球场不同位置上的击球分布；击球类型的分解，以及获胜球员如何成功处理长球与短球，等等。事实上，精英模式堪称壁球界的首个制胜蓝本。就连尼科尔这类高水平的球员在看到分析结果时也会大吃一惊。

2002 年 1 月，尼科尔重登巅峰，再次排名世界第一。对他来说，最迫切的需求就是找出常胜秘诀，以击败加拿大劲敌乔纳森·鲍尔（Jonathon Power）。“鲍尔是壁球界的约翰·麦肯罗（John McEnroe）。”默里说。鲍尔的打法不仅多样，而且迷惑性很强，节奏也十分紧凑。在尼科尔与鲍尔的比赛中，双方一度把比分打到了 15：14，但尼科尔却在最后 4 轮的对打中失利。默里意识到，为了赢得比赛，尼科尔必须改变自己耐心流畅的跑位方式。鲍尔的进攻既强势又凌厉，几乎无人能招架。要想击败他，尼科尔就必须变得更强势，更有爆发力。

尼科尔、默里和皮尔森三人常常会一起坐下来连续观看好几个小时的比赛视频。作为教练，皮尔森会指着视频说，如果在场上选择另一种跑位方式可能会获得好的结果。然后他们就会一起来到球场上，重现视频中的情景，尝试新的跑位策略。默里则会利用每秒 250 帧的高速摄像机拍摄下比赛画面，并用一个名为“昆天科”（Quintic）的新型软件对运动做出分解。这个新工具可以追踪身体任意部位的运动轨迹，实时监测加速度和速度等信息，甚至连关节的角度都能监测。此外，这个软件还能实现分屏对比，以及慢播教练介入前后的球员跑位变化。“一看到新技术，教练们就意识到自己的工作可能真的要发生变化了。他们终于可以将心中的想法传达给球员了。”默里说。

因为壁球运动不是奥运会项目，所以大家将英联邦运动会视为壁球界的奥运会，那是最高水平的壁球运动赛事。1998 年，尼科尔勇夺男子单打冠军，当时他代表的还是苏格兰队。在决赛中出现了戏剧性的一幕：鲍尔不仅多次辱骂裁判，冲撞尼科尔，还故意做出一些滑稽的动作，一会儿把球拍扔到场外，一会儿夸张地在地上翻滚。2002 年 7 月 31 日，尼科尔再次在英联邦运动会的决赛中碰到了鲍尔，出人意料的是，尼科尔竟然输了。

“鲍尔的攻击性太强了，”默里回忆说，“大家甚至看得到他身上的每一根筋都在发力。”在赛后的发布会上，灰头土脸的尼科尔发誓自己一定能与冠军队友李・比奇尔（Lee Beachill）一道赢得男双冠军。

然而，他们为男双决赛所做的准备不堪一击。他们在半决赛的对手是澳大利亚队，那是一场恶战，球员之间争吵不断。据默里说，澳大利亚球员一度认为尼科尔冒犯了自己的女友，于是双方开始不断大呼小叫。接下来大家看到，默里将手中的笔记本电脑高举过头顶，想要朝澳大利亚壁球运动员扔过去。尼科尔只得赶紧把他拉到旁边，冲着他大喊；“你冷静点！”“事后我简直想找个地缝钻进去，”默里说，“分析师的职责是确保公平和科学，而我当时却被任性冲动冲昏了头脑。”

尼科尔和比奇尔坚持战斗，为大家赢得了期盼已久的金牌。赛后的庆祝活动一直持续到凌晨时分。第二天早上，默里和尼科尔共进了早餐。在与尼科尔分享意大利辣香肠比萨和佩罗尼啤酒的时候，默里终于鼓足勇气开口询问尼科尔，在决赛场上究竟跟鲍尔发生了什么争执。“我当时气昏了头，状态差到了极点，根本无心思考比赛的事情。”尼科尔答道。他太渴望向新队伍和所代表的国家证明自己了。“我就是执念太重。”他说。

05

关键的 26 秒

戴夫·雷丁（Dave Reddin）受命担任了英国橄榄球队的肌力与体能教练。他接到的任务非常简单：将英国队打造成世界上速度最快、能力最强的队伍。英国队的教练克莱夫·伍德沃德（Clive Woodward）想让球队采用他所说的“完全橄榄球”的方式来打球，也就是要求球风开放流畅，关注一切与得分相关的因素，强调全员全时投入比赛。“完全橄榄球”靠的是自由发挥，而非循规蹈矩。这种作战方式打破了既定的比赛策略和严格的球员位置，鼓励球员根据个人能力应对不同的比赛场景：对手、观众、天气，以及不断变化的比赛形势。为了实现“完全橄榄球”的目标，伍德沃德需要一支速度之师，这支队伍在球场上占据主导位置，从体格上让对手望而却步。

在当橄榄球教练之前，伍德沃德从事的是营销行业，做的是电脑租赁生意。1997 年，伍德沃德成为英国橄榄球史上第一位职业教练。他对球队的管理方式跟企业管理一样，注重文化和备战。“求胜！”是伍德沃德的终极目标。从幻灯片报告到更衣室的屏风，队内到处可见“求胜！”这一标语。

对伍德沃德来说，求胜不应只代表对胜利的追逐，还应当融入所有成员的性格中，成为球员与教练思考和行动的宗旨。他将商人汉弗莱・沃尔特斯（Humphrey Walters）说过的话奉为个人信条。1997 年，沃尔特斯花了 11 个月时间来完成环球帆船航行。他曾说过：“成功不是因为某件事做得比从前好 100 倍，而是把 100 件事都做得比原来好一点。”

伍德沃德还借鉴了球队另一名指导员所提出的“关键非必需事项”这一观点。这名指导员此前是一位牙医，后来摇身一变，成了球队的商务顾问。数百项“关键非必需事项”共同铸就了伍德沃德的“求胜”哲学：所有球员必须在开会前 10 分钟内抵达指定地点；未能入选的球员必须祝贺入选的球员；球员在比赛中途需要更换一次衣服，以帮助自己转换思路；无论球队身处何处，英国广播公司天气中心都会在比赛当天清晨提供最新的天气预报。按照伍德沃德的逻辑，这些小事都是做好赛前准备的先决条件。

伍德沃德认为戴夫・雷丁是世界上最优秀的健身专家。1994 年，雷丁与伍德沃德一同参与了英国橄榄球队 21 岁以下组的备战。雷丁经常批评伍德沃德在无关紧要的事情上浪费了太多时间。雷丁问：“你为什么要把时间都浪费在这些事情上呢？明明跟南非队、新西兰队和澳大利亚队相差十万八千里。”

雷丁有自己的看法。1997 年 12 月，英国橄榄球队与新西兰全黑队打成 26：26，形势十分胶着。有的球员四仰八叉地躺在更衣室的地板上，胸口起起伏伏，喘着粗气；有的则抱着垃圾桶狂吐不止。当时，英国橄榄球队球员的身体素质根本达不到伍德沃德的作战要求。

雷丁一抵达特维克纳姆体育场（Twickenham Stadium）就要来了新

西兰队和澳大利亚队球员的身体报告。报告包含多项测试的结果，例如 3000 米跑测试、磷酸盐衰减测试和接触式测力评估等。当他将数据摆到英国队球员面前时，大家噤若寒蝉。“我说，这就是当前状态与目标状态的差距。”雷丁说。

雷丁并不认同有关体能训练的主流观点，尤其是阶段理论。阶段理论是以 4 年为一个周期来制订的训练方案，设计初衷是让运动员的身体素质在关键时刻，例如世界杯期间与奥运会期间处于巅峰状态。不同的周期强调不同的训练元素，有的关注有氧训练，有的关注技巧习得。

阶段理论最早出现在 20 世纪 50 年代末、60 年代初的苏联。1965 年，苏联体育运动科学家列夫·帕夫洛维奇·马特维耶夫（Lev Pavlovich Matveyev）在公开发表的论文中阐述了这一核心理论。阶段理论虽说是一种运动学理论，但很大程度上还是受到了苏联政治体制的影响，强调的是由上至下的中央集权与计划管控，其核心思想不外乎是汉斯·谢耶的一般适应综合征理论，即超负荷集训、训后恢复和适应调整可以不断优化运动员的素质与状态。

虽然阶段理论在东欧诸国广为流传，但西欧国家的教练却并不十分热衷。起初，教练们并不乐意尝试这种方法理论。大家对 20 世纪七八十年代的苏联在奥运会上所取得的好成绩持高度怀疑态度。然而，教练们还是逐渐被苏联训练方式中的严格与细致等优点所吸引。20 世纪 90 年代末，马特维耶夫的著作《体育训练的阶段理论》（*Periodization of Sport Training*）被翻译成了英文，书中的方法也逐渐得到了普及。

然而，能证明阶段理论具有长远效果的证据却非常少，这是令人震惊的。此外，阶段理论主要关注的是耐力。该学说认为，赛季初期，运动员应该从有氧适能开始做准备，到了赛季后期再加入高强度训练和力量训练。雷丁认为把这套理论应用到橄榄球上简直是胡闹。“要是那样的话，我们得花费很多时间来提升耐力，”他说，“我们没有那样做，而是一开始就采用了高强度训练。当然，我们的做法也并不适用于所有运动。”

当时，运动营养健康理论强调充足的碳水化合物、低脂肪、少蛋白，而雷丁的方法又一次跟大众理论背道而驰。“我劝大家多了解一下健美运动员的饮食方式或其他一些饮食方式，但他们总是充耳不闻，”他回忆说，“他们坚决否认，健身运动员的成绩与摄入的大量蛋白质密不可分。”在雷丁的指导下，英国橄榄球队的训练体系引入了个性化的能量摄入标准，尤其是合理安排饮食时间，夜间补充精氨酸和氨基酸，每天根据体重摄入相应量的蛋白质，即每千克体重对应 2.5 克蛋白质。“我承认我对大家的训练有些要求过度，对膳食营养也吹毛求疵，”雷丁说，“当时，我有点病急乱投医，就像是在往墙上扔果冻，总盼着有些能黏住。”

2001 年，为了拓展业务，专区公司的拉姆·马尔瓦加纳姆与伍德沃德取得了联系。英国橄榄球队的教练早就对视频分析非常熟悉了。队内的运动表现分析师托尼·比斯孔贝（Tony Biscombe）在 7.6 米高的高塔上选取了多个不同角度来录制比赛。之后，他们会通过视频精确查找球员受伤的原因。场地维护人员则负责在球场周围安插旗帜，方便比斯孔贝观察风向，并给即将上场的运动员做出提示。伍德沃德一直力求不断改善与比赛相关的所有环节，分析自然也不例外。

“我想带领球队达到全新的高度，我确信，如果能有更好的软件，获胜的概率就会更大。”伍德沃德说。专区公司的顾问巴里·麦克尼尔（Barry McNeil）把伍德沃德带到了阿森纳队，教练阿尔塞纳·温格（Arsène Wenger）刚刚装好了全新的系统。麦克尼尔在海布里球场（Highbury）内展示了软件的新功能：如何在比赛时以每秒 10 次的频率追踪球员的运动轨迹，就连跑动的距离和速度都能看得清清楚楚。温格向伍德沃德讲述了如何将系统应用于训练。伍德沃德最初的爱好其实是足球，自称是不得志的业余足球运动员，喜欢切尔西队。麦克尼尔利用系统展示了近期阿森纳队对战切尔西队的比赛。“看完专区公司的软件系统后，我只能说‘哇哦’，”伍德沃德说，“我从来没见过那样的东西。”

5 分钟不到，伍德沃德就已对这个软件爱不释手了，温格根本不需要再多花心思卖力推销。会面一结束，伍德沃德就致电马尔瓦加纳姆，请专区公司在特维克纳姆体育场也安装一套相同的系统。

由于专区公司的软件原本是为足球场地量身定制的，所以程序员专门花了 3 个月时间对系统进行调试，并在场地周围架设了 20 台摄像机，以适应橄榄球比赛。他们派出了资历深厚的分析师丹尼·诺西和托尼·比斯孔贝并肩作战。

2001 年 4 月 7 日，专区公司为英国橄榄球队录制了首场比赛，对手是法国队。“我已经等不及要看这场比赛的赛事分析了，”伍德沃德说，“在全新的视角下，球队的优缺点一览无遗。”

没过多久，英国队对软件的使用便愈加频繁起来。除了正式比赛之外，日常训练也会用到，目的是收集数据，观察球员正确融入防守队形与攻击队形的速度。有时候，伍德沃德会突然叫停训练，询问大家所采取的攻击策略，检查队形是否正确。“球员们突然意识到自己在场上的一举一动都被我尽收眼底，”他说，“他们开始戏称新系统为‘老大哥’。”又过了一段时间，伍德沃德开始让球员利用专区公司的软件来分析敌我双方的表现，并在球队会议上汇报战术。

“新系统改变了教练的执教方式。从前，教练会用大部分时间教授球技。这种做法已经落伍了。”有了新方法，伍德沃德就能详细研究所有客场球队了。“突然间，我们就能看见对手的全部数据了。”然而，这些信息仍旧无法满足伍德沃德的全部需求。他问分析师诺西，专区公司的软件能否输出单个运动员的详细的身体数据报告。“雷丁来找我，说需要利用运动员的身体数据实现多种目标，”诺西回忆说，“他不遗余力地改变着专区公司现有的对体能数据的分析方式，而我们又可以将雷丁的新观点相应地引回到足球产品中。雷丁将数据分析提升到了一个新高度。”

在接触专区公司之前，大家根本无法实时测量出橄榄球运动员在比赛中所跑动的距离和速度。新软件还添加了疾跑次数、高强度训练的持续时间、运动员身体的恢复时间、外界的干预频率以及运动员身体接触的次数等统计信息。“软件为我们提供了新的视角，以帮助我们仔细揣摩影响比赛的关键因素，”雷丁说，“否则，把球队打造成世界最强战队就是纸上谈兵。”

专区公司的软件还让雷丁得以近距离观察比赛的重要时刻。通常，在关键时刻，球员的身体都承受着极大的压力。因此，雷丁将关键时刻称为至暗时刻。他是这样解释的：“通常情况下，球队的防守时间为两分半，然后找准时机，转守为攻。因此，我们必须快速地做出决定。”雷丁不仅想要洞悉一般状态下的比赛需求，还想弄清楚极端条件下的比赛需求。他说：“在极端条件下，泰极生否，否极泰来，形势瞬息万变。这就是比赛的分水岭。如果能在极端条件下越战越勇，就有望获胜。”

通过了解极端条件下的比赛需求，雷丁意识到，在软件评估球员的方式与极端条件下抢占优势的策略之间存在断层。举例来说，在 3000 米长跑中表现优异的球员并不一定能在场上表现出最佳状态。“以实验室为基础的测试，”雷丁说，“（可以说是）非常科学……但是预测性就差了点。”

雷丁根据极端条件下的球员生理状态，设计并引入了新的测试：高强度无氧运动测试，速度、肌肉力量和身体冲撞的爆炸性组合测试，乳酸水平和通气率的峰值测试。他会询问球员，参加测试时的身体状态是否与参加比赛时的身体状态相同，然后对测试进行校验和修正。

英国橄榄球队的训练基地位于萨里（Surrey）的裴尼希尔公园（Pennyhill Park）内，雷丁在那里搭建了一个临时场地，以便球员能在单个场地内完成全部训练。没过多久，大家就给这个地方起了个绰号——“痛苦之源”。雷丁的测试还包括在划船机上进行速度练习，3 人为一组，目标是在特定时间内划行最长距离。例如，在 35 分钟内，3 人轮流划船，每人每次只能划 1 分钟。

“我不光要训练大家的生理机能，也要训练大家的心理素质，”雷丁说，“在激烈的竞争下，大家要做出最大努力。事实证明，效果立竿见影。球员们都立刻使出了浑身解数，测试效果达到了预期。不仅如此，他们还得学会多坚持一段时间，因为竞争性训练要求他们必须这样做。这不仅能够增强球员们的身体恢复能力，还能增强他们的意志力。”简而言之，雷丁想让球员们在极端条件下也如鱼得水。

2003 年秋天的一个寒冷清晨，谢里耶·考尔德（Sherylle Calder）乘坐的航班降落在了伦敦希思罗机场，随后，她乘出租车赶往了裴尼希尔公园。早上 7 点，她抵达了目的地，伍德沃德迎接了她，并告知她会议将于 1 小时后开始。她原本以为这次会面只有自己与伍德沃德两个人参加，但在走进英国橄榄球队的作战室时，她发现所有人都在。后勤人员、教练、球员，一个不落，全员出席。作战室的装修风格与会议室很像，配备了活动挂图、白色书写板、笔记本电脑，以及回形桌。考尔德身材娇小，嗓音柔弱，稍不留神就会听不到她的声音。她站到作战室中间做了个自我介绍，周围坐着一圈橄榄球运动员。

“如果大家愿意对眼睛做一番训练，”考尔德告诉他们，“我能让大家的成绩更上一层楼。”然后，伍德沃德将大家带到外面进行了第一轮测试。考尔德举起一根手指，逐个走近每名球员，要求测试对象盯着手指看，然后触摸测试对象的鼻梁，从而判断他的主视眼。接着，她要求大家用眼罩遮住主视眼，并让伍德沃德开始正常训练。结果，球员们不仅手忙脚乱，传球笨拙，接球也频频失误。

第二天上午，伍德沃德跟考尔德说，希望她留在队里。

考尔德在南非的布隆方丹（Bloemfontein）长大。在她小时候，人们经常看到她独自在外玩耍，有时候爬树，有时候攀墙。“一大清早我就溜出去玩了，父母都还没去上班呢。”考尔德说。她会为了自己设计一些具有挑战性的小游戏，例如冲着凹凸不平的车库门扔球。说到弹玻璃球，男孩子都不是她的对手，她说自己经常练习弹玻璃球。

她从 7 岁开始学习曲棍球，后来进入了斯坦陵布什大学（University of Stellenbosch）。后来，男生们向她发起了挑战。“击败我似乎成了他们的唯一目标，”考尔德说，“他们的身体比我强壮，所以很容易就能把我推到一边，将球拦下。但我总能轻松地智取对手。”毕业之后，考尔德成了斯坦陵布什大学曲棍球队的球员兼教练。

由于种族隔离政策，南非无法参加任何国际赛事。“我非常渴望能与其他国家的球员同场竞技，看看自己的水平究竟如何，”考尔德说，“总跟相同的人比赛会令我沮丧。大家总是年复一年地重复着相同的事情。真是让人提不起兴趣。”

1988 年，考尔德决定在比赛淡季独自前往欧洲。考尔德说：“父母跟我说，这是你自己的决定。他们并没有想要阻拦我，其实，如果他们拦着我，我可能就不会迈出那一步了。我很佩服他们的气度。”

就在飞往英国的前几天，考尔德收到了英国房东的来信，说由于她是南非人，所以不欢迎她来。航班无法取消，考尔德只得先飞到既定的转机地点卢森堡。到了卢森堡，她没有转机，而是坐了 5 个小时的公交车去了阿姆斯特丹。她一路上都在自言自语，咒骂着自己。考尔德根本不知道自己能去哪里，身上既没有钱也没有信用卡。21 岁的她只背了一个红色帆布背包，里面装着换洗的衣服，剩下的就只有曲棍了。

考尔德在阿姆斯特丹的一家饭馆里找了份在后厨帮工的差事，吃住都在当地的体育学院里解决。她白天工作，晚上和周末打球。第二年的比赛淡季，她再次来到了欧洲。这一次，她去了科隆，结果当地人却因为她的国籍而不许她在那儿打球。那是考尔德第一次见到人工草坪。她欣喜地走到草坪上，感受着草坪的质地。“有人问我在干什么，”考尔德回忆道，“当我说出自己是南非人时，对方立刻要求我从草坪里出来，说南非人不得踏足。”

勇敢的考尔德并没有屈服，每到冬季她就飞到欧洲，在西班牙或英国的商店做兼职，或是在餐厅里端盘子。同时，她还在坚持打曲棍球，年复一年，从未间断。

1995 年，国际社会解除了对南非的禁令，考尔德成功地入选了南非国家曲棍球队，并在开普敦参加了奥运会的预选赛。那一年，南非国家队成绩垫底。在对阵加拿大队时，考尔德凭借自己的一粒进球帮助南非国家队取得了预选赛中唯一的一场胜利。在最后一场对阵英国的比赛中，考尔德收到了一封看过自己比赛的支持者的来信："请允许我献上最诚挚的敬意，你是一名国际级的曲棍球运动员，也是唯一一名不在场上到处乱跑的运动员。"

"我跑动得也不少，"考尔德说，"他的意思是说，我总能在合适的时间出现在合适的位置上。"这已经不是第一次有人发现，考尔德拥有敏捷的临场反应能力与精准的时间把控能力。其他球员和教练总问她是不是后脑勺上长了眼睛。考尔德一直以为别人也像她一样能观察入微，直到收到这封来信，考尔德才发现，自己的观察能力确实异于常人。胜人一筹的敏锐的观察能力帮助她获得了超凡的预判能力，也就是预知问题并采取合理措施的能力。怀着一颗好奇之心，考尔德从球队退役，申请了博士学位。她想知道自己为何会与众不同。

她在开普敦大学攻读博士学位，导师是蒂姆·诺克斯（Tim Noakes），南非首个体育类研究机构——南非体育运动科学研究所的联合创始人之一。诺克斯是一名体育运动科学家，在耐力生理学领域内颇有建树，备受人们尊敬。1985 年，他出版了一本名为《跑步的学问》(*Lore of Running*)的图书，十分畅销。他还对运动员罗杰·班尼斯特（Roger Bannister）做过测试。在考尔德第一次联系他的时候，他正在研究疲劳是由大脑变化所致，还是由肌肉的生理变化所致。诺克斯询问考尔德想要做哪方面的研究，她试着跟导师解释了一下自己的特殊能力，说想要弄清个中缘由。"老师说，他对这个领域一无所知，但能教我如何开展研究。"考尔德说。

在考尔德开展相关研究之前，人们普遍认为运动员的视觉能力是优于常人的，尤其是那些要手眼协作的运动，但不同体育项目中的顶级运动员的观察能力到底有何不同，尚不为人知。考尔德是研究这一课题的首位运动科学家。她对世界上一百多名精英运动员进行了系统的测试，其中既有板球运动员，也有橄榄球运动员。她利用反应板来测试运动员的反应时间和周边视觉。所谓反应板，其实就是由触敏发光二极管所组成的方格网络。研究结果令人震惊：在不同的体育项目中，运动员的视觉能力几乎不存在差别。

“实际上，部分顶级运动员的视觉能力根本算不上出类拔萃，他们甚至会犯一些低级错误，”考尔德说，“不过他们总能够最大限度地扬长避短。他们总在不断地重复着自己所擅长的事情，而不会走出舒适区。”

考尔德坚信，强迫运动员走出舒适区能够帮助他们产生生理适应，从而提升其视觉能力。在她看来，要提升视觉能力就意味着要改善与视觉系统相关的全部能力，从周边视觉到反应时间，从身体平衡到理性决策。在比赛的压力下，视觉系统的缺陷会给运动员带来不便，导致其无法专注于不断更新的场上信息。视线盲区和视野的狭窄会让运动员陷入不利局面。考尔德说：“我本以为，运动员必须要做到十项全能，没有短板，才能拼到最后，例如打进世界杯决赛，但事实并非如此。我认为，最好的队伍不一定能赢得比赛，但能顶住压力，理性思考能帮助队伍获胜。”在考尔德看来，手部能力会随着眼部训练而得到提升，理性决策能力也会随之改善。这一观点源自考尔德的亲身经历。通过训练来提升视觉能力，这还是一个全新的理念，亟待证实。

为了证实自己的观点，考尔德挑选了 29 名优秀的男性曲棍球球员，并将他们分成了 3 组。一组为空白对照组，一组只接受基本训练，还有一组球员将接受特定的视觉意识训练，包括如何保持头部中立，如何更好地观察周围环境，以及如何高效地使用主视眼。训练课程为期 4 周，每周 3 次，课后，球员们需要接受 22 项基本的曲棍球能力测试，例如传球、罚近角球等。测试结果证实了考尔德的观点。接受过特殊视觉意识训练的球员在 12 个测试项目中都表现出了能力的提升，未接受过特殊视觉意识训练的球员仅在两个项目中表现出进步，空白对照组则没有任何进步。

1999 年，考尔德顺利地完成了学业，开始同巴基斯坦板球队和新西兰橄榄球队合作。在程序员的帮助下，考尔德设计出了专业的视觉训练软件“眼部体操”，这个软件可以帮助她远程监控客户的训练情况。

一名球员碰巧读到了考尔德的文章，教练伍德沃德则从那位球员那里得知了考尔德的研究：人们如何加强眼部训练。“我脑海中所浮现的画面就是：大家的眼睑上挂着一个个小哑铃。”伍德沃德说。他立刻与考尔德取得了联系，并邀请她到英国来。因为已与新西兰全黑队签订了合同，所以考尔德不得不拒绝了伍德沃德的邀请。“他非常执着，”考尔德说，“大概给我打了 30 个电话。”2001 年，与新西兰全黑队的合同到期，她自己也已厌倦了从南非飞到新西兰的长途旅程，于是便给英国队的教练伍德沃德发了封电子邮件，询问他是否仍对视觉意识训练感兴趣。

“当然了，”伍德沃德回信说，“您能明天就过来吗？”伍德沃德的“完全橄榄球”理论不仅要求球员的身体时刻处于巅峰状态，还要求球员完全理解每个动作的几何学意义，即对不同位置、不同步调、不同角度、不同深度和不同距离的多维理解。他们需要随时随地观察、接收赛场上的所有视觉信息，并做出反馈，就像专区公司将数据传输到大脑中一样。

专区公司对比赛视频做了可视化编辑，在看过之后，伍德沃德发现，球员们根本就没有充分利用场上的剩余空间。他想让大家往没人的地方跑，而不是扎堆拦球。“当时，大部分球队都在采用扩展式博弈策略，而且不少人误以为场上已经没有奔跑的空间了，”伍德沃德说，“然而事实证明，这些想法都是错的。”

有一次，队里的球员坚称场上根本没有多余的空间可用于攻击，伍德沃德就将专区公司拍摄的定格画面打印了出来。画面截取自英国队与法国队的比赛，每隔 24 秒产生一张。在定格画面中，英国队球员被简化为白色圆点，法国队球员则被标注为蓝色圆点。两支球队在场上围着橄榄球挤作一团，周围空了一大片，却没人注意到。伍德沃德把图片贴在挂图板上，说：“绿色的地方都没人。白色是你们，大家看着办吧。”会议室里一片沉默。“争辩到此为止。”伍德沃德回忆说。

伍德沃德向考尔德展示了专区公司所提供的比赛可视图，她随即说道：“虽然我不太懂橄榄球，但为什么大家放着空地不跑，偏要挤成一团？”伍德沃德放声大笑。“谁说你不懂球，”他答道，“这正是我们需要解决的问题。”

考尔德发现，根本原因是球员没能掌握周围环境的全部情况。球员只在手里持球时才会抬头看看四周。其他时候，大家都只盯着球看。球员如果能够对场上的空间做出正确的感知，就能创造出更好的进攻机会。要实现这一目标，球员就需要养成在赛场上全时观察周围环境的习惯。考尔德不仅要帮助球员改善视觉能力，还要协助大家观察、理解并互相提示场上的无人区域。

为了解决这一问题，伍德沃德和考尔德发明了一种名为 CTC 的新型训练方式。CTC 的全称是 crossbar, touchline, communicate，指“横杆、边线和沟通”。在训练期间，他们将写有 CTC 的大型横幅挂在场地四周的展板上，以提醒球员全时观察横杆和边线附近的情况。

考尔德手持指挥棒站在横杆处，或球场的其他位置。在训练期间，她会随时举起指挥棒，要求球员在看到的第一时间，大声喊出她的名字和指挥棒的颜色，从而判断球员要花多长时间才能注意到她。“赛况胶着的时候，考尔德举 30 秒都没人理，”伍德沃德说，“一旦有人喊出‘谢里耶，黑色’或‘谢里耶，白色’的时候，大家都会抬头看，心想，糟糕，我们又只顾着埋头盯着球看了。”

2002 年，也就是第 5 届橄榄球世界杯前一年的 11 月，在对阵澳大利亚队的热身赛之前，伍德沃德召开了一场发布会。他通过专区公司的软件展示了新近的手下败将新西兰队的阻拦方法，并质疑那已经违反了比赛的相关规则。

事实上，这不过是伍德沃德的借口罢了。他只是想向世界宣告，自己的球队拥有其他队伍都没有的精密的分析软件，以此给对手制造压力。媒体记者们之前也没有见过这样的软件，因此都十分好奇。“后来，澳大利亚队的教练告诉我，他一看到展示就慌了，”伍德沃德说，“换作是我，在世界杯比赛前夕发现对手使用了某种新奇的秘密武器，而我自己却一无所知，肯定也会很窝火。”

那时候，伍德沃德使用专区公司的软件已经有两年了，期间，他们利用软件刺探了在特维克纳姆体育场与英国队对战过的所有球队的情报。新系统为伍德沃德提供了对手防守策略的动态几何模型，并帮助他厘清战术要领，辨别球员分工，以及有针对性地制定强攻战术，化解对手所有的防守策略。“软件最重要的功能是帮助大家摒除了先前对其他球队的刻板印象，尤其是新西兰队、南非队和澳大利亚队，”伍德沃德说，“我们突然发现，他们并没有异于常人的地方。在知道了对手其实并没有我们想象的那么强大之后，大家的心态发生了重大变化。”在橄榄球世界杯开赛前夕，伍德沃德所率领的英国队已是公认的世界强队。此时，他的策略已不再是深入研究对手的情况，而是先对队伍内部的情况进行微调。例如，在热身赛期间，他通常会在赛前的周一确定好阵容，而这本该在周四定下来。“其他国家的球队分析师会查看英国队的比赛阵容，并做大量分析。他们一定会忧心忡忡，关注我们胜过关注自己，”运动表现分析师比斯孔贝说，“一位分析师说，分析英国队的比赛是最容易令人沮丧的，因为根本无法预测英国队会采用哪种打法。”如果一开始所采取的战术效果不佳，球员们就会改变策略。“我们会改变战术，可以先卅球再追球，可以实施完整的阵地进攻，也可以打九人制橄榄球，雨天打球也不在话下，我们无所不能，所向披靡。”比斯孔贝继续说道。可见，英国橄榄球队的准备十分充分，足以应对各种突发事件。

2003 年的橄榄球世界杯，英国队和南非队、萨摩亚队、格鲁吉亚队和乌拉圭队分到了一个小组。在看完分组后，考尔德对伍德沃德说，英国队将在小组赛中打败南非队，在半决赛中打败法国队，在决赛中打败澳大利亚队。伍德沃德表示怀疑，但考尔德坚信自己的判断是正确的。她曾与新西兰全黑队和南非队有过合作，又在英国队中发现了与众不同的亮点。“说不清为什么，”考尔德说，“我就是能预测比赛结果，一旦加入了一个队伍，我就能猜个八九不离十。”

后来，考尔德开始躲着大伙，因为所有人碰到她都要让她预测比赛结果。在 1/4 决赛中，英国队和威尔士队在布里斯班短兵相接。赛程过半，英国队并没有占据优势。“我说，别担心，我们能赢，”考尔德说，“大家心里悬着的石头就都放了下来。”

在接下来的比赛中，英国队越战越勇，以 28：17 的比分打败了威尔士队。然后，这支英勇之师又在暴风骤雨中打败了法国队。“一开始下雨我就知道，法国队输定了，”比斯孔贝说，“法国队的球员死死地抱住球，而我们把他们扑倒在地。”

英国队果然在决赛中遭遇了澳大利亚队。澳大利亚电信体育场（Telstra Stadium）内的一场恶战一触即发。形势跟考尔德所预测的完全一样。就在球队准备上场的时候，考尔德回到球队会议室取东西，结果却发现伍德沃德沉默地坐在房间里。“我真希望他什么都别说，什么都别问。”考尔德心想。

“这场比赛你怎么看？”伍德沃德问。

“没问题，我们能赢。”考尔德答道。

“好的。我终于不用担心了！”

下半场结束时，双方比分为 14：14；加时赛仅剩 30 秒时，双方比分僵持在 17：17。此时，英国队的马特·道森（Matt Dawson）狂跑 15 米，冲入了澳大利亚队的达阵线，紧接着，英国队上演了曾练习过无数次的绝地反击。队形自场地中央展开，排成“之”字形。道森十分擅长利用专区公司的软件。他从专区公司的分析报告中得知，澳大利亚队的防守战术是围绕英国队接球前卫乔尼·威尔金森（Jonny Wilkinson）展开的，所以要为他创造可供发挥的空间。这是一个暗度陈仓的策略：设法让澳大利亚队的球员围攻自己，然后自己把球传给无人盯防的威尔金森，让威尔金森碰球入门。这一策略可谓一气呵成，犹如探囊取物。

可惜传球的质量欠佳，导致威尔金森只有 26 秒的时间可以发挥。只见他改变了身体的角度，放弃了惯用的左脚，果断地用右脚来了一记抽射：成功进球得分。威尔金森深谙考尔德的科学理论，堪称最勤奋的学生。

威尔金森在“眼睛体操”上花费了大量的时间，刻苦训练过视觉技能。有一次，他对考尔德说，在过去，他拿球之后只会选择射门，而现在，在拿球之后，他至少有三种方案可供选择，他会先权衡，再做出正确的决定。

06

异想天开的预测

2003 年年末，斯塔福德·默里参加了在东安格利亚大学（University of East Anglia）举办的英国国家体能大会，并做了报告。站在他旁边的是导师迈克·休斯的儿子迈克尔·休斯（Michael Hughes）。迈克尔·休斯跟他爸爸一样，瘦小精壮，才思敏捷，优雅从容。两人都穿着深色的马球衫，袖子上印着“精益求精”，胸前印着 EIS，即英国体育学院的缩写。

一年前，新成立的英国体育学院的一名负责人向默里抛来了橄榄枝，问他是否愿意过去工作。默里对这个新成立的机构一无所知。当时，英国体育学院才刚刚落成，目的是根据各运动项目的英国国家队的不同需求配备体育运动科学家。面试默里的是英国体育学院的亚历克斯·牛顿（Alex Newton），以及刚刚到任的研究与创新项目负责人斯科特·德拉韦尔（Scott Drawer）。他们问默里应该如何设置关键业绩指标，默里一头雾水，不知如何作答；他们又问默里应该采用何种策略，默里还是答不上来。“当时，我对职场会谈一无所知。”默里说。他只懂得如何跟教练相处，并用教练能理解的方式展示统计数据。出人意料的是，他还是成了英国体育学院的第一位运动表现分析师。

一年后，英国体育学院发布了招聘启事，要引进第二位运动表现分析师，迈克·休斯跟儿子说可以考虑一下。迈克尔·休斯从小在加的夫长大，一放假，爸爸就会给他布置一些简单的分析项目。因此，迈克尔·休斯使用壁球系统和概念键盘的时间其实比默里还要长。迈克尔·休斯跟默里在英国体育学院一起工作了 8 周，随后便被威尔士大学加的夫学院新开设的运动表现分析专业录取，于是，他便去攻读硕士学位了。他从未想过申请英国体育学院的工作，但父亲鼓励他申请一下，以丰富个人经历。

面试的前一天晚上，默里和迈克尔·休斯一起来到当地的酒吧。默里跟迈克尔·休斯说，他父亲的博士生也来申请这个职位了，他们年纪更大，经验更丰富。"我觉得你可能竞争不过他们。"默里诚恳地跟迈克尔·休斯说。对默里来说，迈克尔·休斯就像是自己的孩子。"你能申请到这个职位的希望十分渺茫。"他们推杯换盏，相谈甚欢，不知不觉地就喝醉了。"面试的时候，我尽量说他的好话，引导评委会的偏好，希望我的小兄弟能获得这个职位，"默里说，"后来我才发现，自己这么做纯属多余：他横扫了全场。我心里十分自豪。"一开始，他们的办公室只是一间位于曼彻斯特市中心的活动房屋。没过多久，他们就搬到了一栋位于曼彻斯特东部的综合办公楼"运动城市"里。运动城市最初是为了主办 2002 年英联邦运动会而设计建造的。除了可以办公，里面还建有全新的英国国家壁球中心，场地四面全是可移动的玻璃幕墙，视角极佳，可以将美景尽收眼底。另外还建有曼彻斯特城市球场和英国国家自行车比赛中心。

默里说："这里就是一个大型的聚会场地。走进健身房，人们可能看到自行车运动员克里斯·霍伊（Chris Hoy）在做俯卧撑，壁球运动员彼得·尼科尔在跑步机上跑步。但是，我不怎么去健身房。我更喜欢蒸桑拿。可能有教练看到过我上午 11 点在桑拿房里睡觉，或是宿醉之后在里面发汗。"

默里当时正在准备结婚。为了保持身材，他经常骑自行车上班。他的日常打扮就是铁头安全靴、长筒羊毛袜、宽大的套头衫、羊毛帽，再加一条短裤。冬天也是如此。“我觉得穿长裤骑自行车很不舒服，”默里说，“要是遇到红灯，我能超过克里斯·霍伊。自行车教练常说：‘迎面骑来的就是默里，自行车项目未来的希望。’”默里和迈克尔·休斯共用一间小小的办公室，里面有两张桌子、一套家用录像系统，以及一个视频编辑套间。除了刺鼻的咖喱味和啤酒味，他们的办公室简直没有缺点。当然，啤酒和咖喱是运动表现分析师的传统大餐。默里要求所有人保持整洁，无论是迈克尔·休斯还是其他进入办公室的人。“有的小伙子会故意弄乱桌上文件的角度，或是把分析用录像带藏起来，想跟我开玩笑，却弄得我十分恼火，”默里说，“不是我有强迫症，而是要给教练们留下好印象。”

除此之外，教练还需要良好的教育。鲜有教练是熟悉运动表现分析的，因此，默里和迈克尔·休斯花了整整一年的时间与不同的代表队会面，洽谈业务。“如果你们已经是世界上最强的队伍，那么不好意思，我们还有很多事可以做，”默里会告诉他们，“我们的目标不是荣誉，而是帮助大家做出有依据的判断，而非依靠神叨叨的意见和下意识的猜测。”

他们将这些工作称为英国体育学院的运动表现分析路演。路演包括展示概念服务，提供能力证明，例如，利用高速摄像机拍摄接力比赛，使用软件追踪监测举重运动员的技巧和方法。此外，他们还会展示一些具体的案例研究，例如，利用“五次”分屏技术观察彼得·尼科尔受伤前后的反手抽击动作，并做出对比；利用步态分析和躯干角不对称追踪系统来预防伤病；为壁球运动员做备战分析及资料模板。

详细案例都是基于壁球运动的，至少一开始的时候是这样。不过运动表现分析所蕴含的深层次概念适用于所有运动。演示文件的第一页上有一个钻石状的图表（图 6-1），第二页的内容是“6 个 I”原则。这个原则诞生于迪兹伯里（Didsbury）一家酒吧中的一次醉酒。“当时就像是玩流行的宾果游戏，我们用首字母代表某项重要的原则，”默里说，“最终，我们总结出了‘6 个 I’原则。”

接下来是一张图，图上画了一条河，名叫“无知”。河岸上，一边画着一只猴子，一边写着“体育”两个字。

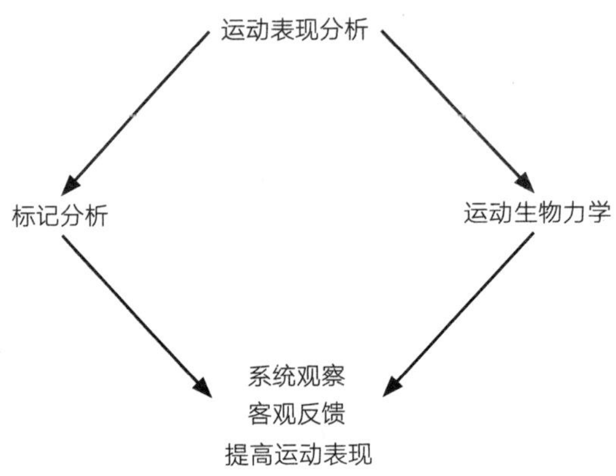

图 6-1　钻石状图表

“这是一只懂分析的猴子，”分析师解释说，“它需要穿过无知之河到达名叫体育的彼岸。为了帮助猴子过河，我们需要用 6 块积木搭起一座桥。”这 6 块积木代表着运动表现分析的基本方法：引入（Introduction）、不可反驳性（Irrefutability）、指标（Indicators）、实施（Implementation）、改善（Improvement）和影响（Impact）。

“部分方法说起来可能有点牵强，”迈克尔·休斯自己也承认，“我们想要表达的主要是，没有分析，大家就无法渡过无知之河……其实有些荒谬。”

接下来是他们经常引用的话：

“如果总走同样的路，就无法看到新的风景。”

“统计学就像是一条迷你裙，让人浮想联翩，但会把最关键之处隐藏起来。”——阿伯丁足球俱乐部前任教练埃贝·斯科夫达哈尔（Ebbe Skovdahl）

“东西没坏就不要修。”——默里的祖父

“我们并不是很受欢迎，”默里说，“体育事业本身就挣不了多少钱，英国体育学院主要依靠彩票基金会的资助。我们就像是一群穿着黑色T恤，突然出现在大家面前的怪人，总是指手画脚，好为人师。而大家的反应都是：‘滚！我们在这个行业已经混了20多年了。’”

最初，路演的主要目的是消除教练对分析工作的误解。很多人都觉得，运动表现分析是在质疑教练的工作，而不是在完善教练的工作。这是一个循序渐进的科普过程。人们对待分析师的态度天差地别，有的热情洋溢，有的心怀敌意。

例如，有的体能教练在见到默里利用视频展示并分析举重的技巧，跟踪运动员动作的生物力学变化后，觉得颇为震撼，而有的田径教练则认为这不过是奇技淫巧，毫无意义。“有一次，有人跟我们说，要凭本事吃饭，”默里说，“我说，兄弟，我们没靠任何人。”

有一天，默里和迈克尔·休斯走进了位于英国体育学院内的英国国家自行车中心。这里是英国自行车队的训练基地，不过他们从来没有进去过。洞穴般的场馆令人感觉诡异。赛道的弯度和坡度都很大，场内充满椭圆形的元素。凯林赛和麦迪逊赛的复杂规则更是令人晕头转向。在观看训练时，他们始终一头雾水，感觉任何分析方法都无法参透这项运动。两人面面相觑，不知所措。

时任英国自行车队运动表现总监的是体育理论科学家彼得·基恩。他热爱各种测试，笃信数据。自 1997 年任职起，基恩就开始摸索自行车运动的现代化改革。然而，车队不仅缺乏经费，人员配备也捉襟见肘，就连训练设备也寥寥无几。此外，除了在 1908 年获得了一枚团体金牌，以及在 1992 年克里斯·博德曼（Chris Boardman）获得了一枚个人金牌外，车队与金牌再无缘分。

1996 年，在英国政府宣布利用彩票基金支持体育事业后，基恩自行整合出了一份“世界顶级运动表现计划”。该计划立意宏伟，细节详尽，愿景十分清晰：在 2012 年之前，将英国队打造成世界自行车竞赛的顶级强队。人们觉得这简直就是天方夜谭，痴人说梦。在他做汇报的时候，大家总是跟他说：“您的计划很好，但毫无依据。您是在一本正经地胡说八道。”

基恩对车队的心理咨询师西蒙·琼斯（Simon Jones）说，要想开展“世界顶级运动表现计划”，就需要为队内的自行车运动员设定具体的运动表现标准。琼斯向来行事果断，聪慧过人，他是在 1995 年加入英国国家自行车队的，并且在入队面试中提到了临界能力这一理论。临界能力是指，自行车运动员在特定时段内所能坚持的最高功率的平均值。当时，所有的自行车教练都没有听过这个概念。“他们问不出任何问题，所以我就被录取了。”琼斯说。在琼斯加入英国自行车队时，队内约有 90 个人，参赛选拔方式并不明确。“队内的选拔根本就没有将比赛结果与运动表现有机结合在一起，”琼斯回忆说，“运动员先参加国内比赛，再参加国际比赛，然后输得落花流水。”

彼得·基恩坚信，应该要把底线设置清楚。因此，他设计了一项测试，用以制定最低运动表现标准。队内的自行车运动员只有在达到最低标准后才能加入训练计划，并获得资助。

测试很简单，就是在测力计上进行时长为一分钟的最强能力评估。所谓测力计其实就是安装有功率输出装置的健身脚踏车。测试结果可以帮助基恩统计出相应的参数，也就是他口中的“体能指数”。

选拔标准因年龄、体重和赛事而不同。举例来说，排名前十的耐力型运动员的体能指数需要达到 25 ～ 30；如果要参加环法自行车赛，那么体能指数则需要达到 32 左右。体能指数低于相应值的运动员会被淘汰出局。

“可想而知，大家进入健身房后都拼尽了全力，因为他们知道自己的饭碗，以及入选国家队的希望全都在这个该死的测力计上。”琼斯说。他们由此挑选出了很多优秀的自行车运动员。

尽管这项测试简单粗暴，备受争议，但运动员们却忽然有了清晰的目标。“有的队员直接给首相写了封信，说自己在队内遭到了歧视，”琼斯接着说，“大家怨声载道，很多人甚至说我是魔鬼。”

1998 年，距离悉尼奥运会的召开还有两年，琼斯被任命为场地自行车男子团体竞速赛的教练。据琼斯说，基恩提拔他是为了通过不同类型的教练来加强队内对体能的认知。“一夜之间，我就成了毫无经验的国家队教练。大部分队员的年纪都比我大。从前，我只是实验室里的一个无名小卒，现在却摇身一变，成了教练。他们非常清楚，我对关键问题一无所知。”

当时，自行车运动员常常会在公路上进行长时间的骑行训练以提升自身耐力，但琼斯发现，虽然大家都还算健壮，可速度却不足以让他们在团体竞速赛中占据优势。他仔细审核了所有人的训练计划，然后将提升赛道爆发力，而非公路耐力摆到了最重要的位置。“我们知道取胜所需要的能力，所以要根据不同赛事的需求来进行有针对性的训练，”琼斯说，“现在看来，这样做是无可厚非的，但在当时，这却有悖常理。”他仍清晰地记得，在 2000 年悉尼奥运会的赛场上，英国国家自行车队在团体竞速赛中勇夺银牌，取得了前所未有的好成绩。“那简直就是我执教生涯的巅峰，”他说，“说起来可能有些可悲，后来我们在回顾比赛时发现，取得这样的成绩竟然是如此轻而易举。”

悉尼奥运会过后，彼得・基恩聘用了加拿大心理咨询师安德烈娅・乌尔斯（Andrea Wooles），让她代替琼斯出任自行车队的测试工程师。乌尔斯的未婚夫是自行车队的按摩师，然而，除了与自行车运动员约会之外，她对自行车运动一无所知。

乌尔斯得以被聘用的原因是她在研究领域有一技之长。她拥有运动生理学硕士学位，其硕士毕业论文的主题是“乳腺癌手术后，锻炼对组织肿大的影响”。她的导师是心理学家艾伦・马丁（Alan Martin）。马丁曾通过尸体解剖，分别对脂肪、肌肉和骨头等进行了称重，从而完成了对身体成分的分析。“我的导师没有人云亦云，不会认为大家都在做的事情就是正确的。相反，他去了比利时，解剖尸体，探求真理。他给我的研究打了 A+。”乌尔斯解释道。

在攻读硕士学位期间，乌尔斯采用了一种名为舒伯赫自行车测量仪（德文名 Schoberer Rad Messtechnik，英文名 Schoberer's Bike Measurement Technology）的新型功率计来进行测试。这种装置可以到处移动，可以安装在自行车上测量自行车运动员在训练或比赛时所产生的功率。当时，基恩正好购入了 130 台舒伯赫自行车测量仪，所以乌尔斯的经历对他来说简直如虎添翼。

在入职的第一天，乌尔斯就被基恩带到了英国国家自行车中心的场地内。基恩将一台被拆散的舒伯赫自行车测量仪摆到了乌尔斯的面前，让乌尔斯在他从悉尼奥运会赛事归来之前将仪器重新组装好。“他第二天就走了，”乌尔斯说，“而我则与一堆零件为伍。我打开电脑，发现程序需要在磁盘操作系统上运行，而且全都是德语。我必须先学习德语，才能把那个破东西修好。”

自行车测量仪是由德国自行车运动员兼工程师乌尔里希·舒伯赫（Ulrich Schoberer）发明的，可以测量功率、节奏、心率与速度。第一版测量仪的大小跟麦片盒差不多。有一次，在舒伯赫骑自行车时，测量仪从车把上掉到了地上，他不得不停下自行车，把散落一地的测量仪捡起来。那时，他突然意识到，比起参赛，他更热爱发明。所以，他立刻选择了退役，结束了自己的运动员生涯，全身心地投入到仪器研发中。

“舒伯赫自行车测量仪是有史以来最简洁、最精美的工程解决方案，”乌尔斯说，“这项发明堪称德国工程技术的完美典范。”

英国是第二个在自行车上使用功率测量仪的国家，仅排在发明国德国之后。基恩是个理性的人，他知道测量生理消耗并对运动表现进行定量评估是相当重要的事，而不应该埋头于无菌实验室中。在此之前，自行车运动员能依赖的只有心率、速度和运动自觉量等指标，而这些指标又都很容易受到与运动表现无关的一系列因素的影响：天气冷暖、兴奋剂、睡眠质量、压力水平、水合程度、过敏情况和营养状况，等等。

与之形成鲜明对比的是输出功率，这是一项非常客观的指标。舒伯赫自行车测量仪能够完美地配合以运动表现为基础的训练。

没过多久，乌尔斯的工作内容便做出了调整，她不仅要负责校验舒伯赫自行车测量仪，还要负责实际操作，并确保实际操作的规程前后一致，结果精确无误。“此前，测试根本就没有标准化，数据库也还没有建立起来，历史记录也没有被保存下来。天知道那些仪器有多久没被校验过了，所以数据的真实性根本就得不到保证，”乌尔斯说，“不到一年，人们就从询问‘今天舒伯赫自行车测量仪有没有出什么问题’变为‘今天运动员有没有出什么问题’。”乌尔斯很快便意识到，她的工作就是理解教练员的需求，以及帮助他们坚定信念。“举例来说，在长途骑行中，舒伯赫自行车测量仪可以帮助运动员了解输出功率每增加 1 瓦，心脏会跳动多少下，”她解释说，“如果骑行时的心率是每分钟 150 下，那么输出功率会达到多少瓦？输出功率与心率的关系会随着体能的变化而发生变化。当身体处于脱水状态时，即使输出功率保持不变，心率也会上升。”

当时，被选中参与骑行计划的运动员只有四五十名。“有的运动员来了 4 次，想要达到最低标准，但最后还是不幸落选，成绩仅差了 2 瓦，”乌尔斯说，“他们一直在为测试而训练，所以测试成绩就是他们的最好成绩，我觉得这样的运动员或许不应该待在队里。”那时，输出功率测试已成为运动表现评估的常规方式之一。如果运动员的状态不对，教练就会把他们带到实验室中。

“起初，我对自行车赛一无所知，后来开始慢慢懂得数据驱动运动的本质，”乌尔斯说，“这些人不怕知道事情的真相，我们真正需要做的是争取胜利，然后反推。欧洲人的传统做法是走别人走过的路，但这种做法已经不再适用了。”除了舒伯赫自行车测量仪，英国国家自行车中心内还有一个名为“小时”的计时系统。它可以与安装在赛道上的车速监视器实现无线连接，并在训练期间打印出带有运动用时和速度的小纸条。然而，“小时”所记录的数据无法被电子化，因此乌尔斯必须坐在赛道旁边手动设置这个计时系统，并将运动员名字的首字母，以及舒伯赫自行车测量仪所给出的输出功率写在小纸条上，然后贴在红色的大文件夹上。2003 年，默里和迈克尔·休斯拜访了英国自行车队，并阐释了运动表现分析师的作用。接待他们的正是乌尔斯。她听着两人高谈阔论，然后把准备好的红色大文件夹给了他们。

“这是过去 4 年的全部数据，”她说，“你们能提供一些专业意见吗？”

“她是认真的吗？”迈克尔·休斯心想，“我们要这些数据干什么？这些数据根本就没有用。”

2003 年 8 月，斯塔福德·默里签下了年轻的迈克尔·休斯，曼彻斯特的自行车赛场迎来了历史上首位全职运动表现分析师。运动表现总监彼得·基恩几个月前就离开了。1997 年，曾任商务经理的戴夫·布雷斯福德（Dave Brailsford）被基恩任命为运营总监。布雷斯福德也赞成进行运动表现分析。

“在自行车方面，我们缺乏经验。我们没有职业的自行车教练，所以聘用了聪明能干的体育运动科学专业毕业生，”布雷斯福德说，“有的人可能会事后诸葛亮，说这个决定简直太明智了。很幸运，我们能拥有这样一支分析师队伍，它产生了各种奇思妙想，大家都觉得一切皆有可能。”

迈克尔·休斯一加入英国自行车队就开始架设摄像系统，记录全部练习赛，并用专用软件分析视频。当自行车队在国外比赛时，乌尔斯会在看台上偷偷用手持摄像机录制比赛。“过去总有工作人员来驱赶我们，”乌尔斯说，“不过只要打扮得足够低调，就有可能不被发现。”一回到曼彻斯特，她就会将录像带交给默里和迈克尔·休斯，然后由他们将录像带转换为数字化文件，并进行归类。整个过程隆隆作响，持续数日。

团体竞速赛一直被视为自行车赛场上含金量最高的比赛。两支队伍，每支队伍 4 名运动员，赛程总共 16 圈，4000 米。两支队伍从不同赛道出发，你追我赶。领骑的运动员最为辛苦，因为最前面的空气阻力最大，其他人则“躲”在领骑者身后的气流中。两圈过后，在进入倾斜赛道时，领骑者不再占据首位，而是沿着赛道坡度一直向上，然后再向下，来到队末。最后，第三位骑手率先冲过终点的队伍获胜。

跟英国自行车队共事的时间越长，迈克尔·休斯跟团体竞速赛教练西蒙·琼斯的关系就越近。他帮助琼斯分析比赛的需求，利用先进技术将需求抽丝剥茧，分解为具体细节。“自行车赛是最容易辅导的比赛，”迈克尔·休斯说，“领骑者在前面拐弯，转换位置，来到后排，重回队伍，紧贴轮子，根据空气动力学原理保持身体平衡，这些都是有技巧的。此外，领骑者在前排的转弯时间也是有战术安排的，谁骑一圈，谁骑一圈半，顺序如何，如何充分发挥实力，谁应该排在谁后面，等等。”迈克尔·休斯注意到，琼斯一直在利用直道中间的终点线作为圈数的参照，但是运动员会在转弯时交换位置，这就意味着自己无从知晓每位运动员各自的贡献。

因此，迈克尔·休斯在赛道的第一个和第三个转弯处的角落里贴上了电工胶布。这样一来，当运动员经过标记处时，他就可以清晰地看见并记录下时间。“其实我们不应该这样做，”迈克尔·休斯说，“但是其他队伍并没有抱怨，因为后来他们也开始利用我们标记的胶布来记录时间了。”

因为时间记录从直道到直道转变为了从弯道到弯道，所以迈克尔·休斯及其同事得以将时间与舒伯赫自行车测量仪的功率数据结合起来，并为每位运动员建立个人档案。最终，他们终于弄清了每个转弯处的输出功率，以及运动员在转弯时是该加速、减速还是匀速。

“那时，我们才意识到大家骑得有多拼命，以及造成的破坏有多大，”迈克尔·休斯说，“他们总是认为领骑者需要用尽全力，拼命猛蹬，但是我们发现，加速和减速对运动员的伤害非常大，而且会令他们非常疲惫。”

这一发现使他们改变了战术：4 位运动员平分骑行距离，每段距离保持匀速。每骑完一圈，琼斯就会站到终点位置帮助运动员做出判断：自己是否在按照既定战术骑行。匀速是骑行稳定性的重要保障。

乌尔斯取代琼斯成了队内的测试专家，为大家提供帮助。“琼斯总是爱冷嘲热讽，”乌尔斯说，“大家不能带着不成熟的观点去找他，观点必须是完全成熟且强势的，还要准备好跟他做斗争，因为他会反对所有观点。不过，要是能说服他的话，斗争一番还是很值得的，因为他最终会全心全意地践行你的想法。”

最初，简单的测试在自行车队中掀起了轩然大波，而现在，队内已逐渐发展起了一套更复杂的评估方法。功率统计、视频分析、空气动力学监测等技术使琼斯这样的教练和迈克尔·休斯这样的分析师能够依据运动员数据构建出完整的分析体系：圈数时间、骑行节奏、输出功率、阻力系数，等等。这样一来，他们就能根据比赛的需求而做出深度分析。换句话说，只有在运动员数据与需求相符时，运动员才能赢得比赛。“为了探索出制胜奥秘，我们拼尽了全力，”布雷斯福德说，“在分析比赛数据方面，我们花的时间比其他任何队伍都要多。”

他们会先研究竞争对手，仔细观察对手在分段赛中的骑行时间，总结其训练方式。然后，他们会设定目标时间，不仅包括完成整场比赛的用时、每圈的用时，还有领骑者从首位转换至末尾的用时。接着，他们会分析运动员需要多少功率，以及采用何种代谢方式。为了减少阻力，运动员需要在风洞中对车胎进行测试。“我们以目标时间为出发点，开始分解问题，”琼斯说，“我们不停地询问自己，怎样才能减少阻力？哪条路才是完美的路线？整个过程既冗长又枯燥，但着实为我们带来了改变。”

琼斯还记得曾针对布拉德利・威金斯（Bradley Wiggins）在个人竞速赛中的表现建过模型。据他估计，为了赢得比赛，威金斯需要在 4 分 15 秒的时间内匀速骑行 4000 米。为了实现该目标，威金斯在测力计上所输出的功率必须达到 575 瓦。

“整个过程简单至极，称其为建模实在有点难为情，”琼斯说，“他的输出功率还差 30 瓦，我对他说，只要达到目标数字，就能赢得比赛。”当然，琼斯知道事情并没有这么简单，影响比赛结果的因素还有很多。“我们进行了无数次测试，有一天他终于达到了 575 瓦。当时测试场地里只有我和他两个人。他高兴地就像已经获得了金牌一般。毕竟，我一直都是这样跟他说的！我心想，完蛋了，万一他输了怎么办？”

在 2004 年雅典奥运会的赛场上，我们的努力没有白费。威金斯以 4 分 16 秒 304 的成绩取得了个人竞速赛的冠军。这是英国自行车队在雅典奥运会上赢得的两块金牌之一。此外，英国队还在团体竞速赛中摘得银牌。

2005 年 3 月，迈克尔・休斯与队员们一齐飞往了洛杉矶，参加世界场地自行车锦标赛。这是他首次以认证运动表现分析师的身份参加比赛。

每当重大比赛临近，琼斯就会变得易怒。“他的脾气比手表都准，”乌尔斯说，“他太看重结果了，所以在比赛前就很容易失控。”有一次，琼斯和默里甚至在国家自行车中心的走廊里互殴。“你的数据就是狗屁！”据说，琼斯是这样朝默里大喊的。

“他说我们不劳而获，不够用心，”默里说，“我再说一次，那全是瞎话。后来在我的带领下，分析师们喝得酩酊大醉，结果都没能在世界场地自行车锦标赛开赛前一天的早上赶上去机场的大巴。万幸的是领导小组里也有两位成员没有赶上大巴，其中一个甚至连护照都弄丢了。”

在洛杉矶，即便威金斯没能到场，团体竞速赛的成绩也比练习赛中的成绩更加优秀。琼斯不敢相信这样的成绩，甚至要求乌尔斯用胶带去测量赛道长度，并仔细检查输入计时系统的数字。“事实证明，数据准确无误，”乌尔斯说，“大家就是骑得特别快。”

在当年的世界场地自行车锦标赛上，英国队高居奖牌榜榜首，取得了 4 金 1 银 1 铜的好成绩。按照彼得・基恩的预测，他们将在 2012 年排名世界第一。人们都说他痴人说梦，然而事实证明，他不仅没有痴心妄想，甚至还有些太过保守了。

07

避开对手优势

2004 年 2 月，斯塔福德·默里和戴维·皮尔森带着英国壁球队的一众运动员飞往纽约，参加世界壁球冠军锦标赛，运动员中就有彼得·尼科尔。在第一轮比赛开始的几个小时前，尼科尔问默里，皮尔森是否会来看自己比赛。

“不，他在城里其他地方陪伴别的球员。”默里回答。

“可恶。我需要皮尔森。我现在很紧张。”尼科尔说。

尼科尔轻松地赢得了比赛，但立刻回到了酒店房间休息。默里打电话问他是否要一起出来吃饭。

“我连床都下不了。”尼科尔回答。默里和皮尔森帮他把食物拿到了房间。尼科尔觉得很冷，浑身发抖，看上去像是在发烧。他跟皮尔森说，自己一场比赛也打不了了。教练跟他说不要担心，他很快就会恢复。

然而，尼科尔在接下来的两天里都没能离开房间。原来他患上了支气管炎。他们打算放弃冠军赛，当然，这样做的后果他们心知肚明。这可能会影响到尼科尔的世界排名。他必须参赛。

显然，尼科尔无法像往常一样不知疲倦地坚持参赛。长时间不间断的比赛让他压力倍增，并且无法释放。在把对手耍得团团转的同时，尼科尔自己也消耗了很大体力。他的身体实在是太虚弱了。所以，皮尔森跟他说，他需要采取另一种打法：减少打球的回合，尽量在 1 个小时内赢得比赛，因为稍微拖久一点，他便会感到呼吸困难。他的战术应该是出奇制胜，抓住一切机会攻击。“他不会再消极等待了，一有机会打出制胜球，他一定会努力争取。”默里说。

尼科尔照做了。在第二轮比赛中，他仅用了 47 分钟就打败了加拿大运动员沙希尔·拉奇克（Shahier Razik）。在 1/4 决赛中，他仅用了 40 分钟就打败了英国运动员尼克·马修（Nick Matthew）。

每场比赛过后，尼科尔便会与默里在入住酒店的酒吧里会面，吃些咖喱饭，喝点白俄罗斯伏特加，一直到凌晨 3 点，然后回房睡一整天。起床之后，与默里、皮尔森一起观看和分析对手的视频，接着再次全情投入比赛。他们完全抛弃了赛前练习。

状态好的时候，尼科尔可谓是独孤求败、难遇敌手，除了要在半决赛时遭遇宿敌乔纳森·鲍尔之外。默里在冠军赛期间对鲍尔的情况进行了详尽的分析。他在和尼科尔讨论比赛战术时指出：抓住一切机会在正前方右手角落里牵制对手。尼科尔担心这个战术太过简单，鲍尔可能会从中得利。出人意料的是，尼科尔竟然再次战胜了鲍尔。“彼得的战术令对方摸不着头脑，”默里说，“他横扫了各地冠军。”

在决赛中，尼科尔依旧保持不败，击败了先前的队友约翰·怀特（John White），创造了职业生涯中唯一一次冠军赛全胜战绩。

“我们一直试图从科学的角度去剖析比赛，这样优秀的战绩使我更加坚信我们所坚持的事业是正确的，”尼科尔说，“就个人而言，我又再次证明了自己。”

尼科尔拿到了奖品和奖金，随即便对默里和皮尔森说：“好啦，整整一周我们去的都是同一家酒吧，吃的都是同一种饭。现在终于解脱了，走，一起庆祝去。”

当时，三人的感情已坚如磐石，关系密不可分。在比赛期间，他们同吃同睡。通常，他们在壁球场上一待就是几个小时，之后又会喝着酒聊上好几个小时，政治、宗教、真理……无所不谈。对默里和尼科尔来说，皮尔森就像父亲一样。此外，尼科尔还在人生中最需要兄弟的时候认识了默里。当时，尼科尔为了成为职业壁球运动员而做出了很大的牺牲，但他内心一直十分矛盾。母亲的离世更是令他痛彻心扉。在默里位于威姆斯洛（Wilmslow）的家中，他总会锤门、扔东西，然后气着气着就哭了。“有一次，在百慕大，他就像橄榄球运动员一样把我摔在了花坛里，”默里回忆说，“实际上，戴维和我就是他的出气筒。我们是他坚强的队友和亲密的家人。”

在纽约冠军锦标赛结束几个月后，默里和尼科尔登上了珠穆朗玛峰大本营，为一个纪念尼科尔母亲的公益组织筹钱。“上山花了一周，下山用了3天，”默里说，“他可能是世界上最健壮的人了。我每天要抽15支烟，有点自暴自弃，担心自己跟不上大家的步伐。”在上山途中，他们看见了一个简陋的棚屋，里面住着一家人，家里有3个孩子。于是，他们停下来跟这家人聊天。一周后，他们在下山时发现，那个棚屋已经被烧成平地，那家人全都坐在屋外的一根木头上。“我们当时就想：‘我的天啊，我们已经是上天的宠儿了。’置身冰天雪地的珠峰之上，我们这两个可怜鬼坐在棚屋那里，手里捧着一碗汤。我们的灵魂突然开了窍，除了争夺世界第一，还有很多重要的事情要做。还有什么比生命更重要？彼得放声大哭，我也泣不成声。我们彼此坦诚相见，谈论着生死，真是太令人感动了。”

2004 年 9 月，尼科尔最后一次排名世界第一。31 岁的尼科尔在面对国际壁球的严格赛制时已经力不从心了，在各类比赛的露面次数也一直在减少。他知道自己的职业生涯即将走到尽头，表现得颇为坦然。“他终于肯放过自己了。”皮尔森总说。

但是，尼科尔还想做最后的努力。他决定背水一战，打赢最后一场比赛，创造世界壁球史上最辉煌的战绩：2006 年墨尔本英联邦运动会的胜利。

然而，当时的尼科尔已青春不再，无法适应长时间的高强度训练，因此他采用了默里发明的另一种备战方法。这个方法名叫“昨日重现”。在 2004 年，前世界冠军凯茜・杰克曼术后重回赛场时，默里想到了这个主意。虽然教练坚信，杰克曼的体能已经恢复如前，但她却早已对自己失去了信心。“有一天，她突然说，好想回到赢得世界壁球公开赛冠军的时候啊。”默里说。因此，默里和迈克尔・休斯便想出了“昨日重现”的方法。这个方法需要从阳台上将运动员昔日的比赛视频投影到壁球场前方的墙面上，而且投影画面需要覆盖整个墙面，好让运动员沉浸在虚拟世界中。

“那场景有点像拳击里的空拳攻防练习，不过我们精准地复制了比赛时的场景，”默里说，“没有任何臆造的成分。”运动员可以与任意对手比赛，然后重现比赛时的动作，并设想自己在真实比赛中会怎么做。从生理角度来说，他们要真实地跑动相应的距离，心率的情况基本也与真实比赛时相符。

两年的时间，为了能在英联邦运动会中保持最佳状态，尼科尔一直在积极备战。然而，在2006年3月到达墨尔本时，他却发现自己情绪低落，无法适应时差，脾气也变得异常暴躁。

“他把球拍狠狠地摔到地上，情绪反复无常。”皮尔森说。有几次，尼科尔甚至直接离开了练习场。还有一次，在练习赛中，队友李·比奇尔骗过了尼科尔，假装要打直线球，却在最后一刻打出了“墙球”，也就是说球在被击中后，朝侧墙的方向飞去。这个假动作让尼科尔犯了错误。尼科尔开始大呼小叫，怒不可遏。在回酒店的大巴上，比奇尔故意指着远处说：“嘿，彼得！你没接住的球在那边呢！”“滚开！”尼科尔说完便戴上了耳机。

“大家会发现这样一个规律，每到赛前，运动员的心情就会变得很复杂，会表现得像个拿着摇铃的调皮两岁小孩，”皮尔森说，“但在比赛开始后，他们的心智又会立即恢复正常。”

在看到抽签结果后，尼科尔不仅明显放松了下来，还重拾了信心。“他每天都在跟我说，我一定能赢。”皮尔森说。

在半决赛中，默里在入场时被一名安保人员拦了下来。工作人员告知默里，场馆已经禁止携带笔记本电脑和摄像机入内了。在距离比赛开场不到半小时的时候，默里跑到了前台，递给他们一张光盘，请他们复印了200份壁球场的简图。没有复杂的电脑分析相助，尼科尔只好在比赛间隙阅读大量的纸质文件。然后，他把先前藏在花盆下面的摄像机取了出来，塞进了比赛服的前面。作为英国国家自行车队的分析师，迈克尔·休斯也来到了墨尔本。他坐在默里的旁边，将摄像机放在两腿之间，用毛巾盖住，然后启动录制。默里将红笔夹在左耳上，蓝笔夹在右耳上。

决赛日期为2006年3月20日。在前几轮比赛中，尼科尔轻松取胜并晋级。然而在他走上争夺金牌的赛场，向三位队友挥手致意时，数千名澳大利亚观众却齐声向他喝着倒彩，并尖叫着喊出了对手的名字：当时排名世界第一的加拿大壁球运动员戴维·帕尔默。尼科尔用手转了下球拍，微微一笑，即将迎来职业生涯中的最后一场重大比赛。默里从未见过尼科尔如此从容镇定。

据帕尔默的资料显示，他习惯从场地左角打出制胜球，这类制胜球约占总制胜球的1/3。这个角度刚好是尼科尔的弱点之一。“于是我们决定采用一个非常简单的战术，”默里解释说，“尽量避开帕尔默所有的优势，坚决不把球打到球场左前角。”在决赛前的几天里，尼科尔不厌其烦地训练着正手回击扣球，以中和帕尔默的优势。

尼科尔认为这场比赛接下来的1小时55分钟的表现是他职业生涯中最出色的。每当帕尔默打出制胜球，默里就用红笔在纸上画一个叉；尼科尔打出制胜球，他就用蓝笔画叉。“赛事分析图逐渐清晰起来，”默里说，“当时，我们手里有的只有纸和笔，但分析的效果跟我们所用的可视化数据及仪表盘同样惊艳。”

在第4局的比赛中，比分僵持了在5：2，在好几分钟里，双方交替打出制胜球。紧接着，尼科尔一记墙球打到了球场右前角，帕尔默整个人跪到地上也没能接住。比分终于变成了6：2。尼科尔紧握拳头，放声尖叫，帕尔默则在平复心情。

“那时我就知道，胜局已定，”皮尔森回忆说，“无论如何他都不可能输。”

两名工作人员进入了球场，擦干了满是汗水的场地。尼科尔又往球场左前角打出了一记制胜球，7：2。紧接着又是一记制胜球，正手回击扣球，球再次落入相同角落，8：2。

在打出最后一记制胜球后，尼科尔双膝跪地，然后站起身来到球场后方，猛拍玻璃，向英国队的每个人挥手示意，并亲吻了球衣上的标志。“他之所以亲吻标志不是因为标志上画的是英国，”默里说，“而是在感谢一直在场边支持他的战友，以及他们所肩负的荣光。”多年来，他们为了这项事业做出了艰苦努力，一起度过了光辉岁月，所有荣光全都凝聚在了这一刻。“简直太彪悍了，”默里心想，泪水夺眶而出，“他找到了真正的自我，太令人欣慰了。”

那年夏天，尼科尔实现了自己的终极目标，急流勇退。

08

我的目标是金牌

2006 年，英联邦运动会一结束，一位名叫丽贝卡·罗梅罗（Rebecca Romero）的桨手便来到了丹·亨特（Dan Hunt）面前。当时，亨特是自行车耐力赛女队的教练。在 2006 年的英联邦运动会中，英国自行车队取得了骄人的成绩，在耐力赛和竞速赛上总共获得 5 枚金牌。然而，女队只在耐力赛获得了一枚铜牌。

不过，即使只是铜牌，亨特也倍感震惊。他在 2005 年秋天接任了自行车女子耐力赛教练一职，当时队内很多运动员既缺乏天赋，又无心训练。“得知获得了一枚铜牌，我欣喜若狂，”亨特说，“这意味着我至少不会丢了饭碗。”

然而，他的上级已经明确地表示：一位没有任何自行车执教经验的心理咨询师已经被破格提升为国家队教练，所以亨特还需要进一步证明自己。

一回到曼彻斯特，他就决定开除全队队员，只留下了斩获铜牌的艾玛·琼斯（Emma Jones）。“这样做我也很难受，”亨特说，“我知道这很残酷，但是我真的无法确定，大家有没有将比赛和训练当回事。”距离北京奥运会开幕只有两年半的时间了，亨特还没有组建好自己的队伍。

他开始四处寻觅，最终找到了丽贝卡·罗梅罗。

罗梅罗的体型是典型的桨手体型：肩膀宽且有力，双腿紧实且粗壮。自 17 岁起，她就开始划船，参加雅典奥运会女子四人双桨赛艇比赛是她最开心的事情。“那些队员是我合作过的最棒的队友，我们信心十足，觉得金牌势在必得，”她说，“然而在决赛中，我们却在自己最具优势的前 1/4 赛程中出现了严重失误。”

对罗梅罗来说，银牌的作用就是不断提醒自己曾经痛失金牌。她再也无法享受划船这项运动了。背伤反复发作，使她的意志更加消沉。因此，她不得不忍痛选择了退役。当丹·亨特给她打电话时，她正准备投身营销行业。两人共同的朋友跟亨特介绍了罗梅罗，不过，他们并不确定罗梅罗是否愿意从事另一项完全不同的运动。

在英国体育学院的健身房里，亨特让罗梅罗在测量仪上进行了标准斜坡测试。一开始，她只需保持一个轻松的配速即可，输出功率约为 85 瓦，然后逐渐提升速度，每分钟提升 15 瓦，直到她精疲力竭，再也蹬不动为止。

罗梅罗蹬了 5 分钟就脸颊通红，满头大汗。亨特认为她最多能再蹬几分钟。

没想到罗梅罗竟坚持了 16 分钟，然后才从自行车上下来。期间，她挥汗如雨，地板湿了一大片。测量仪上最终的数据定格在了 396 瓦，是她有史以来最好的成绩。罗梅罗上气不接下气地问亨特自己是否达标了。

“我从来没有见过任何一个人像丽贝卡那样在自行车上如此拼命，”亨特回忆说，“用背水一战和倾尽全力来形容她，再恰当不过了。”

他已经知道罗梅罗的身体素质很过硬。但真正的考验则要从第一次踏上赛道开始，只有赛道才能检验出罗梅罗是否有能力适应这项运动。罗梅罗第一次踏入英国国家自行车中心就遇到了重大的挑战。她真的不明白自行车运动员是如何在陡坡上保持平衡的。“一般人第一次在自行车赛道上骑行简直就是一场噩梦。”亨特说。亨特只向罗梅罗讲述了基本原理，然后便放手让她自己去体会。仅仅过了几分钟，罗梅罗就能在赛道中最陡峭的斜坡上骑行了。

然后，亨特又将她带到了健身房，让她尝试自行车跑步机（bike treadmill）。“通常来说，普通人要花上 10 ～ 15 分钟才能掌握这套器械的要领。”亨特说。他帮罗梅罗扶了 1 分钟车座，然后就放开手了，“她单手扶着车把，一边跟大家聊天，一边骑车”。

在完成对罗梅罗的测试后，亨特将她的情况报告给了英国国家自行车队的运动表现总监戴夫·布雷斯福德。无论罗梅罗多么有潜质，要选择一个没有任何自行车比赛经验的桨手参赛，都算得上是一场惊险的博弈。“我们还没跟英国体育局解释清楚，为何要将众多优秀的自行车运动员除名，现在你又要求资助一个没有任何比赛经验的桨手参赛。”幸运的是，布雷斯福德最终还是支持了亨特的决定。

2006 年 4 月，罗梅罗正式加入了英国国家自行车队。在入队第一天，她便和亨特讨论起了备战北京奥运会的训练计划。罗梅罗明确表示，她既然决定来，就已经做好了吃苦的准备。她的目标就是夺取自行车比赛的金牌，以弥补自己在赛艇比赛中的遗憾。她跟亨特说："我的目标是金牌。金牌就是我来这里的唯一动力。" 在赛艇比赛中，她需要依赖别人，但是在自行车比赛中，她可以控制自己的成绩。她说，如果亨特能够传授她骑行的秘籍，她就一定能让他看到自行车顶级运动员是什么样的。

罗梅罗和亨特一起制定了夺金需要达到的输出功率指标，以及输出速度指标。基于罗梅罗的测试结果，亨特认为她只需要再增加 24 瓦的输出功率便能成为金牌的有力争夺者。然后，他们又将目标分解成了体能指标和生理指标。夺金等式包含了很多的细节：车轮的尺寸、阻力的大小、赛道的温度和湿度、体型，以及体位。

然而，罗梅罗的体型是桨手的体型。多年来，她的肌肉组织已经适应了每分钟 35 下左右，持续 6 分 30 秒的发力节奏了。这些相对缓慢的大幅度运动，适合积蓄力量，驱动赛艇。然而，在自行车运动中，她的有氧运动能力必须要转变为无氧运动能力，以便让肌肉在缺氧的情况下持续发力。起步时，她必须得有瞬间爆发力，然后加快肌肉运动，提升运动节奏。她还得改变自己的肌肉组织结构，减少上肢力量，增强腿部力量；肌肉组织需要转化为快肌纤维组织，这样才能适应高强度的运动。虽然只需要再增加 24 瓦的输出功率，但她还需要完成另一项任务：用 3 分 30 秒的时间完成 3000 米的快节奏运动，这个时长约为赛艇运动的一半。

不少教练会高度依赖斯塔福德 · 默里及其他分析师的帮助，亨特就是其中之一。“只要不想在自行车馆里待着，我就去找那些（负责运动表现分析的）家伙，”亨特说，“他们会准备好咖啡，不断抛出问题来跟你打趣。”亨特和迈克尔·休斯共住一个套间，有时候两人会讨论配速、传动和对手分析之类的问题。

迈克尔·休斯也参与了风洞测试。英国国家自行车队用的是南安普顿大学的风洞。隧道始建于1920年，隶属于学校的航天工程系，其主要用途是测定成比例的模型船只和赛车的空气动力学参数。英国国家自行车代表队在这里进行了数千次测试，测试对象不仅包括贴身的骑行服装、泪珠状头盔，还包括运动员本身。

测试对象在风洞测试中可没法享福。运动员要在椅子上静坐数个小时，忍受不断袭来的冷风，测试不同的骑行体位，尝试不同形状的车把，分析师则负责测定阻力值。“为了帮助我们获得数据，他们需要在同一位置上保持不动10秒钟。如果动了，大家就白忙活了，”迈克尔·休斯说，“整个过程一点都不唯美。”

一开始，大家无法跟运动员沟通阻力值。后来，迈克尔·休斯在隧道里安装了一台投影仪和一台高速摄像机，以录制运动员的情况。智能屏幕会显示出运动员的头和手应当摆放的位置，从而为测试提供参照。投影仪将实时阻力数据投射到运动员前面的地板上，但单位不是牛顿，而是节省或多花的时间。“我们会让运动员自由发挥，以测试不同体位的参数，”迈克尔说，“例如，他们可以看到，低下头能减少多少阻力。减少阻力的底线是稳住不倒和保持骑行。”

在有了运动员大部分体位的空气动力学参数之后，迈克尔·休斯就会在曼彻斯特的自行车场内架设固定的相机，要求大家在赛道上重复之前的体位。这种干预对罗梅罗来说尤其重要，因为她还不具备基本的骑车技巧，无法利用最符合空气动力学的方式将身体的能量从腿部传输到踏板上。“简直就是疯了，”罗梅罗说，“我的生理状态和骑行技能都不太好。不过，教练很快就教会了我一切，我从一个无名小卒变身为球队的中坚力量，剑指奥运金牌。”

罗梅罗会记录下所有的训练情况、自己做过的事情、自己的想法，以及有待提高的地方。“我将自己的笔记命名为数据军火库，”她说，“在备战期间，大家为我精心定制了全部的训练项目，目的就是要让我在两年半的时间内达到指标。我们没有任何时间可以浪费。”

在最初的6个月中，亨特发现自己的新队员十分不信任教练，那很可能是赛艇队留给她的后遗症。亨特意识到，需要在两人之间建立起信任，以便履行自己对罗梅罗的承诺。久而久之，他成了最了解罗梅罗的人。后来，他甚至可以从罗梅罗拿包进入自行车馆的姿势，判断出她当天的训练是否会顺利。

“过去，我总是担心她，因为她有时候看上去并不快乐，”亨特说，“我认为教练不只要教授技能，还要深入了解自己的队员，了解他们对人生的看法，了解他们在生活中是不是碰到了其他烦心事。”后来，亨特发现罗梅罗就是这样的一个运动员。

事实上，罗梅罗称得上是铁面骑手。在训练中，她会将所有没能在奥运会上取胜的场景可视化，将悲伤化为力量，以激励自己继续拼搏。相较于其他自行车运动员，她的这种做法简直称得上是可怕。

有一次，在纽波特（Newport）的训练营中，罗梅罗在冰冷的雨夹雪中连续骑行了 4 个小时，她的一名队友却拒绝帮她冲洗自行车，因为实在是太冷了。罗梅罗回应说：“你不适合干这行。”罗梅罗和亨特带入队里的另外一位运动员温迪·霍夫纳尔（Wendy Houvenaghel）也是互不搭理，这已经成为队内公开的秘密。然而亨特从未想过要改变这一状态。“虽然这样会显得队内气氛没那么好，但她们想要战胜彼此的欲望却能使她们越来越强。”亨特说。

亨特心里十分明白，罗梅罗要想赢得金牌就要付出很多努力，但罗梅罗的进步一直都不太稳定，这让他伤透了脑筋。没过多久，他突然醒悟，将桨手训练成自行车运动员根本就没有规律可言。罗梅罗注定不可能一帆风顺。“没有类似的先例，大家无法预测训练计划的日常进展情况，”亨特说，“丽贝卡在训练中会遇到无从解释的瓶颈。我们不知道是好是坏。三天之后，她自己又突然恢复了绝佳的训练状态，我们就想，她应该又越过了一个障碍。又过了三天，她的状态再次下滑。我就想，完了，可能是训练负荷太大了。”

罗梅罗十分坚定，不断超越自我的能力也异于常人。“她坚强得简直令人担心，”亨特说，“看着队员在自行车上晕过去可一点都不好玩。”亨特从未见过其他运动员像罗梅罗那样频繁地昏倒。她总是拼尽全力，直到失去意识。

罗梅罗的第一次昏倒发生在马略卡岛（Majorca）的训练营里。“我们当时正在福门托尔角（Formentor）进行山地训练，”亨特说，“她一路飞驰上山，到达山顶，扔下自行车，然后就像海星一样昏倒在停车场中央。”

2006 年 12 月，在莫斯科世界锦标赛期间，同样的事情再次发生。那是罗梅罗第一次参加世界级比赛，亨特和她都不知道她会取得什么样的名次。准备工作一切顺利，罗梅罗看上去心情很不错。然而就在比赛前两天，她突然跟亨特说，她很担心那套已经用了一段时间的传动装置会出问题。他们坐下来一起查看笔记和数据，决定尝试一下之前从未使用过的变速器。“这个决定十分大胆，”亨特说，“没人觉得我们会赢，所以即使犯错，也不过是长了个教训罢了。”

用亨特的话来说，罗梅罗在比赛中“使出了浑身解数”，夺得了个人竞速赛的银牌，成绩仅次于队友温迪·霍夫纳尔。在越过终点的那一刻，罗梅罗又差点昏过去，只能在两名工作人员的搀扶下勉强支撑。

“她几乎连直线都走不了，却坚持说，‘我没事’。”亨特说。

当天晚些时候，他们出去喝酒庆祝。“我们正聊着天，没想到她突然一把搂住我。你能体会到她那种如释重负的感觉，那种破釜沉舟离开赛艇队后，为了夺取胜利而拼尽全力的艰辛。此前，我们从未认真讨论过这些事情。”但是现在看来，所有的努力都没有白费。

2007 年 3 月，罗梅罗在举办于马略卡岛帕尔马（Palma de Mallorca）的自行车世界锦标赛上又斩获了一枚银牌。一年后，罗梅罗在曼彻斯特打破了赛道纪录和全国纪录，成为世界冠军。

2008 年 5 月，罗梅罗在一次集训中不幸伤了背部。离奥运会只有 6 周时间了，亨特不得不重新制订训练计划。要恢复核心稳定性，罗梅罗就必须接受理疗师的治疗和体能教练的帮助。亨特叫停了罗梅罗的全部赛道训练，只允许她进行使用涡轮增压机的训练：早上进行两小时无氧锻炼以维持运动能力，下午的训练时间则更短，只针对比赛需求进行一些高功率训练。剩下的时间，她要么躺在床上，要么躺在理疗师的按摩床上。

“这不可能，”亨特想，“我们一起努力了这么久，难道就是为了功败垂成吗？”那时，亨特和罗梅罗每天形影不离，他仔细观察着罗梅罗的情况。“当时已经顾不上什么锦上添花，我们只能保证基本条件，”亨特说，“你要是问我当时心里有没有底，我真的不知道。”亨特有些提心吊胆。罗梅罗是不是需要一个更好的教练，而不是他这种不知所措的新手，这个想法一度在亨特的脑海中挥之不去。

2008 年 6 月，英国奥运会代表团的大部分成员都已前往澳门集训，而自行车队却决定避开人口密集的中国，去纽波特的威尔士国家自行车馆[①]集训。自背伤发作以来，罗梅罗一直没有踏上过赛道，没想到一回归就创造了最好成绩。亨特十分疑惑，也许涡轮增压机训练可以达到事半功倍的效果，也许为背伤担心恰好是上帝的眷顾，正好迫使罗梅罗改变了训练方式。

然而，在抵达中国后，罗梅罗的伤情再次恶化。她精神不振，面露疲态。过去两年半马不停蹄的奔波与训练、情绪的大起大落，以及实现目标的强烈愿望，令她精疲力竭。“可恶，我们犯错了。”亨特心想。

“我们身处离家数千米之外的酒店里，奥运会还有两天就要开幕了，而我们的士气却处于谷底，她的成绩始终达不到理想状态，甚至连贴边都谈不上。”亨特说。

---

① 威尔士国家自行车馆现已更名为威尔士格兰特·托马斯国家自行车馆。

亨特知道，现在只有一个办法，那就是叫停罗梅罗的训练，让她放下生理和心理上的包袱，努力振作起来。“通常来说，我不会这样做，”亨特说，“休息的两天可能会让她的成绩退步，而我们根本没有机会重来，但是我不能只为了让自己得到些许心理安慰而继续训练。在搞不清状况的时候，休息也许是上策。”

2008 年 8 月 16 日，在预选赛中，温迪·霍夫纳尔以第一名的成绩进入了下一轮，罗梅罗屈居第二，仅比霍夫纳尔慢了 0.2 秒。亨特终于长舒了一口气。当天，两人都进入了决赛，罗梅罗以 0.1 秒的优势领先霍夫纳尔，位列第一。

“我知道我能夺冠，”罗梅罗在赛后的采访中说，“我觉得自己就像重新参加了一次雅典奥运会，只要不出岔子就行。”

前一天亨特就知道，再过 24 小时，自己就会成为奥运冠军的教练了，要么是霍夫纳尔的，要么是罗梅罗的。

通常来说，教练都会站在中场线附近提醒队员配速是快了还是慢了。到了决赛的时候，为了公平，亨特决定不给她们中的任何一个人站位。他不想偏心。他坐在看台上，把站位的事情交给了其他两名教练。他跟罗梅罗和霍夫纳尔说：“该做的我都已经做了，祝你们好运，发挥出你们的实力吧！”

在比赛时，罗梅罗感觉到自己会赢，但又不敢相信。在冲过终点线时，她终于忍不住欢呼起来。她比对手快了整整两秒钟。

为了照顾霍夫纳尔的情绪，大家都没有恭喜罗梅罗。亨特为罗梅罗感到开心，却为霍夫纳尔感到遗憾。赛后，他们回到奥运村，装作什么都没有发生过。

亨特一直待到了奥运会结束，但他早已迫不及待想要离开北京了。"责任使然，使命所在，我想要离开，整理一下自己的心情，"亨特说，"教练的任务是帮助别人。我总是精神百倍地给予他人力量，其实我自己也需要回归到日常生活中。"

斯塔福德·默里在曼彻斯特机场迎接了迈克尔·休斯和亨特，三人一起庆祝了一番。然而在接下来的几天中，亨特却患上了"赛后忧郁症"。一周前，他还身处北京老山自行车馆，接受着6000人的呐喊与喝彩——在两年的时间里，他把一名桨手和一位牙医培养成了顶尖的自行车运动员，并在奥运会上摘金夺银；现在，他却穿着睡衣坐在沙发上看《杰瑞米·凯尔秀》（*The Jeremy Kyle Show*），思考着自己的生活到底出了什么问题。

"大家都以为夺金后会出去狂欢，香槟酒像满天繁星一样从空中洒落，多么痛快啊！"亨特说，"可事实并非如此，我只是坐在家里想着要不要从楼梯上摔下去。"

09

一级方程式赛车的停站区

2008 年 5 月 25 日，迈凯伦车队的首席比赛工程师菲尔·普鲁（Phil Prew）坐在摩纳哥大奖赛的战略指挥墙下。

这已经是本赛季的第 6 场比赛了。这一年也是年轻车手刘易斯·汉密尔顿（Lewis Hamilton）为迈凯伦车队效力的第二个年头。他终于在澳大利亚站的比赛中获得了一次冠军。法拉利车队的车手基米·莱科宁（Kimi Räikkönen）和菲利普·马萨（Felipe Massa）则在接下来 4 场比赛中取得了胜利，各赢两局。在摩纳哥，巴西小伙儿马萨从杆位出发，莱科宁和汉密尔顿紧跟其后。在前 5 圈中，马萨以微弱的优势保持着领先。当天下着大雨，以高难度著称的摩纳哥赛道变得尤为湿滑。在第 6 圈的时候，汉密尔顿的车不小心触到了障碍，后胎被刺破，不得不进入停站区。

一般来说，迈凯伦车队的比赛工程师会通过车队自行开发的马普尔（MARPLE）电脑仪表盘来观察比赛进程。电脑软件将比赛可视化为一幅图，用不同颜色标识不同赛车。横轴代表圈数，纵轴代表每圈用时。

赛车之间的距离主要体现在纵轴。如果赛车拐弯时速度加快，曲线的斜率就会增大；如果赛车停站，对应的曲线斜率就会下降。

不管是什么比赛，迈凯伦车队都会在几周前对赛道以及所有参赛赛车的表现进行精准建模。这样做可以模拟所有场景并预测结果。通常来说，车队会进行数百万次的模拟，以解析不同变量的所有排列组合：停站的时间点、停站次数、不同轮胎组合，等等。

迈凯伦车队将其称为辅助决策系统。“我们对任何场景都有预案，”迈凯伦车队的前任比赛工程师安迪·莱瑟姆（Andy Latham）说，“我们最不想做的事情就是在激烈的比赛中临时做出决定。”

在比赛期间，位于沃金（Woking）的迈凯伦技术中心仍在利用实时更新的数据对比赛进行模拟，并更新模型，频率高达每圈数万次。每台赛车上都安装有500个传感器。实时定时数据，外加传感器传输的遥感数据，是主要的数据。例如，轮毂上装有不少可记录刹车温度、刹车磨损度、轮胎气压和重力数据的传感器。数据先要经过轮毂中的微芯片处理，而后才能被传输到电子控制单元，再由电子控制单元经由安全的网络传递到位于世界另一端的指挥中心里。当数据回传到沃金后，工程师们会对数据做出分析，并将其与模拟器和电脑模型输出的数据进行对比。

轮胎是一级方程式赛车中最重要的因素。因为轮胎是唯一与路面接触的部位，而且很难建模，所以它成了模拟过程中最具不确定性的因素。每圈赛程结束后，比赛工程师都会要求首席分析师提供最新的轮胎性能数据。“在比赛开始之前，我们就知道如何应对各种突发情况，例如，轮胎的磨损程度可以比我们预计的更快或者更慢，对手速度也可能比我们预估得更快，安全车可能会突然出现并打断比赛，等等。”莱瑟姆说。

在比赛期间，工程师可以通过仪表盘看到预测结果。“在告知车手于特定时间停站时，我们就已预估出他停车之后的排位。”莱瑟姆说。在摩纳哥大奖赛上，迈凯伦车队的首席比赛工程师菲尔·普鲁正是借助仪表盘上的数据，在刘易斯·汉密尔顿撞墙之后，立即通过内部音频传输系统给出了精确的指导意见。

“刘易斯，马上停站，马上调转方向盘，启动开关，务必完成上述操作，我将为你换上新的轮胎，加油。”

没过多久，普鲁就做出了背水一战的决定：给赛车加上足够的油，以确保车能撑到比赛最后。这是因为刘易斯再没任何时间停站了。在迈凯伦车队中，工程师与车手的沟通代码每场比赛都会发生变化，这是为了防止音频通道被其他队伍窃听并破解。

普鲁又说：“胎压设置 22。”这是中性胎的预设值。

接下来是一阵沉闷的忙碌。

停站时间持续了 9 秒钟。在离开停站区后，工程师又告知了他落后和领先了哪些车手，别无其他。

摩纳哥大奖赛的赛道是出了名的难以驾驭，而爆胎通常就意味着输掉比赛。多亏了迈凯伦车队的辅助决策系统，比赛工程师还能有机会选择备选方案，以帮助车手最大限度地夺回时间损失。就在汉密尔顿撞上障碍物的那一刻，停站区的所有工作人员就已经清楚地知道自己下一步要做什么了。依据天气预报显示，赛道很快就会被风干，所以如果汉密尔顿出了状况，他们就会给车换上中性胎，并给赛车加上足够的油，以确保撑到比赛最后。“做出影响比赛结果的关键决策总会让人惴惴不安，”莱瑟姆说，“我对自己的决定是否有百分之百的信心？其实不然。虽然我信任电脑模型，但我们毕竟是人类。”

在油比对手多，轮胎状态更适合逐渐风干的赛道的情况下，汉密尔顿继续出发，并最终赢得了比赛。这一成绩帮助汉密尔顿登上了车手排行榜总冠军的位置。在当年晚些时候，他卫冕成功，成了有史以来最年轻的世界冠军。

迈凯伦车队将停站视为赢得比赛的关键机会，这是高效能文化的体现。这样的高效能文化有赖于首席运营官马丁·怀特马什（Martin Whitmarsh）所率领的汽车设计师、机械工程师和空气动力学专家队伍。

20 世纪 80 年代，怀特马什开启了自己在航空航天领域内的职业生涯。一开始，他在英国宇航公司担任结构工程师，但是他最大的愿望是设计飞机。不过，他很快就发现，自己的愿望根本就不切实际。飞机的设计周期缓慢且冗长，一般要持续 20 ～ 30 年，主要受限于严格的监管过程和全球化的制造过程。

“突然之间，我们就接到要将飞机输送到前线去的任务，”怀特马什说，“我们在几周之内就完成了任务。作为航空航天领域内的小字辈，这令我十分振奋。在和平年代，同样的流程必须要通过国防部的采购审批，而这有可能要花上好几年的时间。虽然我知道这样说有可能会犯政治错误，但战备需求确实是一记强效的加速剂。”

1989 年，怀特马什加入了迈凯伦车队，并担任了运营主管。当时，在埃尔顿·塞纳（Ayrton Senna）和阿兰·普罗斯特（Alain Prost）这两位传奇人物的带领下，迈凯伦车队已成为一级方程式赛车的主导力量之一。那时候，这项运动才刚刚开始采用模拟软件和风洞测试之类的新兴工具。

“在我刚开始接手的时候，车上只有手动变速箱和油门线，”怀特马什说，“研发部门只有两个人。”研发部门的地位岌岌可危。那时整个车队都积极地投入到了赛车运动中，聘用了不下 100 人，创造了 1900 万英镑的营业额。1963 年，特立独行的布鲁斯·迈凯伦（Bruce McLaren）成立了迈凯伦车队，那年他 26 岁。6 年后，他死于车祸。随后，车队陷入了长期的困顿之中，再也不是那支风光一时的国际公认一流车队了。到了 20 世纪 80 年代，迈凯伦车队被当时世界上最著名的品牌万宝路收购。“迈凯伦（车队）不复存在了，”怀特马什说，“我们发誓要夺回自己的名号，于是开始潜心钻研最新技术与知识产权，并努力将其货币化。”

在怀特马什的带领下，迈凯伦车队开始投资汽车行业，生产了众多型号的汽车，并向石油化工公司出售分析软件，向纳斯卡赛车（NASCAR）出售电子元件。

不过，最令怀特马什感到兴奋的是赛车运动中疯狂的技术革新紧迫催生出了各种各样的新技术。“局势促使你不得不将自己所掌握的技术全都投入进去，”他说，“时不待我，分秒必争。三月第一周，要在澳大利亚进行新赛季的第一场比赛，我们必须带着自己最好的技术去参赛。两周后，可能要转战吉隆坡；一周后，又要赶到中国；再过一周，又得抵达巴林。就像是在打仗一样。我们必须拿出自己的看家本领，派出车手和向导，就像将领指派军队一样。只有使出浑身解数才能取得最好成绩。”

在迈凯伦车队，怀特马什称自己为擅长问“愚蠢问题”的暴躁工程师。“比我聪明的工程师不计其数，但我每隔三年就会灵光乍现一下。”他说。怀特马什是一级方程式赛车指挥中心的发起人，作为车队经理，他每场比赛都会坐在战略指挥墙下。20 世纪 80 年代，电视广播是主要的数据传输途径。随着赛车上所安装的传感器类型越来越多，赛车本身逐渐转变为一台复杂精密的机器系统，战略指挥墙上的数据屏幕也逐渐增多了。“从前，车队经理经常是忍受着噪声、炎热、潮湿和各种各样的干扰，根据轮胎的更换情况、停站情况，或如引擎爆缸等其他突发的严重情况，在各种高压情况下分秒必争地做出决定，”怀特马什说，“其实这样做并不理性。”指挥中心里的场景与战略指挥墙边的暴躁场景则完全不同。指挥中心位于迈凯伦车队的总部，里面十分安静，工程师们监控着世界各地的比赛，实时更新着比赛策略。

1997 年，时任车队总经理的怀特马什再次灵光乍现。一天，他带领研发团队去老东家英国宇航公司参观飞行模拟器，并交代大家：我们要给一级方程式赛车搞出个类似的东西来。

当时，卡洛琳·哈格罗夫（Caroline Hargrove）才刚刚加入怀特马什的工程师团队。她先前在剑桥大学研究复杂系统仿真学。“那会儿的道路测试系统已经足够完善了，只有怀特马什看到了建造驾驶模拟器的必要性，”哈格罗夫说，“我的反应就是：‘选我！选我呀！’兴奋之情溢于言表。”

该项目一度在迈凯伦车队内部受到质疑，大家觉得这不过又是总经理的一次突发奇想。“又一次怀特马什式的胡闹，”他自我挖苦道，“就连车队技术总监都反对。这会对那些本来就不相信新技术的传统赛车工程师造成不利影响，‘这根本行不通。走，我们出去，别在这儿说了。问问车手好不好’。”但是，怀特马什想要与这种临场发挥的汽车工程师撇清关系，他称那样的行为就是拍脑袋做决定，他想转向更为可靠的分析、仿真和物理方向。

怀特马什力排众议，开始在赛车上安装越来越多的传感器和数据记录仪，并为轮胎、避震器、底盘、引擎、变速器、周围环境以及赛车场地等开发数学模型。怀特马什没有想到，在组成赛车的各种元素中，最有意思的竟然是车手本人。

工程师们更喜欢琢磨那些能让赛车跑得更快的物理学原理，例如赛车的橡胶轮胎在与路面接触时需要产生多大的抓地力，换句话说，车手需要提升多少速度。然而，车手会走过来跟工程师说："我就是找不到感觉，我没法充分发挥实力。"这一现象又给怀特马什带来了新的启发。

在此之后，影响车手的因素也被纳入优先模拟序列。模拟中加入了视觉辅助系统：轮胎、轨道和赛车；此外，还设有转向负荷、突然加速和座椅振动等功能；最后则是引擎声与加速声的均衡协调。

怀特马什说："车手必须考虑所有因素，然后施以不同的权重，并在脑海中进行重组，计算出赛车的位置，然后再将其转化为转弯角度、减速、刹车这三项车内可以控制的基本操作。实际上，车手都是在下意识地处理这些信息。这一点令我十分惊喜。"在模拟过程中加入人为因素的测试，后来被称为"驾驶员在环测试"。

第一代模拟器不过是个带有显示器的底盘。"后来，我们添加了图形、声音、驾驶反馈和方向舵，"卡洛琳·哈格罗夫回忆说，"但是，为了模拟车手在加速时所感受到的变化，我们必须将延时降到最低限度，但当时的模拟器的运行速度都太慢了。不过，动得不好总好过不动。"

车手与自己的赛车通常都维持着非常默契的关系，这就意味着模拟器必须要为车手提供同样精确的物理感受。例如，如果车手习惯通过引擎噪声来推断轮胎的抓地能力，那么哈格罗夫就必须尽可能真实地还原引擎声。任何纰漏都会降低车手驾驶的真实感。

“哪里做得不好，车手都会非常直接地说出来，”哈格罗夫回忆说，“我就问：‘好吧，出什么问题了？’通常来说，车手都会提出很多问题。”

配合工程师们测试模拟器的工作主要落在了试车驾驶员以及参与迈凯伦车队年轻车手计划的青年赛车手身上。刘易斯·汉密尔顿就是其中一位。1998 年，年仅 13 岁的汉密尔顿加入了这一计划。对他来说，这是一个向前辈学习，并给前辈留下印象的机会。因为“驾驶员在环测试”可以不断优化驾驶模拟器的性能。

2005 年，哈格罗夫终于在土耳其大奖赛上扬眉吐气。伊斯坦布尔公园赛道是一条全新的赛道，从未有车手体验过，当然，模拟器除外。当时，只有迈凯伦车队拥有一台驾驶模拟器。

在练习赛中，迈凯伦车队的胡安·帕布罗·蒙托亚（Juan Pablo Montoya）拔得头筹。通常，车手开第一圈的时候都会比较慢，目的是熟悉赛道。然而，蒙托亚却开得很快。更准确地说，蒙托亚比其他人的速度快出了 10 秒钟，他冲着麦克风大喊：“跟模拟器的感觉简直一模一样！”

“他对赛道的情况了如指掌，”哈格罗夫说，“这就是我们想要得到的认可。”

到了后期，迈凯伦车队总部里的模拟器变得更加复杂了。系统包括了安装在动态测试台上的全尺寸汽车底盘，它可以精准再现一级方程式赛车产生重力的运动系统，还包括覆盖在四周的 180 度曲面显示屏。模拟系统与控制室由一面双向镜隔开。控制室里有 1 张大桌子，5 台台式电脑和 1 台巨型纯平显示器，可以实时展示提取自模拟器的数百个参数：方向盘转交、轮转速、加速度、发动机转速等。

“模拟器可以体现出我们对赛车的全部理解，”哈格罗夫说，“但是我们的模拟也有可能和真实情况不同，而车手就是消除不同的过滤器。他们在接收到大量信息后会精确地识别出反常现象。通常情况下，我们在找不到问题答案的时候就会求助于车手。车手开一圈下来，然后说，‘模拟器跟真实赛道没什么区别’，我们才能确认模型无误。”

平均每位车手和试车驾驶员要在模拟器中待上 180 天，也就是说在模拟器中待的时间约为真实比赛赛程的 7 倍。工程师不会向车手提供任何数据，以免影响车手对汽车性能的感知。每次练习都是盲测。

“所有车手听到的都是测试 1，测试 2，等等，”哈格罗夫说，“他们要在模拟器中开上 30 圈，最后再对每一圈的每个转弯时的感受进行详述。”

在一个赛季中，迈凯伦车队通常会更换 70% 的汽车机械元件。此外，驾驶模拟器也是他们的一个战略性撒手锏。迈凯伦车队几乎会对所有的元件进行建模和测试，以利用模拟器来衡量元件对车手的影响。

“假如，我们想要测试一种新型的翻车保护杆，”哈格罗夫解释说，“理论上，我们需要生产一台模型车，将保护杆嵌入车中，然后上路进行测试；或者我们可以构建一个虚拟的模型，然后在模拟器上进行测试。我们知道相关的尺寸、参数和物理性能。程序会计算出新元件是如何与汽车模型的其他元件进行互动的，然后再将数据反馈到模拟器中，由车手进行测试。”

2007 年，赛车运动的监管机构国际汽车联合会（FIA）为了削减开支而叫停了赛季测试。一夜之间，拥有模拟器的车队可谓占尽技术优势，而唯一拥有模拟器的车队就是迈凯伦车队。

模拟器刚完工的那一年，哈格罗夫从赛车仿真部门被调到了迈凯伦集团下属的应用技术公司。该公司是由迈凯伦集团的首席执行官罗恩・丹尼斯（Ron Dennis）在 2004 年建立的，初衷是为了将一级方程式赛车界的高性能文化和工作方法推广至其他行业。

在最初的几年中，迈凯伦应用技术公司完全没有挣到钱。实际上，不光是钱，什么都没有赚到。到了 2008 年，公司只剩下了三个人：哈格罗夫、一名软件工程师，以及曾经任职于油气和远程通信行业的机械工程师杰夫・麦格拉斯（Geoff McGrath）。

“创业之初，基本上就是我们三个人围坐一团，想着如何把生意做起来。”麦格拉斯说。他们想要回答这样一个问题：如果迈凯伦集团不生产一级方程式赛车，还能干什么？麦格拉斯有个主意，至少从理论上是可行的：车队拥有循环往复、持续改进的能力，用模拟系统及模拟器做赛前分析，利用高级遥测技术进行比赛实时监测，做赛后分析，再设计新的模拟系统与模拟器。如果将这套技术应用到其他领域，会怎么样？

“赛车是一件完美的智能产品，”麦格拉斯说，“它不仅能够在极端的时间压力下被持续改善，而且可以针对不同个体客户，也就是不同的车手定制。我们对模拟器进行了设计，然后将遥测元件留在了车身中，这样便能实现远程监测。由此，我们就可以知道产品的使用情况了。”对麦格拉斯来说，特定产品所产生的数据比产品本身还要珍贵，他将其称为元产品。这就是迈凯伦应用技术公司可以向其他行业推广的理念。通常来说，其他行业采用的都是可追溯性管理，也就是通过分析上一阶段财务报告中的数据来做决策。相反，应用技术公司可以帮助他们利用实时数据来工作，及时参与竞争，模拟未来情况。至少他们是这样想的。万事俱备，只欠第一个客户。

北京奥运会过后不久，卡洛琳·哈格罗夫就与英国体育局研究与创新项目负责人斯科特·德拉韦尔取得了联系。一年前，英国雪橇队就向她抛出了橄榄枝，希望她能对雪橇的驾驶性能做一番测试。他们将雪橇带到了应用技术公司，并将其安装到测试台上，然后进行动力学参数分析。

没过多久，英国雪橇队经费吃紧，不得不放弃了这项测试。哈格罗夫致电英国体育局，询问他们是否有兴趣将报告用作未来参考。工作人员把她的电话转接给了德拉韦尔。

当时，德拉韦尔还不知道迈凯伦集团拥有一支顾问团队，他询问应用技术公司是否愿意和英国奥运会代表队合作，一起备战 2012 年奥运会。德拉韦尔想将迈凯伦车队在一级方程式赛车中总结出的新方法，例如遥测技术和预测算法，应用到其他竞技项目中。自此之后，两家机构陆续在自行车、帆船、赛艇和皮划艇等项目中开展了合作。

“与自行车队的合作尤为成功，”哈格罗夫说，“所有奥运会项目，赛车用引擎，自行车用人，所以自行车赛可能是最像一级方程式赛车的运动了。”虽然所有自行车运动员都在使用舒伯赫自行车测量仪，但是冲刺类的项目还需要更为精密、准确的遥测技术。应用技术公司开发了“骑手数据”这一小工具。骑手数据是一个空气动力学装置，可以安装在车座下面，通过自行车传感器收集有关力量、扭矩和自行车角度等的数据。该装置本身配有加速器、陀螺仪和蓝牙发射器。自行车队此前所使用的传感器的传输频率约为 20 赫兹，而骑手数据则高达 200 赫兹。

“我要确保所有元件都得到了完美的校验，因此所有的测试都是在我们的场地中进行的，”哈格罗夫说，“在看到队员克里斯·霍伊的数据后，我十分惊慌，专程致电道歉。我觉得自己的校验可能出了问题，因为他的数值都明显偏高。他们却说，没问题，这些就是霍伊的真实数据。”

在北京奥运会上，斯塔福德·默里被英国体育学院提拔，担任了新职位，头衔又长又拗口：运动表现分析、生物力学和技能习得部门负责人。他每年都会组织三次研讨会，以便让分析师、生物力学家和技能习得专家们共聚一堂，相互分享优秀的应用案例。有一年，默里领来了一位前英国空军特种部队的特工和一位音乐人，还邀请了一位喜剧演员来教授如何解读观众反应并扭转形势。“我之所以邀请他们过来，是因为没有什么比站在 400 个人面前并将他们逗笑更困难的了。”默里说。对于参加工作聚会，那位喜剧演员说，这简直是自己职业生涯中最差的一次演出。“房间里坐着 25 个分析师，不用多说，他们肯定不是特别幽默的人，只会直勾勾地盯着你看。最后，我不得不向他们道歉。”

默里还将一队分析师带去了曼城足球俱乐部和伦敦证券交易所。“大家从英国各地赶到伦敦，”默里回忆说，“我们坐在一个很棒的会议室里。

会议室位于伦敦市中心，宽敞又豪华。他们根本就不想透露任何秘密，所谓的向我们展示工作内容，不过就是带着我们在股票交易市场里转了一圈，然后让我们看了看屏幕上的数字。这就是他们对工作展示的定义。”

他们一行人还应工程师卡洛琳·哈格罗夫之邀去参观了迈凯伦应用技术公司，哈格罗夫将默里介绍给了首席工程师戴夫·瑞丁（Dave Redding）。瑞丁坦诚地跟默里透露，虽然迈凯伦车队宣称拥有世界最先进的技术，但他们也面临着一个问题：停站区的工作人员速度还是太慢。

“他们发现车队的运动表现管理实在太差，想要寻求帮助，”默里说，“此前，英国体育学院和迈凯伦应用技术公司的关系是单向的，现在，关系变成了双向的。他们为我们提供硬件和软件，我们则帮助他们提升效率。”

瑞丁跟默里说，当前的平均停站时间为 4.5 秒，并问其能否将时间缩短为 2.5 秒。默里根本不知道如何实现这一目标。他们需要先弄清楚，为何其他车队的工作人员比迈凯伦车队的工作人员速度更快。

2009 年 3 月，默里观摩了一级方程式赛车在巴塞罗那的赛季前测试。通常来说，车队都会在测试上发布新车，检验新技术。频繁停站也是检测的一部分，目的是测试车队工作人员更换轮胎、挡泥板和散热片的速度。

在得到迈凯伦车队的许可后，默里得以进入贵宾接待室，纵观整个赛场、所有俱乐部和全部停站区。他身着迈凯伦车队队服进入大楼，然后走到三楼休息区，在进入休息区之后，他立刻去厕所换上了便服。然后，他爬到了楼顶的消防梯上，在停站区正上方的栏杆上架设了一台摄像机，以拍摄红牛第二车队、法拉利车队和印度力量车队的停站情况。

停站速度最快的是红牛第二车队，可惜他们正好处于摄像机的拍摄盲区，因此没有被拍摄到。于是，默里下楼偷偷溜进了会议室的卫生间。他站在厕所的马桶上，将手伸出窗外，用便携式摄像机偷偷录下了红牛第二车队的停站情况。“我当时竟然没有发现自己其实是在女厕所里，”默里说，“要是知道的话，我肯定不会进去。这是实话。”

当天晚些时候，默里在分析视频时发现，其他车队的车手总能把车精准地停入停站区特定网格，这让他感到十分震惊。他们停得不偏不倚，刚刚好。与之形成对比的是迈凯伦车队的赛车，总是差一点儿或者开过一点儿。“如果工程师能够提前知道赛车停靠的准确位置，那么他就可以在赛车完全停下之前开始准备。他可以掌握主动权，”默里说，“前面的工作人员可以启动赛车升降机，工程师甚至可以在赛车停靠之前就走过去，因为他们已经很清楚赛车的停靠位置。”

在第二天吃早饭的时候，默里跟瑞丁提到了自己的发现。瑞丁大吃一惊，告诫默里不要将这个信息透露给任何人，尤其是车手。默里当时并不知道瑞丁为什么会如此小心翼翼，如履薄冰。

当天下午，他才弄清楚事情的原委。迈凯伦车队的工作人员给了默里一副耳机。这副耳机可以连接到迈凯伦车队的耳返。在听到瑞丁和车手刘易斯・汉密尔顿的对话后，坐在围场俱乐部（Paddock）里的默里才参透了个中玄机。

“坚持住，车没问题，坚持住。”瑞丁说。

“不是这样的，车一直在往左偏。”汉密尔顿回答。

“不，车没有偏。数据显示赛车一切正常。车没问题。一定要坚持住。”

“等一下，车确实有问题，我能感觉出来，我马上就停站。”

“别停站，数据一切正常。”

“胡说！车一直在往左偏！我要求停站！”

工程师在车手面前似乎没有一点威信，这令默里十分震惊。告诉世界顶级车手，他们的某些停站决定并不十分合理，这不是应该的吗？为什么会是件难以启齿的事情？

默里也不知道为什么。

“这些人的车速高达每小时322千米，他们每天都在冒着生命危险开车，”默里说，“车手确实十分相信数据，但也会凭感觉将数据全盘推翻。数据的确很重要，但是显示不出赛车带给车手的感觉，也显示不出车手在开车时的艰辛。”

默里还意识到，问题不仅仅如此。停站区的工作人员不应只是技工，就像分析师也不应只是奇人一样。就算是技工，也需要有人来教他们如何高效地使用电动扳手：哪只眼是主视眼、哪个膝盖往前伸，需要有人来指导他们弯腰和弓步的标准姿势，需要参加心理演练和应对时差的相关课程。如果想要他们给车手提供坚实的服务，还必须把他们当作运动员对待。

10

连赢 35 场比赛

对打壁球来说，最基本和关键的环节是握拍。正确的握拍姿势可以提升运动员打球的准确性和控球性。正确握拍是正手挥拍、反手挥拍和其他多种挥拍姿势的基础，会影响到侧墙球、后场球、以小球回小球，以及截击等。这是壁球运动员的技术基础，也是壁球运动其他因素的源泉，例如移动走位、战略战术等。

在教练戴维·皮尔森看来，如果没有精湛的技术，世界上最好的战术也会功亏一篑。举例来说，皮尔森在首次诊断队员彼得·尼科尔的技术时就发现了问题：虽然尼科尔当时排名世界第一，但他的握拍姿势仍然有缺陷。他在正手握拍时双手离得太近，而在反手握拍时，不仅手腕向上翘，而且握拍太紧。

正确的握拍姿势是壁球运动员需要首先学习的要领之一。“虽然尼科尔已经是全球顶尖的壁球运动员，但他仍渴望不断进步，”默里说，“许多运动员不愿意这样做。所以他们成不了世界上最优秀的运动员。”

皮尔森也深知，30 岁的尼科尔会逐渐发现自己的技术缺陷已根深蒂固，很难摆脱。因此，他们达成了一致，不去管大部分问题。“我们选择让 70% 的问题自生自灭，集中火力解决剩下的问题。”皮尔森说。

然而，尼克·马修的情况就完全不同了。皮尔森在第一次评估马修的技术时说，他打球的时候就像是“双股间卡了个胡萝卜”。“简直让人看不下去，”皮尔森回忆道，“他如果不能完全改变先前的技术，就永远无法获得任何成就。”马修并没有异于常人的天赋，他打球时不光侵略性很强，而且很不美观，这与皮尔森的审美背道而驰。在之前教练的指导下，马修不仅身强体壮，而且内心强大，一直是全球顶级的少年壁球运动员之一。但作为一名成年的职业运动员，他要面对的对手会更加强壮，因此勇猛已经不再是他的优势。“如果将现代运动分为四个部分：意志、体力、技术和战术，那么大家可能已经将各部分都顾及了。技术缺乏有可能成为最大的失败因素，”马修说道，“当皮尔森跟我说这些的时候，我会回答，是的，我明白，但要说真正意识到这些问题，已经是一年之后的事情了。自我意识在作祟，这让我很难处理这方面的事情。我从 8 岁起就开始打壁球了，击球次数已经超过百万次，这意味着技术缺陷已经跟了我 12 年。”

1967 年，美国心理学家保罗·费茨（Paul Fitts）和迈克尔·波斯纳（Michael Posner）所著的《人的表现》（*Human Performance*）一书详细阐述了人类如何习得专业知识的一项重要理论。他们所提出的模型假定，人们在习得一项新技能时会经历三个不同的阶段。他们将第一阶段称为认知阶段。在这个阶段中，初学者会对任务进行理性分析，并寻求合适的策略以完成任务。在此期间，大脑意识会充分参与其中。以语言习得为例：在认知阶段，初学者会先试着理解基本的语法规则，学习第一批常用词汇，并不断尝试不同词汇的正确发音。

在经过一番努力后，学习者来到了第二阶段，也就是作者所说的关联阶段。在这个阶段，学习者已经掌握了执行特定任务的行为、方法和时间，开始了练习，以及学习获得反馈的步骤。这时，大脑已经不再与未知世界苦苦斗争了，但是要想熟练掌握特定技能，仍需集中全部意识。随着练习的不断深入，新技能逐渐地被转换为学习者下意识的行为。

第三阶段是自发阶段，也就是说学习者不再是个新手了。技能已经成为本能，在心理学家看来，学习者在这个阶段已经达到了“无意识能力”的水平。一般来说，人们在讲母语时会表现出这种能力，而成年学习者在学习语言时，即便采用了浸入式学习方法，也要颇费一番周章才能达到自发的境界。

然而，自发阶段并不意味着精通。在体育界，精英运动员所拥有的不仅是无意识能力，还拥有无意识精通。无意识精通经常会产生所谓的心流体验，这是无意识能力范围内的极致心理状态，通常会令技能习得者达到战无不胜的状态。

例如，在 1988 年摩纳哥大奖赛的排位赛阶段，埃尔顿·塞纳详细描述了自己打破单圈记录的过程：“当时，我已经获得了杆位，但我还是越开越快。一圈接着一圈，一圈比一圈快。一开始，我只是获得杆位，后来领先了 0.5 秒，紧接着变成了 1 秒……我就这样一直开着。突然，我发现自己比其他人竟快出了两秒，包括驾驶着相同汽车的队友。我猛然发现自己是在下意识地在开车。我在凭直觉开车，就像进入了平行世界。我觉得自己像是身处隧道之中，不是酒店地下的隧道，整个赛道对我来说就是隧道。我越开越快，越开越快，越开越快……已经超越了自己的极限，却又发现还有继续突破的可能。”

对尼克·马修来说，情况却恰恰相反。在技能习得这方面，马修是个很有意思的案例。总的来说，18 岁的他很轻易地被大家视为了职业运动员。他打球时间已经超过 10 年，赢得过数场少年锦标赛的冠军，并进入了国家队。

然而，从技术角度来讲，皮尔森认为他还仅仅只是一个新手。但对于马修而言，壁球学习已经不再是简单地从头学起，而是要对现有的技能进行优化，也就是要用新技巧去替换自儿时起就已根植于脑海中的习惯和倾向。这不是在学习并掌握正确的方法，而是在学习新方法以替换旧方法。这会引发对行为模式的干扰，也就是说，在潜意识中，人们会抵触学习与已有技能相抵牾的新技能。新内容是很难被记住的，但故态复萌却轻而易举。

换而言之，旧习难改。

当然，我们在讨论运动员能力的时候，通常只会考虑其身体表现。例如，足球运动员克里斯蒂亚诺·罗纳尔多就是身体型运动员的典型代表。他既有短跑运动员的大长腿，又有中长跑运动员的精瘦体格。他的弹跳高度接近 80 厘米，高于职业篮球运动员的平均值。除身体因素之外，罗纳尔多之所以能成为一名了不起的足球运动员，还因为他在踢球时拥有很好的协调性和技巧。带球技术与精细动作的协调性、柔韧性、反应速度都有关，并会形成肌肉记忆与肌腱记忆。不过，经常被大家忽略的一点是，优秀运动员不只是生物力学上的天才，他们的认知能力也异于常人。

技能习得与生理学适应非常相似，都有赖于渐进超负荷这一适应过程。利用渐进超负荷帮助运动员学习一种新技能，是一个具有多重水平的操作方法。重复做同一个高强度的动作就是一种超负荷训练方法。以英国残奥会参赛运动员萨拉·斯托里（Sarah Storey）为例。斯托里的左手先天发育不全，但她从 4 岁便开始学习游泳，并在 10 年后参加了 1992 年巴塞罗那残奥会。生物力学家想要通过研究其划水频率来判定，她的哪只手在游泳时起到了主导作用。令斯托里吃惊的是，虽然自己左手残疾，但研究人员却发现她的双手在划水时表现得十分平衡。2005 年，她因听力受损而被迫中止了训练。在此期间，她试着加入了英国国家自行车队，并被纳入训练计划。在赢得 5 枚残奥会金牌和 5 枚世锦赛金牌后，她决定尝试一下，能否将自行车赛道上的经验应用到泳池中。“我在路面上进行练习时，速度可达每小时 80 千米，转弯速度超过每小时 50 千米，比汽车都快，”斯托里说道，“但我在刚开始练习时总是想，‘不可能，我怎么会快过汽车呢’。”她将自己克服心理障碍的过程称为神经训导。每当踏上曼彻斯特自行车场赛道时，她就强迫自己一定要骑到最快。她花费了一年的时间才达到了频繁超过汽车速度的状态。“在 250 米长的赛道上以每小时 60 千米的速度骑行是很难的，因为车速太快，方向很难被掌控，前轮会晃，连人都会开始眩晕，”她说道，“自行车运动员的神经系统不得不在高速骑行的过程中掌控自行车，并不断向大脑发送信息，让腿蹬得更快。”

对于壁球和足球这类比较复杂的运动而言，技术和策略则尤为重要，教练会充分利用自己给予运动员的反馈。体育运动科学家着重对内外两种反馈的区别做了解释。内反馈源自运动员本身，且会有不同程度的变化，以弓箭手为例，如果没能射中目标，弓箭手会有意识地做出改变，协调身体姿态，以及拉弓时的力量。外反馈源自外在因素，包括教练在场边的大声指导，以及赛后的视频分析等。在某种意义上，内反馈可以帮助运动员看清自身的实际表现与主观臆断的表现之间的异同。

皮尔森在指导彼得·尼科尔时，经常会给他喂球，并坚持要他在壁球弹到最高点时吊小球。斯塔福德·默里在球场的正前方安装了一台摄像机，每秒可捕获 250 帧连续影像。他们会持续练习 10 次，然后挤到笔记本电脑旁边。“尼科尔击球的时候，球刚刚过了最高点，”默里说道，“我计算了他的比赛用时，估算出他在整场比赛中多花了两分钟左右。换句话说，他多给了对手两分钟的时间。这就是我们需要挖掘的数据。如果不去改变运动员的行为，不去加快他们习得新技能的过程，我们就肯定会失败。”

通过分解击球的慢动作，尼科尔可以对自我认知进行校正，并明确实际行为与主观想象的异同。“大家一直在帮我纠正挥拍姿势，让球拍在挥完之后朝向地板，但无论我对自己说多少次‘一定要掌握正确的姿势’，我还是会在最后一刻竖起球拍，把球击向场地前面的墙上。直到看了慢动作分析，我才意识到自己击球的角度和力度都不对，这才导致了球往上弹。我明白了，再把球拍往下落一落，也是能打小球的。只有真真切切地看到视频，我才能明白这样做是没问题的。”

随着运动员的技能熟练程度越来越高，他们的反馈也会变得更加具体，更加专注。不列颠哥伦比亚大学人体运动学院的伊恩·弗兰克斯及其同事尼古拉·霍奇斯（Nicola Hodges）所做的研究表明，常规的口头指导可以帮助足球新手更快地掌握技能（“你能把球传到门柱附近吗？”）。相反，事无巨细的指导并不一定会取得很好的效果。教练既要教导运动员不断进步，还要尽量控制外反馈的数量。只有这样，运动员才能通过不断试错来探索价值。如果外反馈太多，运动员就有可能过度依赖外反馈，以致如果在正式比赛中得不到外反馈，他们就有可能会不知所措。协调平衡内外反馈能够帮助运动员调整自身的感知，加速学习进程。

默里在进入英国体育学院后，一直致力于将技能习得的三个阶段整合为一种连续的学习方法。“虽然我们的数据分析是最强的，但如果我们不知道如何最好地向运动员和教练员展示数据，并对他们产生最大的影响，那么再好的数据分析也是没有意义的，”默里说，“那就像是面前摆着一个望远镜，结果在用错误的一端看东西。”他聘用了利物浦约翰摩尔斯大学的运动行为学教授马克·威廉斯（Mark Williams）作为院外专家顾问。

威廉斯曾参与过自行车运动员托马斯·赖利早期所组织的足球运动研究，是英国国内技能习得领域，尤其是预测这种视觉技术领域内首屈一指的学术专家。他很了解顶级的网球运动员是如何应对对手移动的。他让一名网球运动员站在一块巨型屏幕面前，然后将真人尺寸的对手投射到屏幕上，并在虚拟球场中给运动员喂球。运动员头戴可追踪定位的护目镜，站在一张可以追踪运动员运动变化的压力感应垫上。他要求运动员利用肢体动作对影像内容做出反馈，影像会略去连贯动作中的部分环节，以便让运动员预测对手的动作，例如，在对手击球前，屏幕会突然黑屏。这样便可知运动员能否预测出对手的喂球。

“研究表明，在网球这种快节奏的运动中，网球从对手场地飞到自身场地的时间，通常比运动员反应时间与运动时间之和还要短。”威廉斯说。这意味着运动员需要在对手击球之前就做出反应。一般来说，运动员能够在球触拍 120 毫秒之前预测出球的走向。

利用眼部移动传感器，威廉斯发现，运动员其实很少盯着球看，而是在观察对手的躯干、臀部、肩膀和胳膊。他们会下意识地提取相关的视觉信息来精确预测场上情况。

还有个认知技能是运动员在比赛时发现规律的能力。为此，威廉斯设计了一个实验：给一群技能高下有别的足球运动员展示提前录制好的模拟进攻影像。“假设罚球区边缘站着一个中前卫，而球在半场线上。我们发现，顶级运动员会大量使用短暂定位策略：扫视，然后确定球员位置和移动方式，”威廉斯说，“他们其实是在分析球赛的结构，在利用潜意识做数学分析，也就是凭经验计算某时某刻某一特定场景下发生某种事件的概率。他们的大脑就像数据库一样，里面存储着比赛中可能会出现的各种进攻阵形及其发生概率。”区分顶级运动员与普通运动员的标准，不仅是顶级运动员能力突出，还有他们可以做到精准预测和快速反应。

在理论上，技能习得专家将观察行为分为三个步骤：在空间中追踪目标物，瞄准，触发行为与目标物互动。

在迈凯伦车队停站这一特定场景下，这些步骤分别对应着：赛车移动至停站区，进入停站区至工作人员使用气枪，工作人员使用气枪至拔掉气枪。2010 年，默里第一次在迈凯伦车队的停站区与工作人员会面。他让大家试着换了几次轮胎。在前几圈中，工程师要求赛车在进入停站区后要精准地停在停车线上，于是，试驾员以中速将赛车开入停站区，然后以常速开出停站区。

“一开始，我也不知道问题出在哪里，”默里说，“但我知道了，动作最慢的工作人员决定了更换轮胎的最快时间，所以我们对动作最快的工作人员和动作最慢的工作人员进行了差异化分析。”工作人员大都是二十来岁、身强体壮的小伙子。

默里给每位工作人员配备了一副视觉追踪护目镜，以连续测试工作人员的视点，然后要求他们进行数百次停站维修，并对他们的行为做了详细研究。

研究发现，动作最快的工作人员与动作最慢的工作人员的根本区别是观察模式的不同。随着赛车进入停站区，动作最慢的工作人员通常都在看天、看地、看脚。与之形成对比的是，动作最快的工作人员都很投入，认真观察着相关线索：轮胎和轮毂螺帽，然后用两秒钟就搞定了任务。

训练结束后，迈凯伦车队的平均停站时间从 4.5 秒缩短到了 2.5 秒。“我们像训练运动员一样训练着身处停站区的工作人员，”默里回忆说，“这不仅改变了一级方程式赛车的文化，也改变了学院内部的文化。”默里在项目报告中写了长达 7 页的操作细则，报告题目为《停站区视觉行为分析》。直到 2015 年，这一研究成果仍被迈凯伦车队划定为机密知识产权。该报告明确指出，在本质上，轮胎更换工作几乎可以与运动本身画等号，所以迈凯伦车队开始训练工作人员，以完善这项工作。

“先前，车队通常会选四个最强壮的小伙子，”默里说，“但要指望机械修理工放下手头维修引擎的工作，承受着巨大压力去更换轮胎，简直就是痴心妄想。车队在技术和工程上花费了数百万英镑，目的就是跟上竞争对手的步伐，结果阻碍他们进步的竟然是让机械修理工在 2.5 秒内完成一项简单的任务。”报告还对身处停站区的工作人员进行了详细指导，比如在赛车进入维修道，到达指定维修区域，以及停下等各个时间节点和各个环节中，都应该做什么。

默里在向工程师戴夫·瑞丁汇报研究结果时，在最后一页幻灯片上提出了自己的建议：为了让所有人都无法无视轮毂的颜色，将轮毂喷成橙色！

壁球运动员尼克·马修每周会在教练戴维·皮尔森所在的哈罗盖特训练4次。每到周日晚上，他就会开车过去，然后一直待到周四。跟彼得·尼科尔一样，他成了皮尔森壁球家族中的一员。皮尔森认为，在技术交流中，语言教学和肢体教学同等重要。他从来不会针对技术交流做规划，而会在交流的过程中先观察运动员的情况，再相应地适应其反馈情况。英国壁球队的运动表现总监坚持要求皮尔森把自己所知道的东西都写出来，以便其他教练模仿学习，但他拒绝了，理由是自己所具有的对运动员的感知能力与鉴别能力是没有办法写出来的。对他来说，感觉才是提供反馈的关键。

默里用摄像机拍下了他们的训练情况，还采用了一种名叫“雷达鱼”的新型软件来分析马修的技巧。这款软件可以对运动进行频闪分解，也就是将连续的图像定格下来。这样默里就可以通过屏幕上多次叠加的图像来对比分析马修运动前后的不同反应。他可以将挥拍分解成连续的片段：握拍，胳膊和身体拉开距离，挥拍至顶点，肩胛骨转动，拍头落下，胳膊肘外扩，手腕发力，小臂转动，肩膀外扩，回到T位。

问题逐渐清晰起来，“罪魁祸首”是马修的后手。雷达鱼清楚地显示出，马修在沿着墙反手平抽时，发力部位主要是手腕，而非整个身体。

“我的肘部和手腕都断过，这两个部位都曾在我击球时出现过问题，”马修说，“我总是用受过伤的手腕从身后抽球，总是用腕过度，没有充分利用胳膊和身体。打球的时候应该是身体先发力，再用手腕控制角度和方向。所以，我的力量根本不够。”马修每天都会花4个小时在球场上磨炼技巧，但从不出汗。“我每天晚上都能睡足12个小时，因为实在是太累了，”马修说，“就像是在进行大脑拓荒，在重新学习走路一样。”

马修会在连续打 12 个球后抬眼观察监控器。皮尔森会像教导初学者一样慢慢给他喂球。如果击球方式有误，他就会来到球场前示范正确的击球方式，比如帮助马修尽力向外伸展手臂。“看我！”皮尔森总说。

马修就这样反复练习着反手击球。一开始，球的方向总会严重跑偏，要么直接砸向地板，要么直接撞向天花板上的灯。“我很小就开始学打球，可现在却不得不从头再来，”马修回忆说，“我陷入了深深的自我怀疑当中。我不停地想，现在所经历的这一切都值得吗？反正我已经是个很棒的运动员了。这是我有生以来碰到过的最困难的任务。”

在巡回赛开始前的几天里，皮尔森会中止技术教学，他会说，放心大胆去地打吧。“他讲话总是很随意，”马修回忆说，“因为过度反馈可能会让运动员滋生依赖心理。简直能把人逼疯。”

一开始，马修发现自己总在比赛时想着技术有没有错。“我背负着沉重的负担，比赛分析让我变得亦步亦趋。训练过程中所取得进步令我十分开心，然后我就兴冲冲地去比赛了，但只要出现了一点压力，我的技巧就会全面崩盘。”他的排名一度止步不前，信心也开始动摇了，而挥拍动作的不成熟让他看上去有点滑稽。

这些技巧还没有成为马修的无意识能力。马修还没有意识到身体运动的最佳方式，以及释放手腕力量的最佳时机。他还处在技能习得的认知阶段。“大家都知道必须要付出实际的努力，但从科学的观点来看，大家都没有发现，注意力可能会被集中到某个细节上，”他说，“不断地改变挥拍角度，哪怕是 1% 都有可能产生质变，原本是动作完美的小球，出一点岔子就会被打丢。”

然而，马修说，自己并不是毅力不够，也不是天赋不足。无意识能力并不会凭空出现。为了获得这种能力，运动员必须强迫自己停留在技能习得的认知阶段：需要不断学习自己不擅长的技能，不断在精神上给自己施压。“最优秀的运动员总在成功和失败的边缘练习和试探。”运动行为学家马克·威廉斯说。

2002 年 9 月，马修在进行自主训练，结果发现感觉非常好。他喜出望外，立刻给皮尔森打了个电话。“那个时期我的状态十分好！在地上放个钢镚，我都有信心次次打中。”他回忆说。

2003 年 1 月，马修终于跻身世界 30 强。一年后，他的成绩又有了飞跃，排名世界前 10。2006 年，他在英联邦运动会上与彼得·尼科尔在壁球半决赛中相遇，那时他排名世界第 9，尼科尔排名第 7。马修总能受到尼科尔的鼓舞，无论是其职业操守，还是其辛勤付出。虽然输给了尼科尔，但他并不觉得沮丧。相反，他备受启发，尤其是在看了尼科尔对阵加拿大运动员帕尔默的决赛之后。他觉得这是自己看过的最精彩的比赛。是分析系统让马修脱胎换骨。从成为职业运动员的第一天开始，他就在接受运动表现分析的锤炼。

“我认为我们把学习曲线降低了一半。”皮尔森说。他认为自己已经帮助马修纠正了 80% 的挥拍动作。这个过程就像在拆解机器，然后再按照完全不同的图纸重新进行组装。皮尔森还对马修的步伐进行了指导，以及告诉他如何利用大臂展发挥优势，如何优雅地移动等。

并不是每个运动员都拥有这样做的决心，但是新方法的效果的确十分明显。2009 年末，马修的世界排名已升至第 2。2010 年初，他连赢了 35 场比赛，其中包括北美壁球公开赛和澳大利亚壁球公开赛。2010 年 6 月，他取代埃及运动员拉米・阿舒尔（Ramy Ashour）荣登世界第一。据斯塔福德・默里说，当时的马修已经可以跟战神彼得・尼科尔相媲美了。

11

训练冠军赢得了真正的比赛

2002 年 10 月的一天，艾米・威廉斯（Amy Williams）脸朝下趴在一个破旧的雪车上，在赛道上滑行着。这是她第一次俯冲下赛道，她不知道会发生什么，也不知道自己能做什么。

钢架雪车是一项冬季运动，运动员需要在平地上将一辆薄片似的雪车向前推行 30 米，然后俯下身趴在雪车上，沿着赛道向下滑，头朝前，脚在后，脸部距离冰面很近。艾米奋战在 2016 年利勒哈默尔冬季奥运会的雪橇和滑雪项目的赛道上。由人造冰做成的赛道蜿蜒曲折，全长 1365 米，有 16 处转弯，垂直落差 112 米。运动员所受加速推力与喷气式飞机驾驶员受到的推力不相上下。

艾米曾是 400 米跑项目的运动员，但她的职业中跑运动员生涯刚刚起步就夭折了。在十多岁的时候，她胫纤维发炎，疼痛难忍，不得不含恨离开了跑道。2002 年，她已经无法进行正常的训练了，于是开始在其他运动项目上寻找机会。她在巴斯大学接触了现代五项运动，现代五项运动十分适合她。“对于与骑马有关的运动，我没有任何理由拒绝。”她说。事实证明，她确实是天生的击剑运动员和射击运动员。

有一天，在健身房里，艾米偶然遇到了一群钢架雪车运动员，并和他们闲聊起来。没过多久，她便来到了大学体育训练村的赛道上，映入眼帘是一段混凝土赛道，运动员们在这里练习助跑推车。“其实也不是特别吸引人，”艾米说，“他们就只有一个破旧的棚屋、一条赛道和其他一些零散的东西。”他们在一组金属滑条上推行雪车，再沿着斜坡向下，最后在弹性制动系统的作用下停止运动。

艾米觉得这项运动虽然有点奇怪，但趣味性十足。当月晚些时候，在别人的说服下，她参加了在荷兰举办的世界现代五项锦标赛，并获得了银牌。时任英国钢架雪车队运动表现总监的西蒙·蒂姆森（Simon Timson）鼓励她加入在挪威利勒哈默尔（Lillehammer）开办的新手训练营，好尝试一下真正的冰上滑道。“我得申请学生贷款以支付参加训练营的费用，”艾米说，“我记得学费在 2000 英镑左右，对于短短两周的课程来说，着实不便宜。但我得走出这一步，然后自己去完成。”

在训练营里，新手们一开始只能从赛道中段位置起步。随着对速度的适应，大家逐渐开始从顶端出发，以感受赛道的振动与转弯。“其实，教练并没有教大家如何在陡峭的冰上赛道上掌控雪车方向之类的基本技巧。”艾米说。在第一次从坡上加速冲下来的时候，她感觉自己像被扔进了洗衣机里翻搅。她不小心咬到了舌头，还反复地撞到赛道边缘。她能感受到的只有交织在一起的加速、冰面和速度。到达终点的时候，艾米已经完全被肾上腺素所左右，震惊、恐惧翻涌而出，最后甚至放声大哭。

“这里的运动员无论男女都是大块头，我看着都有点害怕，”艾米回忆说，“我不能当哭着鼻子回家的胆小鬼。”所以，她再次爬到了起点，又试了一次。

几次下来，艾米浑身都肿了，胳膊上和腿上青一块紫一块。随后，她开始逐渐适应速度，甚至开始计算转弯的数量，以及体内压力的梯度变化。她能够控制雪车了。

2003 年 3 月，冬季过后，艾米面临着一个两难的选择：是全身心投入钢架雪车运动，还是重回现代五项运动。虽然英国现代五项队会为她提供经费，并按照职业运动员的标准训练她，但是要代表国家队参加比赛却异常艰难。钢架雪车队则不同，虽然没有经费支持，但是参赛的概率比较大。“我没有什么奥林匹克情结，”艾米说，“只是想要代表英国出征，并取得最好成绩。我妈妈总是跟我说，我从小就是个力求完美的人，而且不容易受到外界的干扰。我不喜欢被别人影响。”

艾米选择了退学，搬回家跟父母一起住，并在咖啡馆里找了份兼职。“我一天到晚要么是在挖冰激凌球，要么是在端热巧克力，要么是在做咖啡。对于运动员来说，这绝非理想生活。”她说。

那个夏天，艾米会在每天早上 6 点准时到健身房报到，然后晚上下班之后，再到健身房打卡。冬天从 10 月开始，英国钢架雪车队即将迎来多项国际赛事。

英国是为数不多的一些没有冰道的国家之一。当然，也没有配备全职的钢架雪车教练以指导运动员的滑行技巧。据艾米说，他们聘用了一名兼职的入门级别的教练，那人只要心情不好就不会露面。“有一次，他干脆把我一个人扔在了赛场上，”艾米说，“我不得不跟一位女士拼车，穿越了整个德国，赶赴下一场比赛。”

训练不足，外加经费短缺，就这样，艾米拿着一个不适合自己的雪车出现在了赛道上。钢架雪车原本是男性的运动，所以雪车对她来说确实是太大了。她每天都会在规定的训练时间之前早早地到达场馆，然后沿着赛道边走边做笔记，研究弯道，规划转弯的方法。外国运动员每天只能进行两次赛道练习。“在实战练习中，我要记下的东西有很多，有时候，要记住的转弯甚至多达 19 个，”艾米说，“大家必须面对现实，我们不可能对每个弯道都研究得很透彻，所以只能挑重点弯道来分析，并尽快熟悉要点，最后拼出一个整体来。”

2006 年，英国钢架雪车队排名靠后，这意味着只有一名女性运动员能够代表国家出征冬季奥运会。谢利·鲁德曼（Shelley Rudman）是主力，艾米是替补。不过，艾米也受邀去了都灵，为英国广播公司第五电台担任实况解说员。

出乎所有人意料的是，鲁德曼竟然勇夺银牌，这是英国钢架雪车队有史以来的最好战绩。艾米发誓，再也不要坐在场外看奥运会了。“那种感觉太糟了，”艾米说，“错失机会的痛苦在我心里变成了一团火。我下定决心，一定要成功。”

由于英国没有冰道，所以运动员主要是在进行推雪车训练和健身房体能训练。新任起跑教练丹尼·霍尔德克罗夫特（Danny Holdcroft）的任务，就是培养世界钢架雪车界的最强起步者。

霍尔德克罗夫特一来就发现，运动员们的训练有些松散。当然，这种现象在业余队伍中并不少见。大家想来就来，训练时各自为政，自行更改训练计划。霍尔德克罗夫特将训练次数从一周 4 次提高到了一周 16 次。

他跟大家说，是时候像一个团队一样训练了，每天都必须来体育馆，训练也必须更刻苦。有的队员抱怨训练时间太长，他就会说："我们的目标是金牌，要想拿金牌，就得这么干。"

霍尔德克罗夫特的从业经历比较丰富。他年轻时是一名足球运动员，曾效力于普利茅斯足球俱乐部和克鲁亚历山大足球俱乐部。之后，他到俄亥俄州教过足球，在巴斯担任过美国国家网球学院的青年队体能教练。他在那里结识了运动心理学家西蒙·蒂姆森。蒂姆森时任英国钢架雪车队运动表现总监，他邀请霍尔德克罗夫特加入钢架雪车队，可霍尔德克罗夫特连钢架雪车是什么都还不知道。不过，他还是义无反顾地接受了蒂姆森的邀请。

钢架雪车运动员还需要冰上教练。冰上教练主要负责在冬季赛季中陪伴运动员，并教授正确的冰上滑行技巧，到了夏季，每周进行 2 至 3 次赛道补充练习和野外训练。

英国钢架雪车队界从未有过如此尽心尽力的起跑教练，在其他国家的运动队里也没有。霍尔德克罗夫特会花上好几小时观看视频，分析不同的移动方式。事实证明，一开始，运动员需要在弯腰向前奔跑时制造加速度。而且，他还发现，运动员现在的训练方式并不能提升成绩。

"大家都在说，要做抓举和挺举。我问，为什么？"霍尔德克罗夫特说。他将这些项目从训练计划中剔除了，然后引入了与推车起跑动作更类似的训练方式，例如滑板和弓步。他对运动员说，大家不要再直挺挺地往前跑了，因为在比赛里你们根本不是这样跑的。

新的训练方式让霍尔德克罗夫特饱受批评，不过也有运动员是支持的。例如，运动员艾米·威廉斯就乐在其中。她喜欢看着自己变得日益强大，所以每天都会提前 45 分钟到达场地，开始训练。在错过了都灵冬季奥运会后，所有决定都关乎成败。就连在做一些小决定时，她都会问自己："这样做对我争取奥运资格有帮助吗？""吃完这块蛋糕，我能滑得更快吗？"如果答案是否定的，那么她就不去做。"出去闲逛能让我成为一名更好的运动员吗？"答案是不能，所以她每天晚上 10 点之前就上床睡觉了。

"我需要做什么？直接跟我说就好，我一定能好好执行！"艾米对霍尔德克罗夫特说。"她想当奥运冠军，而且也明白要成为冠军就必须要做出牺牲。"霍尔德克罗夫特说。

作为一名教练，霍尔德克罗夫特不会让自己完全受科学驱动。他不会把太多时间花在阅读最新研究上，相反，他会仔细观察实验过程，努力实践大脑中反复思考过的新方法。这就是霍尔德克罗夫特的工作方式。2007 年冬天，他率队来到瑞士圣莫里茨（Sankt Moritz）参加钢架雪车世界锦标赛。他在场外看着大家热身，并对自己所看到的事情感到十分不解。太阳出来了，但外面依旧很冷。运动员们从更衣室里走了出来，摆弄修整雪车，跟教练聊天，简单地做了个热身。他们脱下了外衣，只穿了件 2 毫米厚的莱卡运动服，开始跑步。

"我们的热身并不好，"霍尔德克罗夫特心想，"达不到强度，就等于在冰天雪地里光着身子。大家为什么要这样？这不是很基础的知识吗？"

回到巴斯后，霍尔德克罗夫特向英国体育学院的斯科特·德拉韦尔提出了这个问题。德拉韦尔知道生理学家克里斯蒂安·库克（Christian Cook）可以帮上忙。库克那时候刚从新西兰回到英国，正担任英国体育学院的特别顾问。霍尔德克罗夫特跟库克一碰面就擦出了火花。霍尔德克罗夫特问库克，运动员们在沿着钢架雪车斜坡冲下去之前，把随意溜达当作热身，这有没有问题。“室外温度只有 5℃，您的队员们在比赛开始之前要在外面站上三四分钟，全身只穿一件莱卡运动服，”库克说，“这样做当然有问题了。”库克进一步解释说，热身后的肌肉能够更快地收缩，因此有效的热身运动可以提升运动员在起跑时的爆发力，准确地来说，温度每增加 1℃，输出的能量就会提高 4%。中等强度的热身运动可以在 10 分钟后提供 3℃至 4℃的温度，以帮助身体达到最佳状态。所以，当那帮运动员站到起点处时，他们的体温已经开始下降，肌肉即将再次变冷。

霍尔德克罗夫特让库克将这一观点告知运动员：“您是著名的科学家，这话您来说肯定能产生更大的影响力。”

运动员乘坐大巴来到位于毕萨姆庄园（Bisham Abbey）的英国体育学院，走进了那里的低温场地。库克他们测量了运动员在热身后体温的下降速度。标准的热身方法持续了 20 分钟，包含慢跑、快跑、柔软体操和拉伸等动作。通常情况下，热身开始于赛前 35 分钟。然后，运动员会脱掉外衣，只穿赛服，称量体重，以确保体重不超标，接着，大家进入等候室，等待叫号，最后于比赛开始前 5 分钟到达指定的起点。他们花了好几周时间来测试不同的热身方法，不断调整着热身的时长、强度，以及开始的时间。

结果发现，将热身强度提高 30%，在比赛开始前 15 分钟进行，可以将成绩提高 5%。这种边际增益正是都灵冬季奥运会上第一名与第二名之间的差别。

他们还讨论了运动员离开更衣室，以及赛前站在起跑器上的最佳方法。

“离比赛开始还有 6 分钟，你们就开始往外走。你们为什么要去那么早呢？”霍尔德克罗夫特问。

“我们想知道雪车长什么样。”大家回答。

“不需要，教练会告诉你们的。如果大家想知道什么事情，问教练就好了。”霍尔德克罗夫特规定，在比赛开始前两分钟，大家才能走出去，“而且出去的时候一定要穿衣服。”

“但是脱衣服需要花很长时间。”

“并不是，只是你这么觉得罢了。你现在立刻脱下衣服，我来计时。”霍尔德克罗夫特说。

结果，脱衣服只用了 20 秒。

“真的吗？”运动员们很惊讶。

“没有你们想象的那么慢。”

“他们根本就没有想过这个事情，”霍尔德克罗夫特解释说，“我们把热身方案细化为一系列可执行程序：室内热身、精准控时、结束。最佳状态唾手可得。”

德拉韦尔、库克和霍尔德克罗夫特还对加热垫做了测试，以便运动员在候场时加热腿部。霍尔德克罗夫特自愿当起了实验小白鼠。他们尝试了能够提供 90℃的高温加热垫。霍尔德克罗夫特将加热垫放在大腿上，打开开关，然而什么感觉都没有。“加热垫根本就没用。”他说。然后，他们接着加热。结果，霍尔德克罗夫特的裤子被烧出了两个方形的洞。他们改换思路，选用了可以保存身体热量的防水夹克。这种夹克的袖子上有塑料套管，看上去很臃肿，颜色也显得很俗气。运动员们都不想穿。“你想穿吗？”霍尔德克罗夫特问艾米·威廉斯，“你可要想好了，穿上可能会显得特别傻。”艾米的回答不言而喻：如果能提升速度，当然乐意。

2006 年，德拉韦尔给南安普顿大学的合作伙伴发了封邮件，问他们是否能够找一个博士生，来为英国钢架雪车队提供技术支持。他们推荐了工程师蕾切尔·布莱克本（Rachel Blackburn）。

布莱克本以前是一名竞技帆船运动员，后来主要研究船舶科学。她带着奥林匹克帆船项目技术总监的推荐来到了钢架雪车队。她对钢架雪车一无所知，只是在面试前夜马马虎虎地做了点背景调查之类的功课。

“请问您对钢架雪车有何了解？”面试官问。

“运动员驾着雪车从赛道上滑下去。”她回答。

“运动员怎么滑？”

“脚朝前？”

“回答错误，脚朝前的是无舵雪橇，”德拉韦尔说道，“雪车有多重？”

“5 千克左右？”

“答案是超过 30 千克。”

布莱克本觉得自己搞砸了，但后来还是接到了入选通知。与她一同入选的还有詹姆斯·罗奇（James Roche）。罗奇也曾是一名竞技帆船运动员，同样在南安普顿大学修习船舶科学专业。钢架雪车运动将成为这两位博士生的研究课题的一部分。两人的薪水基本上就是奖学金，就像布莱克本所说的那样：“他们就是想找点廉价劳动力。”

研究课题包括设计新型雪车，以供 2014 年索契冬季奥运会所用。他们将任务一分为二，布莱克本负责设计雪车，罗奇负责空气动力学测试，从头盔到滑行服。他们将这个项目命名为“布莱克罗”，就是两人姓氏所组成的新单词。

2007 年，布莱克本和罗奇第一次跟随英国钢架雪车队出征，共赴瑞士圣莫里茨参加世界钢架雪车锦标赛。“我还带了帆船专用鞋，以为能有机会玩，”布莱克本回忆说，“我度过的最幸福的三天就是在瑞士的山上滑冰。”

在圣莫里茨，布莱克本了解了准备雪车、看管雪车和检查雪车的方法。她还带了相机，打算拍一些雪车移动的照片。“雪车的速度实在是太快了，我拍的照片都是空空的赛道。”布莱克本回忆说。在赛事即将结束时，她遇到了运动表现总监安迪·施密德（Andi Schmid）和冰上教练米奇·格伦伯格（Mickey Grünberger）。这两个人也是队里的新成员，他们不停地问布莱克本对新雪车有什么意见，有了新雪车他们能取得什么样的成绩。

在冬季赛季中，布莱克本跟队伍在一起的时间变得更多了，她开始监督雪车维护工作。通常来说，钢架雪车是一个长 1.2 米的铁质托盘。运动员趴在雪车上，脸朝下，头朝前，卡在雪车鞍上，鞍上布满胶布。雪车两侧有一对向外凸起的缓冲器，用以防止雪车与滑道内侧发生碰撞。雪车下部有两排长长的不锈钢刀，这是雪车身上唯一接触冰面的部位。车身稍稍弯曲，以减少触冰面积，提升速度。最锋利的部分会没入冰层中，以提供抓地力。在滑行过程中，雪车会出现强烈的震动。

布莱克本的工作是检查雪车组件，以及被修补部分是否完好无损。此外，她还需要检查雪车的弯曲弧度是否符合教练所给出的参数，以及车鞍是否安装正确，以确保雪车能够平稳滑行。根据不同运动员的不同体重，她会对雪车进行相应的调整，有时候钻孔，有时候向前或向后挪动车鞍并重新装好，以保证雪车能平稳滑行。“冬季赛季过后，运动员的雪车可能会发生一些变化，”布莱克本说，“这都是霍尔德克罗夫特的错。”回到南安普顿，布莱克本给自己定下了任务，研究如何让雪车又快又稳。她着手分析了四种不同的雪车，包括英国钢架雪车队所使用的雪车。她在上面安装了各种传感器，例如应变计和加速计等。“我之前从来没连接过电线，这对我来说是个挑战。”她回忆说。

要想借用其他国家的滑道做实验，布莱克本得事先获得批准。德国有 3 条滑道，而他们在圣诞节假期享受了一次奢华的体验：让 20 名运动员测试了不同的雪车。在奥地利的秋天，赛季还没有开始，布莱克本每天会在滑道上待好几个小时。那会儿的冰面不仅不够厚，而且凹凸不平。不过，即便是这样，她也心满意足了。“一般来说，场地会配备 25 个赛道清洁工来刮擦冰面，以保持赛道光滑，”布莱克本说，“但我们只有 4 个清洁工，拿刷子刷赛道。”安迪·施密德和米奇·格伦伯格自愿充当了布莱克本的小白鼠。这两位奥地利人都曾是世界冠军，从十几岁就在一起参加这项运动。他们还自己设计过雪车，而且很有见解。当然，他们的见解大部分都基于本能，缺乏对技术的洞察力。布莱克本做的是定量研究，而非武断行事。

于是，她要求两名教练每天尽可能多地进行练习，以测试不同雪车的不同参数，例如本身弧度和车鞍重量。为了获得某种形式的系统的反馈，布莱克本要求大家在测试完之后填写表格，但教练们怨声载道，说滑行都累死了，哪还有力气填问卷。于是，她给大家提供了录音机，以便大家在测试结束后把想法直接录下来。“他们的英语马马虎虎，”布莱克本说，“反复说着，‘我真是完全脱光了’。我问他们为什么这么说，原来他们是想说‘虚脱了’。我很不好意思地跟他们说，这两个发音在英语里的意思是完全不同的。”

布莱克本为运动员们也设计了一份问卷，包含了好几百个问题，涉及雪车的方方面面，从操控性到车鞍把手上所用的胶带类型，等等。从运动员的反馈来看，布莱克本发现艾米·威廉斯是唯一一个不爱仔细研究雪车的运动员。“有的运动员是控制狂，而她却刚好相反，什么都不想知道，”布莱克本说，“她就想有人把一辆雪车放到她面前，然后说这辆车速度最快。”

2008 年 3 月，施密德对布莱克本说，由于设备要更新，所以计划也改变了。英国钢架雪车队想利用新雪车在 2010 年冬季奥运会中取得好成绩，于是计划与一家商业雪车供应商签订合同。作为弥补，布莱克本被允许留在队里继续完成课题研究，然而，她却对大家说，没有必要与外部机构签订雪车购置合同，她能在温哥华冬季奥运会开始之前搞定新雪车。她把自己关在与英国体育局有合作的国防科技企业英国航空航天系统公司（BAE）里，将运动员的反馈与有关雪车的各种数据结合在一起，仅用了6个月就完成了新雪车的设计，并向迈凯伦车队的工程师卡洛琳·哈格罗夫做了长达两小时的汇报。

英国体育学院的斯科特·德拉韦尔委托哈格罗夫在迈凯伦集团总部的技术中心对新雪车进行评估。“我当时太紧张了，根本不知道哈格罗夫做出了什么样的反应。”布莱克本说。最后，项目通过了。4周后，3辆样车成功问世。

随后，样车被发往奥地利的伊格斯赛道（Igls ice track）进行试车。两名奥地利教练都对新雪车的速度做了预测，甚至精确到了0.01秒。施密德对新雪车的性能十分乐观，而格伦伯格则持怀疑态度。一个从来没有驾驶过钢架雪车的学生能设计出性能优良的新雪车吗？

“我当时被吓坏了，”布莱克本说，“我不希望自己的计算是错的。我不想有人乘着我设计的新雪车在滑道上被撞死。我唯一希望的就是大家在到达终点时毫发无损。”两位奥地利人轮番登场，最后施密德赢了。作为惩罚，格伦伯格得洗两分钟的冰浴。

新雪车有两种尺寸：小一些的是为女性运动员设计的，稍大一点的是为男性运动员设计的。雪车配有经过精心设计的车鞍，能够适应不同运动员的不同需求；还嵌入了模块化设计，以便运动员通过增减配件来定制专属雪车；底盘是通用的，可以适应不同形状的赛道，以及滑行风格。

在理论上，雪车越硬，速度就越快，但是这一点却对艾米·威廉斯不适用。她偏爱可随意操控的雪车。所有的雪车比赛都有重量限制，并会规定雪车和运动员的总重量。对女运动员来说，体重上限是 92 千克，雪车重量最多为 29 千克。通常来说，艾米都得截掉雪车的一部分车身，再蒸 40 分钟桑拿，然后才能达标。新雪车既拥有可完美适配的车鞍，又能方便快捷地减轻车身重量，对她来说，这确实是个好消息。

艾米总爱给自己的雪车起名字。之前的那辆名叫平板斯坦利，现在的新雪车则叫亚瑟。“我得好好照顾亚瑟，”她想，“希望他能对得住我。”

2010 年初，布莱克本已为英国钢架雪车队大部分运动员定制好了新款雪车，除了两个人：谢利·鲁德曼及其未婚夫克里斯坦·布罗姆利（Kristan Bromley）。鲁德曼和布罗姆利的训练是独立于英国其他队员的。布罗姆利绰号冰雪博士，拥有钢架雪车动力学博士学位，他通过布罗姆利科技公司定制了雪车。这家公司是他与哥哥理查德·布罗姆利（Richard Bromley）共同创建的，此前一直为英国钢架雪车队定制雪车，但是布罗姆利一般不会将公司最新的雪车拿出来与队友分享，而只提供给自己和鲁德曼使用。

鲁德曼和艾米的关系一度非常亲密，但在 2005 年后就彼此疏远了。

只有一个人能参加冬季奥运会，这一事实已越来越明晰。“每次滑行，大家心里想的都是战胜对方，而不是其他国家的运动员，”艾米说，“即使只拿到第 10 也没关系，只要对方是第 11 名就好了。这种想法给队伍造了很多不利的影响。”那时，她们已经很少交流了。

艾米隐约感到，滑道教练对她和鲁德曼的态度是不同的，因为教练认为鲁德曼才是冲击金牌的最佳人选。据艾米说，从来没人征求过她的意见，这让她觉得自己很没有存在感。

在冬季赛季中，远离家乡和朋友让艾米十分压抑。在训练中，她可以击败所有对手，还能经常打破纪录。当时，她是世界上推车起跑速度最快的运动员。但是在滑行中，她却总是手忙脚乱。冰上教练格伦伯格称她为演练冠军。她从来没有在正式比赛中赢过一次。

“在正式比赛中，她的压力指数奇高，”库克说，“艾米常常会表现得过于亢奋，而亢奋会在 4 轮比赛中消耗她太多的体力。”有很多次，艾米想到了放弃，直接跑去跟负责人说自己完蛋了，根本就不适合钢架雪车运动。艾米天生爱热闹，喜欢在比赛中结识国际友人，以及享受并肩作战的友情。她喜欢开玩笑，喜欢消遣。然而在比赛期间，她只能跟队友互动，所以她总感觉压抑。

“教练总是说我爱跟人聊天，不专心比赛，”艾米说，“大家特别严肃，周围一片死寂，相互之间没有任何交流。我不喜欢这样的环境。”艾米当时的男朋友是捷克的一名雪橇运动员。“就连跟男友在酒店大堂内喝一杯热巧克力的权利都没有。我只能偷偷溜出去，和他在汽车公园里待半个小时，仅此而已。”艾米说。

艾米当时唯一的精神支柱就是好朋友布莱克本。“想象一下这样的环境：身边只有两个说着蹩脚英语的奥地利教练和两个不爱搭理人的运动员，而且在方圆数千米之内，除了树，别无他物，”布莱克本说，“我能在那儿，艾米真的特别开心。”

艾米不得不向心理医生求助。最终她发现，自己之所以无法在比赛中取得佳绩，只是因为心情不好。她需要愉悦的环境。“我向来不是一个勇敢的人，就算觉得自己遭受了不公也不敢说出口，总把真实感受埋在心底。但是现在，我必须坚强起来了，为了我的梦想。”她说。

惠斯勒赛道（Whistler track）是公认的世界上滑速最快的赛道，一个180度的掉头弯道过后紧接着就是终点。参赛运动员所承受的加速度约为重力加速度的5倍。艾米对这种情况表现出了非同寻常的热情，而且成绩也十分不错。2008—2009赛季的钢架雪车世界杯就是在惠斯勒举办的，艾米喜获银牌。这是她第一次在国际赛事上夺得奖牌。“我觉得我从那次世界杯的比赛中学到了一点：坚持住，我能适应这条赛道，我们就是为彼此而生的。”她说。离奥运会只剩两周时间了，艾米在美国莱克普雷斯顿（Lake Preston）的奥运集训营中备战。准备活动一切顺利。突然，有人给她的雪车换了一对滚轮。滚轮是由英国伦敦大学学院的一组研究人员在布莱克本的监督下研制而成。在理论上，滚轮能够大幅提升钢架雪车的速度。在试用新装备的过程中，艾米遭遇了好几次碰撞，雪车也被撞坏了，身体还受了伤。事实上，她已经好多年没有遭遇过碰撞事故了。

“我简直要吓死了。”艾米说。她适应不了滚轮，而且认为时间太紧迫，不足以适应新装备。据艾米说，有多方给她施压，要求她在奥运会上使用滚轮，因为研发滚轮消耗了巨大的人力与物力。然而，艾米据理力争，坚决不同意。对她来说，人车合一的默契感才是最重要的。“这就和开车一样，自然而然地上车，座椅和后视镜的位置不偏不倚，然后顺利到家，甚至都不知道这个过程是如何发生的，”她说，“我必须要有那种感觉——自己和雪车是一体的。”

2 月 12 日，冬季奥运会开幕当天，艾米的信心突遭打击，因为她得知格鲁吉亚的无舵雪橇运动员诺达尔·库玛利塔什维利（Nodar Kumaritashvili）在滑道上发生碰撞事故丧生。在一次赛前训练中，他突然失控，从赛道底部的角落里被甩出，然后又撞上了赛道旁的金属柱子。医护人员用直升机将他送到了医院，但他仍因伤势过重而不治身亡。

最初，事故原因并不清楚，不知是库玛利塔什维利的雪橇有问题，还是赛道本身存在安全隐患。因此，为了防患于未然。组委会为每位运动员提供了一次额外的练习机会，时间定在早上 5 点。这样一来，运动员就能更好地熟悉赛道了。然而，只有艾米和另外一名意大利运动员出现了。“我只是想找点安慰，好让自己别太紧张，”艾米说，“我就是想试一下滑道，确认自己不会死在比赛中。”

在试滑结束后，赛道教练陪同艾米沿着赛道边走了一圈，以帮助她看清并熟悉赛道的各个转角。“这让我跟赛道建立了友谊，”艾米说，“在这短短的时间里，我从他身上学到的比接下来的一整天还要多。”这位陪她熟悉赛道的教练正是当初把她一个人扔在赛道上的教练。在巡视结束后，赛道教练送给了艾米一条精美的铜制奥林匹克五环项链。他说项链由佛教高僧开过光，可以带来好运。

当天晚些时候，艾米在穿袜子时突然感觉自己脊柱椎间盘中的一节发出异响。她顿时觉得疼痛难忍，而且无法弯腰。于是，她让理疗师尽可能给她多开些止痛片。

比赛当天，艾米仍旧像往常一样进行着日常训练。比赛前 3 小时，她去了体育馆做腿部推举。这是生理学家克里斯蒂安·库克特意为她安排的腿部训练，可以增强肌肉能力。然后，她准备好了雪车。

比赛前几分钟，艾米开始热身。所有时间都经过精确的计算。在毕萨姆庄园低温场地内所进行的测试让她明白，脱掉外套 20 秒后，体温就会开始下降，因此，她需要在 20 秒内冲下斜坡。她在鞋和裤子上缝了魔术贴，这样能加快脱衣服的速度。她在广播里面听到了自己的名字，于是穿着亮粉色的防水夹克往外走去。她觉得燥热难耐，汗顺着后背往下流，这表明她的体温正处于最佳状态。

起跑教练霍尔德克罗夫特站在赛道上方的架子上，身旁还有另外一位教练。他们正看着大家热身。广播里播放的是黑眼豆豆组合（Black Eyed Peas）演唱的《我有直觉》（*I Gotta Feeling*）。“我们面面相觑，感觉会有事发生。”霍尔德克罗夫特说。

在第一轮比赛中，出发顺序以世界排名为准，因此艾米排在第 5 个。她沿着赛道径直往前冲，然后趴到了雪车上。艾米总是会以最快的速度将身体调整到最佳姿态。这是她在南安普顿的风洞中度过了无数个小时后所总结出的经验。她当时在风洞中测试着不同的头盔和紧身衣，过程痛苦不堪，戴着头盔都难免会疼哭，风洞内的温度特别低，导致她几天一直处于生病的状态。她讨厌风洞，但她在风洞中学会了如何将身体调整到最符合空气动力学的姿态：收紧肩膀，但也不能过度；尽可能让头贴近滑道；肘部锁紧；双手放平，抓住车鞍上的把手。艾米的身体状态非常完美，除了偶尔会控制下方向外，她的双脚也时刻保持着并拢状态。

艾米下定决心要在比赛中心无旁骛，不去管其他运动员发挥如何。她决定不看电视转播，也不看用时排名表。如果有什么需要调整的，教练会告诉她。“我甚至想用手指堵住耳朵，”艾米说，“知道别人的成绩并不能提升我的速度。”

按照规则，在第二轮比赛中，排名最后的运动员最先出发，而艾米是最后出发的。在第一天的比赛中，艾米任性地忽略了一件事：自己比排名第二的德国运动员克斯廷·希姆科维亚克（Kerstin Szymkowiak）快了 0.3 秒。美国队、加拿大队和德国队的运动员提出了联名抗议，他们认为艾米的头盔只在后脑部位有很小的起伏。在理论上，如果头部所处位置合理，工程师詹姆斯·罗奇所设计的头盔能让艾米比其他运动员快 0.01%。国际有舵雪橇和无舵雪橇联合会驳回了这一抗议。

在第四轮和最后一轮比赛中，成绩最好的运动员仍是最后一个出场。艾米独自一人待在更衣室里，对其他运动员的行为一无所知，只等着广播喊出自己的名字。

她又是最后一个被叫到的。她走到起跑位置。接下来的一切发生得太快了，她什么都没记住。她知道自己出现了失误，她碰到了赛道底部。她看见安迪·施密德朝她走来。她问他，我这是在哪儿。

施密德告诉她，她夺冠了。一时之间，艾米呆住了，根本不知道该做何回应。她两次打破了赛道记录，比第二名快出半秒多。她觉得脑子里一片空白，甚至连头盔都忘了摘。“真希望我当时没那么窘迫，”艾米回忆说，“我唯一的感觉就是好害羞啊！”

与此同时，工程师蕾切尔·布莱克本则被喊进了仲裁室，大家要求对威廉姆斯的雪车进行全面检查。成绩排名前六位的运动员的雪车都需要在队伍成员的见证下接受检查。仲裁委员会要求布莱克本拆解雪车。他们以为艾米是因为对雪车进行了特殊设计才获得了金牌，结果事实却令众人目瞪口呆。艾米有没有违反比赛规则？艾米有没有弄错尺寸？检查艾米的雪车是布莱克本经历过的最难熬的事情。她的手抖得很厉害，这让拆卸雪车螺栓变得很吃力。“没关系，蕾切尔，”一名委员跟她说，“我可以帮你检查这架雪车。”令布莱克本备受煎熬的检查持续了30分钟，仲裁委员们将每个零件都仔仔细细地检查了一遍。令她欣慰的是，他们没有发现任何违规行为。

艾米记得，自己很想在赛后拥抱一下教练和父母，却哪里都找不到他们。后来，她被带到了媒体采访区，接着又接受了兴奋剂检查。“我被拖着到处走，”艾米回忆道，“接着，我还得跟英国钢架雪车队、英国奥林匹克协会里的一切不相关的高层人士吃饭。我想跟队友坐在一起，却被拒绝了。”

艾米觉得心力交瘁，根本不知道要吃什么，甚至连菜单都看不懂了，整个人就像是撞了墙似的。她独自一人来到洗手间，关上门，放声大哭。她最先感受到的是释放，随后涌上来的才是带着金牌回家的自豪感，以及创造历史的成就感。她永远不会忘记自己曾有多么失落，曾为何屡战屡败，为何一直是演练冠军。“姑娘，你终于成功了，”她对自己说，“别急，你终于赢了一次。”

12

赢家效应

当两只动物摆好姿势准备战斗时，它们体内的睾酮水平一定会上升。睾酮是一种天然的合成代谢类固醇激素。在本质上，激素水平上升是动物准备战斗时的一种自我麻醉机制。雄性动物的睾酮是由睾丸分泌的，而雌性动物的睾酮则是由卵巢分泌的。睾酮在进入血液循环系统后，可以提升血液的携氧能力，从而使身体的反应速度变快，力量变强。此外，睾酮还会影响中枢神经系统，提升动物的勇气与冒险能力。

应激反应不仅会出现在面对挑战之时。在战斗结束后，获胜方血液循环中的睾酮水平会持续上升，甚至会是正常水平的 10 倍，而战败方的睾酮水平则会下降，锐减为正常水平的 1/10。这种麻醉机制的效应有时会持续数月，这也提升了获胜方下次战斗的胜率。自然法则偏爱胜者，胜者百举百捷，败者万劫不复。生物学家将这种现象称为赢家效应。

赢家效应在很多物种中都有体现，从昆虫到爬行动物，从热带鱼到猕猴。它并不仅存在于野生动物身上，在人类身上也可以被观察到，尤其是在人类进行竞技体育时，例如击剑、网球，以及国际象棋比赛等。一位柔道运动员如果在第一回合的较量中取胜，那么在剩余回合中取胜的概率就会增加。这也是为什么主场优势和好运气等因素会导致统计异常。赢家效应也会让获胜队伍的队员及粉丝的睾酮水平激增。

据生理学家克里斯蒂安·库克回忆，人们普遍认为睾酮这种激素的主要功能是促进肌肉生长。“直到现在，一提到睾酮，人们脑海中可能还会出现这样的画面：肌肉发达的健身狂人拼命地向体内注射睾酮，剂量高达生理所需的正常水平的 100 倍，”库克说，“这种偏见影响了人们的思维，导致大家认为睾酮只能促进肌肉生长。”

然而，赢家效应的发现改变了上述观点。虽然类固醇激素能对肌肉生长产生催化作用，但人们也越来越清楚，在正常的生理范围内，睾酮的主要功能其实是对行为产生影响。库克发现，睾酮并不是在无偿地为机体提供额外物质，而是在让人们更充分地表现自己。

“睾酮水平高的人之所以可以跳得很高、举起重物，并不是因为其肌肉能力增强了，而是因为激素水平上升使他们的身体能够更加自由地释放肌肉原本就具备的能力，”库克解释道，“睾酮可以提升人的信心和动力，促使人加倍努力、勤奋操练，从而间接地影响肌肉的生长。”在他看来，这就是运动员会对类固醇激素上瘾的原因：因为人造激素可以提升他们的自信。因此，库克告诉运动员和教练，睾酮本质上不是一种生成肌肉的分子，而是一种刺激大脑的分子。他还十分热衷于跟大家强调，睾酮有一套十分复杂的工作机理，可以引导运动员应对训练压力。在研究结果的基础上，库克的实验对象从实验室中的小白鼠变成了世界顶尖的橄榄球队。

在 20 世纪 80 年代末期，库克还是奥克兰大学的一名生理学学生。当时的他被神经学家罗伯特·萨波尔斯基（Robert Sapolsky）的观点所吸引。萨波尔斯基花了近 30 年的时间研究了肯尼亚狒狒的群体社会行为。在狒狒种群中存在着严格的等级制度，雄性狒狒的地位基于残酷的一对一决斗。落败者不仅要俯首称臣，其地位也会跌至谷底。萨波尔斯基还注意到，落败者患病的概率与精神异常的概率都会有所增加。

通常来说，人们认为应激反应是生理心理学家汉斯·谢耶发现的，而萨波尔斯基则是将压力荷尔蒙与社会环境联系起来的第一人。“谢耶远见卓识，萨波尔斯基则善于探索，”库克说，“萨波尔斯基将科学研究与现实生活联系在了一起。”1989 年，库克去听了萨波尔斯基的讲座。在离开教室的时候，他深受启发。库克心想：“这就是我梦寐以求的研究方向。因为人类从诞生之日起就面临着‘我是谁’的问题。长远来看，这项研究可以解释很多有关人类本质的核心问题。”

那时，内分泌学家已勾勒出了调节谢耶所提出的一般适应综合征的复杂的激素网络。用最简单的话来说，人在感到紧张的时候，大脑会开始释放皮质醇，而皮质醇能让机体进入高度戒备的状态，并将营养物质调动到血液循环中，迅速提升血糖含量，为肌肉爆发提供能量。皮质醇还能关掉机体内所有不必要的机能，例如消化系统和生殖系统的一些机能。皮质醇更是一种天然的消炎药。“如果运动员在橄榄球比赛中遭到较重的撞击，那么在接下来的 24 小时内，其皮质醇水平都会保持在一个较高的水平。”库克说。皮质醇水平的迅速提升是面对挑战时的一种本能的求生反应。

然而，应激反应只是用来应对短时压力的。如果压力迟迟未能消解就会出现问题，皮质醇会积累在体内。20 世纪 70 年代，神经系统科学家发现，小白鼠在反复遭受电击等不可控应激源的刺激后，在一段时间内，即使鼠笼大敞，也不敢出去。生物学家将上述状态称为习得性无助。上述案例可以清晰地表明，皮质醇能够从根本上改变大脑，进而改变行为：人们如果自暴自弃，任由命运摆布，那么即使眼前有一条康庄大道，也会因厌恶风险而无动于衷，以致错失良机。

“压力存在一周并不会对身体造成太大伤害，”库克说，“但如果整月都无法消除，人就有可能会开始失眠、消瘦。如果持续 15 年，就有可能患上心脏病、II 型糖尿病、肥胖症等，甚至出现痴呆症状。”

库克在奥克兰大学研习了儿科，探索压力对胎儿的影响。库克的研究方法和萨波尔斯基类似，切入点都是动物在原生环境中的行为。他研究了人类干预对北极熊行为的影响，主攻方向是人类在研究动物行为过程中的职业道德。他在利用小白鼠做实验时，会给小白鼠营造丰富的环境：轮子、迷宫、梯子、跷跷板和美食。他继而发现，这些小家伙跟成年人类一样，在抗压能力与社交能力方面都有所提升。“有人会说，鼠类在野外本来就是这样的，”库克说，“大部分被驯化的动物的栖息环境都比较单一。”库克总是认为，作为实验室的主人，自己有义务为实验对象营造更加美好的生活环境。

1997 年，库克以“压力为何令重症病人更容易罹患败血症”为主题做了报告。紧接着，新西兰帆船队的教练就找到了他。1995 年，新西兰帆船队赢得了世界上最久负盛名的帆船比赛——美洲杯的冠军。帆船队教练问库克，是否有兴趣研究帆船运动员在训练中的应激反应。

“航海这件事听上去很浪漫，但对运动员来说，在晴天出海就意味着长达 8 小时的日常训练，艰苦异常。”库克说。与新西兰帆船队的合作还为库克带来了与新西兰全黑队合作的机会，当时执掌全黑队的是一代传奇教练韦恩·史密斯（Wayne Smith）。

身体在面对压力与危险时所产生的原始的激素反应，在橄榄球运动中司空见惯。“在橄榄球比赛中，争球时两队各派出 8 名前锋，队员们需要有高度的默契，”库克说，“争球所需要的配合，在人类历史中早有体现。早在狩猎采集时期，远古人类就已开始相互依靠，协作生存。”

库克认为压力并不是一种致病源，而是一种提升人类表现的动力源。当然，此前也有人做过类似的研究，将压力与生理改变联系在一起。然而，库克的研究更深入，他将压力与球场上的行为联系在了一起。

研究的理论来源兼具深度与挑战性：人们认为，很多决定是经过深思熟虑的，其实不然。身体所发出的信号会对大脑的决策产生巨大影响。这是库克在与史密斯教练及全黑队共事时所发现的现象。史密斯发现，自己说话的内容与方式会对球员产生影响，他对个中缘由十分好奇。

橄榄球比赛倚重团队配合，因此层级结构十分清晰。然而教练竟能对球员的自我认知产生如此深远的影响，这令库克非常惊讶。对此，库克很认同萨博尔斯基的基本观点：社会环境会对人类的生理机能产生深远的影响。

我们要认识到，不受激素波动，以及身体其他部位所发出信号影响的纯粹理智是不存在的。“生理学家”通常不会研究大脑，而神经系统学家则不会研究身体的其他部位，神经生理学和压力学的研究先驱布鲁斯·麦克尤恩（Bruce McEwen）说：“我们必须认清，激素并不只是受大脑控制，还会对大脑产生影响。这种影响会涉及多种行为。”

表现及其相关的概念——适应、压力和恢复，不只是纯粹的生理现象，还是大脑活动过程。“我们在橄榄球运动中发现，运动员体能的恢复并不一定意味着对比赛充满信心，”库克说，“状态的恢复不单指具备执行任务的体力，还意味着心理上已准备好去执行任务。大脑的能量和肌肉的力量密不可分，分开研究很可能收效甚微。”

最佳状态，也就是库克所说的最佳备战状态，有赖于激素的平衡和体能的恢复。制订训练计划是为了让运动员间歇性地感受到压力。任何形式的机体锻炼都伴随着皮质醇的释放。一旦应激反应关闭，身体就会改用睾酮来应对压力，并重新储备能量。这样，身体就能通过有节奏的训练来适应应激机制，一段时间的训练之后，是一段时间的恢复和调整。这种逐渐适应的过程提升了个体应对压力的能力。

出色的运动员总能很好地应对压力，他们的应激反应能力一开始会很强烈，但很快就会消退。睾酮和皮质醇并不会发生冲突，高浓度的皮质醇需要高浓度的睾酮。通过研究睾酮与皮质醇的比值，库克发现了一项衡量生化反应的指标。用睾酮值除以皮质醇值，得到的比值越大说明恢复状态越好，比值小则代表训练过度。库克还发现，通过监测睾酮变化和皮质醇变化，可以准确地判断出运动员的备战状态。

2005 年，库克首次到英国做报告。随后，有人建议库克一定要与英国体育局研究与创新项目负责人斯科特·德拉韦尔见个面。

两人一见面就擦出了火花。德拉韦尔很欣赏库克所做研究的开创性，因此力邀新西兰队前往英国访问，并请库克接受英国体育局的资助继续进行研究。当时，伦敦刚被选为2012年奥运会的主办国，对于库克来说，能有机会与主场备战的奥运会参赛运动员共事是一次绝佳的研究机会。“斯科特跟我说，他需要引入一些创新精神和创新思维，以便分析体育现象，”库克说，“斯科特最大的优点就是能够大胆地给予研究人员充分的自由，而自己则走出机构的大门，为项目的实施筹集资金。”

库克接受了德拉韦尔的邀请，并于2006年来到了巴斯，在巴斯大学体育运动科学系继续开展研究。德拉韦尔将库克介绍给了英国钢架雪车队的教练丹尼·霍尔德克罗夫特，以及国内的其他运动队，包括2005年世界自行车冠军维多利亚·彭德尔顿（Victoria Pendleton）所在的英国自行车队。这些运动队都成了库克的研究伙伴。库克还与巴斯橄榄球队的运动表现教练克里斯·贾维格里奥（Chris Gaviglio）进行了合作。实际上，巴斯橄榄球队成了库克的实验据点，帮助他进一步践行在全黑队时所做的研究。库克跟备战奥运会的运动员也有合作，不过这些运动员大都不会全年比赛，成绩表现周期长达4年。橄榄球运动与奥运会项目形成了鲜明的对比，库克的30名实验对象总在周而复始地参加比赛。因此，橄榄球运动为库克研究运动员比赛意愿提供了天然的理想条件。“橄榄球是一项肢体碰撞剧烈的对抗性运动，”库克说，“相信我，运动员必须做好心理准备才能参加橄榄球比赛。当一群重达120千克的大汉飞扑过来，试问谁不想做好心理建设。”

大部分体育运动科学家在帮助运动员备战时都会从宏观角度去制订全年各阶段的规划，有的规划甚至会横跨4年，直指奥运会。随着比赛日益临近，科学家们会密切关注运动员的日常举动。在研究巴斯橄榄球队时，库克和贾维格里奥决定进行反向攻关，也就是从比赛当天开始做逆向研究。

在第一次研究中，库克招募了 22 名男性职业橄榄球运动员，并提取了其赛前 40 分钟和赛后 15 分钟的唾液样本，以测量其中的皮质醇水平与睾酮水平。在研究期间，运动员们总共打了 6 场比赛，3 胜 3 负。随后，库克关联分析了激素数据和比赛结果，并对运动员表现做出了从 1 至 6 的评分及排名。1 代表最差：由于技术失误、判断错误和执行偏差等导致丢分。6 代表最好：压倒性胜利，通常表现为对手质量（好）和得分表现，包括导致对手最后几分钟不幸失利的过程及得分，以及得分之外的突出表现。

库克在分析赛前睾酮浓度和运动员表现时发现，激素水平影响着运动员的比赛水平。这个发现令他大吃一惊。“早上起床后的激素水平对比赛无甚影响。”库克说。这表明，在比赛前，运动员的睾酮水平有所上升，而睾酮水平又影响了运动员的竞技能力。

在第二次研究中，库克测量了运动员在一周过半，面对训练时的激素水平，一周过半指的是周六常规赛的 3 天后，也就是下场比赛的 4 天前。库克再次发现，运动员们在赢得周六比赛之前，睾酮水已在训练中呈大幅上升之势。然而，如果睾酮水平无甚变化，那么输掉下场比赛的概率就会大大增加。“在打完上一场比赛的第三天，我们已经完全可以预测出下周六的表现。”库克说。

研究表明，监测运动员训练时的睾酮水平，是判断其备战状态的有效方法之一，睾酮水平飙升表明运动员达到了最佳状态。通过系统记录运动员的睾酮水平及其变化，库克绘制出了两场比赛之间的神经生理恢复曲线，以填补比赛间隙的空白。“比赛刚结束不久，运动员正处于恢复期，想的都是上一场的输赢和表现，”库克说，“周一，运动员还沉浸在上一场比赛中，睾酮水平还来不及做出变化。转折点通常在一周过半之时。运动员状态若已恢复，那理应开始对压力产生反应。如果周三还未能达到这种状态，那么周六想要赢球就很难了。”

因此，需要库克解决的问题就变成了：在运动员比赛结束后的最初几天，应当采取何种措施来控制他们的激素水平，以帮助运动员恢复到最佳状态？周一，教练通常会进行赛后总结。库克发现，教练对运动员特别苛刻，一直在反复强调哪里表现得不好，却从不提及运动员的辛苦付出。

库克建议教练换种沟通方式。他为教练提供了一些可用的标准术语，例如，“你们表现得实在太差了，为什么没有点长进”，或者，“太棒了，就该这样，你们表现得非常出色”。半数运动员获得了积极的反馈，教练正面强调了他们哪里做得好，而剩下的运动员则会被教练批评。

通过对比发现，收获积极反馈的运动员的睾酮水平比收获消极反馈的运动员的高出了30%。这一状态会持续数天，直到下场比赛开始。在下场比赛中，受到表扬的运动员会比受到批评的运动员表现得好。

“比赛在即，运动员的身体已达到最佳备战状态，”斯科特·德拉韦尔说，“教练与运动员之间的互动会实现或打破这种最佳平衡状态。对此，心理学家心知肚明。但我们的目标是对这一现象进行精确的测量和深刻的理解。从教练的角度来看，采用何种方式激励运动员，如何组织赛前和赛后会议至关重要。”

库克专门为周日这一天设计了一种不同的干预方法。周日的时候，比赛刚过，运动员通常会一起出去娱乐消遣一番。库克精心剪辑了赛后分析视频，以剖析大家在前一天比赛中的可取之处与失误之处，时长约为 1 小时。他将运动员分成了 4 组。第 1 组运动员跟陌生人一起观看视频，陌生人数量超过运动员数量；第 2 组运动员也跟陌生人一起观看视频，但陌生人数量少于运动员数量；第 3 组运动员跟朋友一起观看视频，朋友数量超过运动员数量；第 4 组运动员也跟朋友一起观看视频，但朋友数量少于运动员数量。3 天后对这 4 组运动员进行评估，结果所有运动员的睾酮水平都有所上升。令人吃惊的是，与一大帮朋友一起观看视频的运动员在 6 天后的比赛前夕，表现了最高的睾酮水平增幅。虽然库克一开始认为，多人陪伴会对运动员的主导地位造成危险，但后来他想出了合理的解释。在橄榄球运动中，占主导地位的男性成员可能会被视为支持和力挺的象征。

库克还进行了一个类似的研究。他向运动员展示了多个不同的视频，单个视频时长仅为 4 分钟。视频内容十分丰富，有的是美国电视剧《生活大爆炸》中的讨论，有的是非洲儿童在忍饥挨饿，有的是异国舞蹈，有的是运动员布洛克 · 莱斯纳（Brock Lesnar）在摔跤冠军赛上的格斗画面，还有的是橄榄球比赛中重要的拼抢。除了有关非洲饥饿儿童的视频，其他所有视频都能提升运动员体内的睾酮水平。这也是为什么，在观看视频 15 分钟后让运动员做蹲起，成绩会有所提升。

这些现象与在动物研究中发现的赢家效应有异曲同工之妙。但是在人类身上，库克发现了更加微妙的情况，那就是睾酮水平与胜负并没有直接关联。睾酮水平只与人们对胜败的感觉有关。“无论是输是赢，大家都会对自己在比赛中的表现做出评估，” 库克解释说，“如果能合理利用这一点，我们就可以让运动员在下周开始时拥有更好的身体状态和精神状态。”

有很多因素都会对运动员的激素分泌产生影响：教练发来的信息，视频的内容，以及社交互动的环境。如果方法得当，这些因素可以加快运动员身体的恢复速度，提升运动员的表现。反之，忽视这些因素可能会对运动员造成不利影响。

这些前沿研究的优点在于，能够穿透人类的复杂生理机能，厘清客观运动表现指标和内在激素网络的复杂关系。相较于医学专家汉斯·谢耶的抽象理论，以及苏联体育运动科学一刀切的分阶段模式，这些研究在理论水平上已向前迈了一大步。跟踪激素水平及其变化，不仅能够帮助我们更好地理解应激反应和生理适应，还能帮助我们更好地理解人类个体。

“不同人类个体的生理反应各不相同，”库克解释说，“很多训练方式都是错误的，因为没有做到因人而异、因材施教。在改变训练方式后，有的运动员可能会取得意想不到的成功。当然，有的运动员可能从第一天开始就会陷入屡战屡败的恶性循环。自然界的规律是适者生存，而非强者生存。”

13

喜忧参半的胜利

自两岁起，斯塔福德·默里就与食物结下了复杂的关系。年幼的他把妈妈喂的所有水果和蔬菜都吐了出来。显然，他是个挑食的孩子。直到很久之后，导师迈克·休斯才帮助他找到了他最喜欢的食物：咖喱。

对休斯来说，啤酒和咖喱就是美好生活的源泉。分析师在喝啤酒、吃咖喱的过程中，与教练建立起了亲密的关系，从运动员那里收集到了重要的信息。在威尔士大学加的夫学院追随导师休斯做研究时，默里每晚都会到加的夫一家名为“喜马拉雅”的咖喱风味餐厅就餐。喜马拉雅餐厅赞助了威尔士大学壁球队，因此会给默里他们提供专属折扣：咖喱配印度薄饼仅需 2.5 英镑。“我们可能是史上第一家由咖喱餐厅赞助的运动队了。”默里说。

休斯会让主厨在咖喱里多放辣椒，默里则会点一份腰果咖喱鸡，外加一份薯条，并且要求饭菜分开。“简直就是暴殄天物，”默里说，“在加的夫的时候，我第一次去咖喱餐厅，竟然天真地以为咖喱是给薯条配的蘸料。”

默里连续吃了三年的腰果咖喱鸡，然后换成了黄油咖喱烤鸡块。二十几岁的默里养成了一成不变的饮食习惯，早上是 4 块松脆饼配马麦酱，午餐是培根三明治，下班先去酒吧来 6 品脱（约 3.4 升）啤酒，再去咖喱餐厅吃晚饭。如果就餐伙伴刚好是被自己同化了的戴维·皮尔森，那么通常来说，他们会点 3 张印度薄饼、5 个印度炸圆面包一起享用，然后每人各点 4 品脱（约 2.3 升）啤酒。除此之外，默里还有每天抽 8 根嘉辉雪茄的习惯。“真的特别烦人，”默里回忆说，“我能活着就是奇迹。”

有一天，默里在跟人打壁球时发现后背突然出现了问题，后来医生帮他将两节断开的脊柱接上了。他的体重竟高达 133 千克。此前，在进行壁球训练时，他会穿着胶底的帆布鞋跑 11 千米，训练场地内的木地板是直接铺在水泥地上的，完全没有现代球场的弹性。不科学的训练方式使他后背过度劳损，医生还指出，过度肥胖也给他原本就脆弱不堪的脊柱增加了不少压力。

默里明白自己必须要改变饮食习惯了，但是事情并不像说起来的这么简单。他对食物十分挑剔，甚至会在受邀出去吃饭时变得异常焦虑，有时候会干脆找借口直接拒绝。有一次，在纽约，默里不停地对服务员唠叨，一定要确保鸡肉意大利面里没有一点香草。皮尔森实在受不了了，径直坐到了另一桌。他说他受够了默里的愚蠢行为，只能离开。“我待在原地吃完了没有加一点香草的鸡肉意大利面，戴维则在旁边的桌上吃着牛排。”默里说。

在背部手术完成之后，默里突然警醒，原来自己的健康状况已如此不堪一击。2009 年秋天，一个晴空万里的周日下午，又发生了一件怪异的事情。当时，默里正在后花园里一边喝着啤酒一边给棚屋上漆，然后突然听到一声令人毛骨悚然的尖叫。他透过花园栅栏向外看，发现了一个惊慌失措、失声痛哭的女人。她的宝宝被一只斗牛犬咬住了。

默里立马翻过栅栏，踢了斗牛犬一脚。斗牛犬松开了宝宝，跑到了别处。虽然过度肥胖，身材走样，他还是追着斗牛犬跑过了附近的足球场。他和斗牛犬最后来到了一个死胡同，斗牛犬突然转过身，嘴里吐着泡冲他狂吠。“糟糕！”默里心想，然后拼命往回跑，现在轮到斗牛犬来追他了。他再次翻过栅栏，却不小心失足跌倒，后背碰到了木板上。他伤到神经，以致大小便失禁。默里躺在地上不能动弹，裤子也弄脏了，只能等救护车来。他进了医院，医生告诉他椎间盘碎了，而且要等 12 周才能做手术。

接下来的时间对默里来说是一段黑暗时期。有好几周，他只能待在床上，几乎无法动弹。只有躺着能让他觉得舒服一点。在最初的几个月里，分析师只能去他的公寓和他一起开会。默里躺在床上跟大家开会，团队成员坐在床头，向他汇报不同项目的进展情况。就算有新加入团队的分析师在场也是如此。“他们来到我的卧室，我躺在床上，”默里说，“我躺着跟人家说，‘你好，我是你的新老板’。”

术后再次回到工作岗位，默里仍得忍受剧痛，每天至少要躺好几个小时，他只能凑合着躺在地上。如果需要外出参会，团队成员就会用一辆小货车把他运出去，让他躺在后备厢的垫子上。

为了给默里止痛，医生开了一些阿片类精神药物，因此，在待在车上的大部分时间里，他都处在药物所致的强烈幻觉当中。他经常半夜做噩梦，并哭着惊醒。一天，他收到了英国壁球队发来的一封邮件，他被任命为 2010 年印度德里英联邦运动会期间的英国壁球队的球队经理。他看着邮件，陷入了迷茫。他实在太恍惚了，甚至忘记了自己曾申请过这份工作。

2010 年 1 月 7 日，默里和皮尔森在曼彻斯特与英国壁球队碰了面，并开始备战。默里既要管理分析师又要担任球队经理（“他们称我为分析经理”），还要做备战计划。当时，距离 10 月举行的英联邦运动会还有 268 天。参赛团队需要在 5 月 31 日之前进行资格审核。他们还得参加备战集训，并邀请金牌得主和世界冠军来做动员演讲，譬如 2003 年英国橄榄球队的队长马丁・约翰逊（Martin Johnson）和奥运会场地自行车赛冠军得主克里斯・霍伊。

球队专门设立了一个体育运动科学项目，定名为“目标 2010”，以提供各类支持，从激励视频到热环境适应，从心理干预到个体需求分析。他们总共挑选了 16 名运动员，但最终只有 5 男 5 女能参加英联邦运动会。在这 10 人当中，仅有 3 人的排名进入了世界前 5。在过去的 10年中，默里和皮尔森在壁球队内构建起了完善的体育运动科学体系，并培养出了众多优秀的运动员。大家共同打造出了英国历史上最强的一支壁球队。皮尔森对当下工作的期望值尤其高：荣登奖牌榜榜首，奖牌总数再创新高。一切似乎都唾手可得。

皮尔森在合同期内与英国壁球队的运动员进行了交心的长谈。大家争论的焦点之一是新的管理要求，例如，强制汇报所有训练场次，以及书面说明决策理由等。这令皮尔森十分难受。他特立独行，只凭直觉执教，几乎从不提前做规划。他从来没有做过任何记录，也从未对运动表现项目进行过微观管理。“新的运动表现总监坚决不允许有这种情况，”默里说，“他们希望所有决定都有记录，以及合理的解释。他们将皮尔森视为眼中钉。”

英国壁球队跟皮尔森说，他们想让他继续担任国家队教练，直到英联邦运动会结束，但是比赛结束后他必须下台。对于这个决定，皮尔森愤愤不平，并将他们告上了法庭。

经过旷日持久的谈判，皮尔森和英国壁球队达成了庭外和解。

皮尔森立刻辞去了英国壁球队教练一职。除了拿到担任运动员珍妮·邓卡夫（Jenny Duncalf）和尼克·马修的教练应得的报酬外，他还拿到了英国壁球队额外支付的一年薪水。但在两年之内，他必须严格执行言论禁止令，对外称自己因病隐退。

默里是唯一一个了解事件全情的人。事情解决没多久，英国壁球队的一名管理人员就致电默里，要求他将这一消息告知队员，但默里认为，应该由英国壁球队理事会的成员来公布这一消息。他们拒绝了默里的要求。理事会说，还是由他来宣布这个消息比较好。默里认为这是对皮尔森的背叛。他内心十分煎熬，一边想退出，一边又想着："你们知道的，你们可以自己搞定的，拜托了。你们把我的朋友弄得心烦意乱，去你们的吧！"默里从未在体育界见过这样的闹剧。

当年 5 月，默里带领队员来到法国普罗旺斯，参加了欧洲壁球团体锦标赛。当然，皮尔森没有露面。主力运动员尼克·马修带领的男队取得了胜利，而女队却遭遇了参赛以来的第一次惨败。英国队在决赛中遭遇了荷兰队，皮尔森的继女邓卡夫意外输掉了比赛。默里去安慰队员时发现，她们在伤心地哭泣。其中两名队员称，英国壁球队的主教练和运动表现总监在看台上观看比赛，这导致她们遭遇惨败。这些队员和教练之间的关系一直都是放养式的，因此有教练在场令她们十分紧张。

"姑娘们，你们可不能这么说。教练坐在看台上可不是你们输球的理由。你们可都是职业运动员。这个理由可站不住脚。”默里说。

“唉，信不信由你吧。”她们答道。

在赛后汇报中，默里把从队员那里听到的消息上报给了球队。他在报告中写到，女队战败的原因之一是主教练在场外观赛，以致队员无法集中精力打球。7 月 13 日，英国壁球队再度于曼彻斯特集合，参加第二场备战集训。默里发现队内有关皮尔森的流言简直是满天飞。他跟大家说，英国壁球队重新审视了壁球国家队主教练这一职位，皮尔斯虽然是运动史上最成功的教练，但他们还是遗憾地决定，出于种种原因，与皮尔森解约。紧接着，默里又说，皮尔森对此没有异议。然而，大家仍旧十分震惊，毕竟皮尔森当时还在休病假。最后，默里说，皮尔森希望大家不要太在意他个人的不幸境遇，继续刻苦攻关，努力训练。“队员们也不傻，该打的官腔还是要打，”默里说，“队员们的反应很激烈：‘您这么说是什么意思？他不能陪我们一起参加英联邦运动会了吗？过去的 4 届运动会都是他跟我们一起去的。这一届他真的没法参加了？’”大家又气愤又失望。球队竟然在他们职业生涯中最重要的时刻跟他们说教练没了，这下真的是群龙无首了。

默里也在为皮尔森所遭受的不公待遇叫屈，他心烦意乱，愤愤不平，“我真想让这套烦人的体制滚到一边去。”但是，为了保证队员们的状态不受影响，他绝不能被情绪所左右。这是一种责任。他每晚都会打电话给皮尔森道歉。“我请求戴维能允许我像往常一样继续工作，”默里说，“他也理解我的处境。他说只要是为了球队好，可以采取各种必要的措施。”

在英联邦运动会开赛前的集训中，默里针对比赛场地和设施做了详细讲解。5 月，默里第一次来到了德里。作为球队经理，考察比赛环境是他的责任。他去参观运动员的居住区，结果还在建设中，不过样板间看起来十分不错。于是，默里跟队员们说，比赛期间的居住环境安全舒适，条件优越。他反复跟大家强调，球队有可能迎来有史以来最成功的一次赛事，请队员发誓为英国而战，为戴维·皮尔森而战。

“我觉得拍着胸脯，亲吻胸前的标志，能够增强士气，”默里回忆说，“结果后来有人告诉我，他们不喜欢这种打鸡血的方式。为英国而战和为别人而战的理由令人反感，因为大家只愿意为自己而战。”在众人面前，默里总在鼓励大家团结一致；独自一人的时候，他总觉得自己是个叛徒。这种沉重的压力，完全超出了他的负荷能力。

一到德里，英国国家壁球队就遭遇了一场骚乱。当地的交通乱作一团，比赛场地也是一片混乱，门票销量更是惨淡，居住区甚至还跟建筑工地一样。在一些房间里，水会从插座里冒出来。洗手间的墙壁上污迹斑斑，尽是排泄物。“当地政府不仅像对待奴隶一样对待管道工人，逼迫大家完成任务，还拖欠了大家的工资，”默里说，“所以他们在干完活之后往墙上涂了些乱七八糟的东西，以示报复和抗议。”

在运动员居住区和摆渡车站点之间，有一段长达 1 千米的路程，除了走路，别无选择。安检时间长达 1 小时，所以主办方建议运动员在参赛期间不要随意出入。虽然居住区离壁球中心仅有 4.8 千米远，但因为交通拥堵严重，摆渡车得走上好几个小时。

皮尔森事件给运动员尼克·马修带来了沉痛的打击。没有了教练，他只能孤身一人准备比赛，这令他十分沮丧。在得知皮尔森遭受了不公待遇后，他的心情更是雪上加霜。跟默里一样，他决心为自己，更是为了皮尔森夺取胜利。马修不是一个情感外露的人。默里时不时地会在走廊里碰见他，而他总会说：“加油。我们肯定能行！”

“那次比赛让我和尼克变亲近了，”默里说，“在那段时间里，他是我最强大的精神支柱，给我带来了巨大的帮助。他的心态比我成熟，更像个领导。”

在德里，马修赢了一轮又一轮，一场未输，从容晋级。他的分析师威廉·福布斯（William Forbes）不分昼夜地工作着，分析着对手的情况。此前，默里是他的分析师，但总在忙别的事，根本顾不上他，比如在男子半决赛结束后的晚上处理被堵住的马桶。“有个孩子按了一下冲水键，结果水直接喷出来 1 米多高，”他回忆说，“浴室里充满了排泄物。”默里把自己的房间让给了运动员，然后在“受灾”的房间里等着管道工人来修理，结果一等就等到凌晨 5 点。

2010 年 10 月 13 日，壁球男子单打决赛，马修对战队友詹姆斯·威尔斯特罗普（James Willstrop）。在大部分时间里，马修掌控着比赛局势。到了赛点，威尔斯特罗普从场地后方用正手打出了一记墙球，马修反手将球轻击至前场角落，球径直落在侧墙与地面的夹角处。这就是皮尔森和默里教他的击球方式。当然，这也是皮尔森个人最喜欢的击球方式。马修丢掉球拍，高举双手，庆祝胜利。与默里、皮尔森共度的漫长往昔在他眼前一幕幕地浮现，他们不厌其烦地陪他打磨技巧。

“公众会将运动员获胜的场景与挥汗如雨的场景联系起来，与艰苦训练的场景联系起来，但可能不会将胜利与运动员赛后一个半小时内所见到的人联系起来，不会理解为什么运动员夺冠之后的心跳竟连 80 次都不到，”马修说，“我们与分析师、教练建立了非常亲密的合作关系，因为在合作的过程中，他们不仅会解析运动员的技巧，也会解析运动员的性格。运动员的身家性命就掌握在这些人手中。那些是苦尽甘来，在赢得比赛后会自然想起的场景，但不一定是最激烈的场景。”

当然，皮尔森无法见证自己学生的辉煌。默里也没有看到。他当时正坐在隔壁羽毛球馆的空看台上，通过远在英国的太太萨拉所发送的信息了解比分。在夺得胜利后，英国队第一次在壁球奖牌榜上名列第一。

这种感觉让人喜忧参半，怅然若失。皮尔森没能来到现场，解雇他的人倒是亲临了现场。后来，默里说自己很骄傲，因为控制住了自己的脾气，没有冲上去狠狠地揍那人一拳。他独自坐在看台上，放声大哭，又开心又生气。

在英联邦运动会后，默里收到了英国壁球队发来的一封邮件，通知他不必再为队伍提供服务了。“他们甚至连个电话都没有打来，就让我走人了，”默里说，“我的立场一直很坚定，就是站在戴维那一边。回想起来，这种态度无异于自掘坟墓。我当时觉得自己完蛋了，但是他们实在太虚伪了。”自此之后，默里再也没有为英国壁球队工作过。

在回到英国后，默里拜访了皮尔森。旷日持久的法律纠纷让皮尔森患上了重度抑郁症和创伤后应激障碍，默里在他身上看到了自己从前的影子。“他当时简直就是一团糟，”默里说，“一位功臣竟然遭到了如此对待，连我都觉得恶心。”

2010 年 12 月，默里开车经由 M6 公路回曼彻斯特，在路上，他思绪万千，虽然对自己所取得的成绩倍感骄傲，但离开还是令他感到苦涩。

他的想法影响了奥运会的备战。这次，他带了 35 个分析师，而此前从未有过如此庞大的分析师队伍。电话铃响时，默里正在思考在拥有这样一队精英之师后到底要做什么。电话那头是前英国橄榄球队教练戴夫·雷丁。

在与英国橄榄球队共事了近 10 年后，雷丁加入了英国奥林匹克协会，担任运动表现总监。他的老上司克莱夫·伍德沃德时任 2012 年伦敦奥运会英国代表团的副团长，受伍德沃德之邀，雷丁加入了这支队伍。英国奥林匹克协会的任务是在奥运会期间为英国代表团提供后勤保障。伍德沃德和雷丁打算充分利用主场优势，所以有意重金支持奥运会有史以来最宏大的运动表现分析项目。雷丁问默里愿意出面牵头组织这项工作吗。

“当然愿意了！”默里说。

第二周，大家在英国奥林匹克协会位于伦敦的办公室内会面。雷丁对默里的分析师打扮十分熟悉，告诉他伦敦奥林匹克协会想要充分利用运动表现分析来发挥主场优势。剩下的问题是如何实现这一目标。

默里指出，最大的挑战是如何快速地为不同队伍提供高质量的定制比赛视频。与其他大多数国际比赛不同，奥运会有着极为严格的规定，比如多少人可以进入指定场馆，哪些机构有权录制比赛视频等。而且针对不同比赛还有不同的规定，有的比赛不允许分析师随队。但对分析师来说，混入指定场馆根本不是问题。

“分析师可都是些狡猾的家伙，”雷丁说，“他们总有方法混进去，要么把用缆绳把相机带进去，从后门进场，要么躲进卡车后备厢，带着相机进场。”但是奥运会终归跟其他比赛不同。在大部分项目中，若未获得授权，任何人不得携带任何设备入场，甚至靠近都不行。

不过，他们可以在禁区外活动。在奥运会期间，英国奥林匹克协会在斯特拉特福（Stratford）租了一整层楼来办公，所在之处毗邻奥林匹克公园。他们称其为“英国队之家”。这里还是英国奥林匹克协会的接待中心、媒体中心，以及部分后勤人员的住处。为了获取比赛的视频脚本，他们决定使用奥林匹克广播服务公司所提供的视频画面。

奥林匹克广播服务公司由国际奥林匹克委员会于 2001 年成立，是奥运会的官方转播机构。该机构遵循中立标准，电台转播和电视转播都力求公平公正，不偏向任何国家。这种转播形式被称为公共信号，转播渠道为全球的电视台和广播公司。

默里要想使用公共信号服务，就得在英国队之家里安装一条数据传输电缆。奥林匹克广播服务公司的信号电缆位于奥运村内部，在奥林匹克公园的另一边，这给后勤服务带来了巨大的挑战。他们必须采用物理方法将奥林匹克广播服务公司的电缆一分为二，以便为英国队之家提供信号源，然后英国队之家再通过 12 个以太网端口来接收信号。

计划若能成功，将成就奥运会历史上的第一次集中运动表现分析。默里并不知道这样做成本会不会很高，计划是否可行，甚至不知道方案是否合法。不过，不管怎样，他还需要一些分析师。

这个主意看起来不那么明智。默里经常说，在重大赛事期间雇用新分析师是没问题的。但他也说过，在奥运会期间绝不能出半点岔子。所有分析师都已入驻各比赛队伍，他不得不找来一大帮学生帮忙。默里联络了运动表现分析领域内最顶尖的三所大学：曼彻斯特大学、米德尔塞克斯大学（Middlesex University）和威尔士大学加的夫学院，通知各校现在有一次绝佳的工作机会。但他想要的不是成绩好的学生，而是抗压能力强的人。

大家需要每天工作 18 个小时，身心俱疲，压力巨大。有时候，教练会突然怒火中烧，对分析师大呼小叫，问比赛数据到底在哪儿，然后反复、大声、清晰地跟分析师说，有多远滚多远！

14

个性化定制

在队员眼里，丹尼·凯里（Danny Kerry）“脾气暴躁”“性格乖戾”“很难相处”。

34 岁的凯里身材瘦削、头发很短、细心谨慎、彬彬有礼。他是一名缺乏经验的曲棍球新手教练，他认为通过“体育知识和过程分析”可以打败所有队伍。他把大部分时间都花在了电脑上，分析视频，设计策略，制订计划，回顾练习。他十分看重队员的表现，却又显得不太关心队员。他不会跟队员打成一片，不会开无伤大雅的玩笑，也不会在比赛失利、士气低落之时安慰大家。他不知道大家心里怎么想，也不知道大家的压力大不大，因为他几乎从来不问。

凯里的“体育知识和过程分析”不仅让他与队伍渐行渐远，还让大家在场上的行为变得简单易预测。“我们收到的个人指令和教导比较多，并没有像大家想的那样以团队形式相互学习，相互依赖，”当时的防守队员克丽丝塔·卡伦（Crista Cullen）说，“因此我们的战术很容易被识破，对手一眼就能看出我们想要干什么。”

英国女子曲棍球队在入选北京奥运会时排名世界第 11 位，并未被寄予厚望。2008 年 8 月 10 日，在第一场对阵奥运会前冠军德国队的比赛中，英国队以 1：5 的大比分惨败；在对阵澳大利亚队的比赛中，在加时赛里惜败，最终排名第 6 位。

当时的情况可谓溃不成军，支离破碎。“队内的气氛很不融洽，大家相互推卸责任，”卡伦说，“大家根本就没有凝聚力。这绝不是一支坚不可摧的队伍。团结一致什么的根本无从谈起。队员们结党营私，完全就没有共同目标。”

在北京奥运会后，英国体育局要求运动员们填写一份调查问卷。在收到反馈后，凯里十分震惊，他的队员竟然用“暴躁”之类的字眼来形容他。

一开始，凯里觉得队员们的评价很不公平，让他很受伤。于是，他问太太，自己是不是真的像队员所形容的那样。尽管如此，英国体育局还是同意让凯里继续担任球队教练，毕竟他们在北京奥运会上取得了第 6 名的成绩，不仅高于队伍的世界排名，较之以前的巡回赛也有了大幅提升。但凯里却不想干了。“从个人角度来说，执教英国曲棍球队令我备受煎熬，”凯里说，“队员对我的评价更是让我心寒。”

然而，凯里最终还是选择了坚持。他开始有意识地改变自己的行为，与队员们建立良好的关系，而不仅是教授他们比赛的战术，提升比赛技能。凯里变得平易近人：询问队员们感情状况如何，周末过得开不开心。“他卸下了自己心中的防备，下了很大的决心，”当时的队长凯特 · 沃尔什（Kate Walsh）说，“依我看，他肯定很想拒绝，然后要求大家听他的。但是他知道不能这样做，需要赢得人心，需要让队员心甘情愿跟着自己干。真的很令人感动。”

北京奥运会过后，英国曲棍球队决定在位于毕萨姆庄园内的基地进行全职训练。往年，大部分运动员都会奔赴英国各地，有的有兼职工作，有的则还是学生，只能在周末为俱乐部打球，在重要的巡回赛之前临时组成国家队。在伦敦成功申办奥运会后，英国对体育事业的投入大幅增加，各个代表队终于有经济能力集中训练了。运动员可以在某个固定场所进行全职训练，有职业教练和运动科学家作为坚强后盾。“在我们第一次征询队员们的想法时，不少人在屋子里陷入了沉思，我也不确定自己是否希望这样，”中场队员海伦·理查森（Helen Richardson）说，“（但）我的反应是，天啊，我竟然要成为职业曲棍球运动员了？我一定要第一个举手报名。”最终，大部分队员都赞成集中训练。

从那时起，凯里就下定了决心，要与所有队员共同决定训练计划，而非让他们听教练的意见。他们挑选了一些资深运动员组成了领导小组，比如理查森和沃尔什。领导小组有权针对球队各方面的表现制定策略，从日常训练到长期规划。

做长期规划花费了好几个月的时间。在一次队内会议上，心理咨询师给每人发了一张纸和一支蜡笔，让大家画出自己对伦敦奥运会的愿景。有人描绘了自己与队伍一起站在领奖台上的场景，还有人画了奖杯和奖牌。“这通常代表着大家有相同的想法，但我们很快就发现，队员们聚在一起的原因天差地别。”凯里说。

凯里的目标是稳步上升，世界排名每年上升一位，但他想让大家来制定策略。因为只有相同的愿景能化作共同努力的责任感。但是，他又不想强迫队员去接受自己并不赞同的目标。如果想在伦敦奥运会上摘金夺银，大家必须做好准备，不顾一切，勇于牺牲，对随之而来的艰难决定甘之如饴。他们将无法参加朋友的婚礼，没有节假日，甚至要在圣诞节当天加倍训练。众人齐聚一堂，共同讨论在 2012 年伦敦奥运会上的共同目标。大家不仅进行了详细的阐述，还做出了保证。

海伦·理查森受够了这些陈词滥调。她目标坚定，志在必得，毫不妥协。实际上，她觉得很多人的想法都跟她一样，只是怯于承认。

“为什么不能用一个词来形容我们的目标？”她说，“为什么不直接说‘金牌’？”

在队伍完成集结之后，凯里开始考虑雇用后勤人员，尤其是那些跟职业运动队打过交道的后勤人员。“我进来的时候，大家刚刚从外面集训回来。大型赛事前的集训通常会持续一周左右，准确地说是 6 天，一天训练两次，”戴维·汉密尔顿（David Hamilton）说，“但大家却不知道该如何对这一周进行规划。”

作为英国女子曲棍球队的体能教练，汉密尔顿在队伍中起着至关重要的作用。凯里知道最受人们欢迎的阿根廷队与荷兰队的人才队伍更大，运动员的技术也更娴熟。英国队想要战胜他们，就必须在体能和智力方面进行突破。这就是凯里的计划，没有任何备选方案。

汉密尔顿在第一次跟凯里开会时提出要查看球队现有的训练计划与体能测试情况。然而，不仅计划忽视了体能训练，身体测试的数据也对汉密尔顿帮助不大。队员们进行过折返跑测试、完成时间测试，以及一些耐力测试。

“他们的训练目的就是获得胜利，”汉密尔顿说，“这些测试根本就无法提供可量化的数据。完全是一锅大杂烩。”他告诉凯里，队内现行的测试根本无法准确地测量出队员们的情况。“我根本看不出大家的体能是提升了还是下降了，因为那些数字没有提供有效的信息。”他说。

一开始，除了偶尔的僵持之外，汉密尔顿跟主教练的关系还算过得去。每当汉密尔顿走进主教练办公室，想要提意见时，凯里的反抗情绪就会陡然提升。“他会对我的建议提出质疑，然后决定延后处理，等待讨论，”汉密尔顿说，“显然，他之前应该上过当。”汉密尔顿很快就发现，如果看见凯里坐在办公桌后面，那么就要避免同他接触。那种环境似乎很容易让人产生抵触情绪。

汉密尔顿和凯里之间的友情是靠壁球维系的。一天快结束的时候，两人会相约壁球场，一打就是好几个小时。后来，汉密尔顿发现，凯里似乎变了。“他在其他地方并不会身负那么大压力，所以愿意敞开心扉。”汉密尔顿说。他们像朋友一般交谈，而不是像同事那样生疏。但凡汉密尔顿提出的建议，凯里都能够侧耳聆听；汉密尔顿也愿意跟凯里坦诚交流自己的想法，例如，队员们应该在健身房里多花些时间。

汉密尔顿撰写了一份生理机能报告，详细阐述了顶级女运动员所应具备的关键指标。根据以前的研究，他总结出了以下指标：运动员在不同距离上所应达到的跑步指标，用以判断队员触球的速度与频率；力量测试，包括仰卧推举、颈后深蹲等，用以了解队员调转方向的速度；有氧运动指标，例如冲刺能力。

汉密尔顿参考交通信号灯的颜色，设计出了测试结果评估系统，绿色表示很好，红色表示警告。2009 年 10 月，他首次对队员们进行了测试，结果 62% 的队员被亮了红灯。情况不容乐观。

汉密尔顿决定引入一种阶段性的训练方法，不再基于特定比赛来集训。他让队员们先艰苦训练三周，然后在第四周的训练中砍掉了曲棍球训练，以便给大家一些恢复时间。为了监测队员的恢复情况，他要求大家每天在训练前都要进行跳深练习：先站到盒子上，然后落在垫子上，紧接着垂直往上跳。落地时间与起跳高度可以体现出神经肌肉的疲劳程度。凭借这个十分简单的指标，汉密尔顿可以判断训练的艰苦程度、队员的恢复程度，以及训练对表现的影响程度。

如此一来，汉密尔顿就可以弄清楚训练会在运动员身上达到何种效果，谁能适应训练，谁训练得很吃力，等等。有的人可能会在关键时刻表现得十分勉强。现在，在集训项目的帮助下，他们就可以明确要怎样实现夺金目标了。

凯里跟英国体育学院的斯科特·德拉韦尔合作了很多项目。德拉韦尔最先想到的就是用无人机拍摄整个训练过程。凯里担心无人机掉下来会砸伤队员，而且在第二天，他就在报纸上看到了有关无人机从天上掉下来的新闻。项目因此而搁浅。

其他项目紧跟了上来：美国军方资助牛津大学研制了一款绝密的有助于体能恢复的饮品（“口味不好，而且无法改变，所以最终还是没能起到什么作用”）；研制新款球棍（“最终大家认为，如果投入大量的时间和精力去改造球棍，结果规则突然变了，那就得不偿失了”）。“我们跟斯科特合作过各种奇葩项目，”凯里说，“有时候，我们进退维谷。”凯里和汉密尔顿开始关注女性生理学，德拉韦尔便介绍他们认识了生理学家克里斯蒂安·库克，于是，事情发生了明显的转变。

关于这个问题，库克已经思考了一段时间。库克见证过钢架雪车队的教练丹尼·霍尔德克罗夫特和运动员艾米·威廉斯如何成功地建立起了伙伴关系。在他看来，在所有共事过的教练中，霍尔德克罗夫特堪称是最优秀的教练。霍尔德克罗夫特与威廉斯都认为，通用的训练体系无法充分地发挥出运动员的潜力，因材施教才能让运动员有更好的发展。

库克将接下来的问题称为“啊哈时刻”：“难道我们不应该考虑一下男女有别这个事实吗？”这个问题给了他很大触动。“我们一直将女运动员当作年龄较小的男运动员在训练，”库克意识到，“难道我们真的因为没能充分理解女性所独有的生理优势，而埋没了她们的天赋？我们对队员的了解到底有多少？”在检索了相关学术文献之后，库克发现很难找到答案。

没有人研究过顶级女运动员的睾酮水平和皮质醇水平，以及训练对激素水平所产生的影响。为此，库克招募了 18 名运动员，其中包括钢架雪车运动员，游泳运动员和自行车运动员等。在每周三的训练前，库克会采集她们的唾液样本，用以测量激素水平。众所周知，女性体内所产生的睾酮平均约为男性的 10%。对于普通男性来说，仅有 5% 的睾酮处于游离状态，剩下 95% 的睾酮都被束缚在白蛋白中，进入了血液循环系统。

“此前，没有研究者针对女性做过类似的分析，这次研究的结果在理解女性运动员的适应潜力方面具有开创性的意义。”库克及共同作者在论文中写道。研究表明，相较于普通的国家级女运动员，顶级女运动员的游离睾酮浓度是其两倍，这一结果与男运动员的结果大相径庭。

“业内普遍认为，女性的睾酮水平仅为男性的 10%，所起作用不大，”库克说，“事实上，睾酮对女性身体的影响是非常大的。睾酮水平发生 1% 的变化，并不会对男性造成重大的影响，但对女性而言，影响会大很多。”

库克坚信，假以时日，他们一定能够找出睾酮对于女性行为的影响及其重大意义。在对比分析女性与男性的生理差异时，毋庸置疑，月经成了研究的突破口。与男性不同，女性有月经周期，这就意味着女性体内的激素水平会以 28 天左右为一周期而发生变化。库克不同意月经是女性生理劣势的观点，相反他认为月经是女性在生理上的优势。在库克和汉密尔顿提出，要研究月经对女性运动员表现的影响时，队员们觉得终于有人正视她们的生理问题了。“其实大家很忌讳讨论月经这件事，但这又是真实存在的生理现象，要是忽略它，那后果可得自负。”凯里说。其实运动员并不避讳讨论月经，她们在私底下会讨论这件事情，而且也都很清楚月经周期会影响心情。“有人说，在月经期间，女性的韧带会尤为松弛，”海伦·理查森说，“传闻千奇百怪，真假难辨。”从 2010 年 10 月开始，运动员一来月经就会给体能教练汉密尔顿发一条短信，内容是“第一天”。汉密尔顿会将信息登记在微软办公软件的表格中。28 名运动员的月经周期被记录在案，谁在服用避孕药也被标注得清清楚楚。他还对运动员的睾酮水平和皮质醇水平进行了记录。每天早上，在进行跳深练习时，运动员要先登录一个名为“Restwise”的软件，输入安静状态下的心率、血氧饱和度（用脉搏血氧计测量）、尿液颜色、肌肉酸痛水平、食欲和能量水平，而后软件会输出一项恢复值。

日积月累之下，汉密尔顿逐渐观察出了规律。他注意到，在某些特定的日期，“第一天”短信出奇地多。“他的妻子就很无奈，可能会说‘天啊，又来一个’。”队长凯特 · 沃尔什说。同住一间公寓的运动员的生理周期似乎会日趋同步，逐渐向带头大姐看齐。汉密尔顿和库克还发现：跳深成绩与睾酮水平有关；服用避孕药的运动员睾酮水平偏低，在比赛中犯错概率较大；与新入队的运动员相比，训练时间较长的运动员受生理周期的影响较小。

在积累了数月的数据后，汉密尔顿和库克构建出了一个完整的矩阵以说明生理周期、激素水平、生理差异、心理差异，以及其他各类因素对训练的影响。由此，他们可以为处于生理周期的运动员制定相应的训练指导。在晚黄体期，包括睾酮在内的激素水平都会降低，因此，女运动员更容易受情绪影响，压力更大，在训练中更容易受到小事影响。在那一周，她们的任务应该是身体恢复。而睾酮水平处于峰值的排卵期则是力量训练的完美时期。

通过研究，库克等人对生理周期的认知有了概念性的转变。在月经周期的 10 天左右的时间里，女性的抗压能力会显著增强。“她们的情绪波动会比平日大很多，”库克说，“这就好比将一氧化二氮注入引擎，她们在逐渐步入排卵期时会拥有额外的一氧化二氮。她们能做出更强烈的、更优秀的反应。”

凯里做了一项心理测试，结果与他料想的不谋而合。

测试名为洞察分析，以性格理论为基础。性格理论可追溯至心理学家荣格所建立的四种心理类型：热焰红（性格外向、精力充沛、行动导向）；冷酷蓝（性格内向、严格精确、擅长分析）；大地绿（重视关系、民主自由、稳重可靠）；日光黄（性格外向、活力四射、喜欢社交）。在测试中，受试者需要在诸多陈述中选择出最适合的特定陈述，耗时数小时。受试者需要回答“在与团队成员一同遇到某种困难时，我最有可能说什么？是‘大家都打起精神来！’还是‘顺其自然就好！’？”“最能给我带来积极影响的语言是什么？是‘你是最棒的！’吗？”之类的问题。根据荣格的有关性格趋势的理论，最终生成对受试者的简要分析报告。

例如，凯里的报告称其分析能力强；活在自己的内心世界里；性格内向。这是典型的冷酷蓝性格。汉密尔顿则是混合型人格，一半冷酷蓝，一半日光黄，两种对立性格的罕见组合。

大部分运动员的性格都属于喜爱社交的日光黄，或者关心他人的大地绿。在和一群关心他人、性格外向的人相处时，凯里这种冷酷蓝的性格就成了误会的根源。他很快就意识到，必须弄清楚自己在想什么，以及队员们会如何解读自己的情绪，最重要的是，得记得保持微笑。每到比赛期间，凯里就会变得非常神秘，时而痛苦不堪，时而双手抱头，时而愁眉苦脸。他发现自己非常不善于隐藏情绪。他并不是因为对队员感到不满才做出那些举动的。那些是凯里在思考过程中的外在表现。为了凯里，也为了队员，球队决定，在比赛期间，凯里将不再坐在场边的板凳上。

主教练凯里坐在看台上，将比赛实时沟通的任务交给了助理教练克雷格·帕纳姆（Craig Parnham）。坐在观众席也是有益处的，凯里依然可以规划战术，通过无线通信方式与帕纳姆沟通。“不知道为什么，我还是能够收到凯里发出的信号，听到他所说的全部内容，”队长凯特·沃尔什说，“他偶尔会特别生气，猛敲笔记板，大喊大叫。有时候，这也是件好事情，因为我可以把听到的消息传递出去。”

伦敦奥运会开幕前 8 个月，凯里和其他教练都不再在队内会议上讨论队伍的缺点。在召开队内会议或者有队员在场时，教练只会提队员的优点。“有队员在压力下失误频频，”凯里说，“后来我们发现，只要不提缺点，只讲优点，她就能将精力全都集中在优点上，从而杜绝技术失误。”

他们的金牌之梦开始焕发生机与活力。倘若训练标准有所下降，领导小组内的任一成员都可以随时叫停。“大家都可以叫停，然后说：‘这就是你们拿金牌的诚意？'”沃尔什说。如果有队员在训练时始终无精打采，与夺金目标背道而驰，那么她就会将其他队员召集起来，开个讨论会，讨论那位队员的行为。

其中一名队员因此而遗憾离开，因为这种环境不适合她；另一名队员承认，自己的确表现不佳，但一定会改正。“没有工作人员强迫队员去做这些事情，而是队员自发讨论，并认为部分队友的表现与目标不符。”凯里说。

从 1 月开始，队伍每周到伦敦的河岸球场（Riverbank Arena）进行训练。河岸球场位于奥林匹克公园内，是曲棍球项目的正式比赛场地。场地是蓝色的，周围有高高的看台，因此得了个绰号“蓝精灵球场”。球队在这里与其他国家的球队进行友谊赛，以帮助运动员熟悉环境与气氛。教练发现，在比赛期间，看台将坐满 15 000 名英国观众，当他们齐声呐喊，为主队加油时，队员们是根本听不见彼此讲话的。因此，他们要求队员必须时常观察队友，如果听到队友讲的话，就要举手示意，并让对方看见；在训练期间，场上队员不允许交谈。他们还发现，媒体中心就在球场旁边，大家极有可能遇到记者采访，所以他们邀请了前八卦小报的记者来对队员进行培训，以帮助她们应对意想不到的问题。

这一切都是为了减少干扰和意外。在奥运村里，多名运动员共用一个房间。于是，球队咨询师便依照大家的生理情况来分配房间。队员们也同意，在比赛期间控制与家人的接触时间，每场比赛后仅能与家人见面 45 分钟。“很多队员的家人都会长途跋涉来观看重要比赛，他们肯定想在比赛期间看看女儿，”汉密尔顿说，“我们想尽量减少父母对队员的影响。球队是一个整体，但家庭会让大家生出其他想法。教练和比赛的重要性可能会让位于其他事情。有时候，父母会批评队员的表现，我们不想让队员收到这样的反馈。他们需要从上一场比赛中跳脱出来，接着准备下一场比赛，但家长们可能还想继续讨论，完全是瞎添乱。”

为了践行对凯里的承诺，让整支队伍都处于最佳的身体状态，汉密尔顿不仅设计了阶段性训练计划，还根据每位队员的月经周期为她们定制了个性化训练。最终，大家的跳深成绩都达到了职业生涯的最高水平。在北京奥运会期间，每位队员的平均跑动距离约为 5500 米。现在，她们每场比赛可以多跑 1000 米。曲棍球比赛需要 15 名运动员轮流上场，因此，整场比赛下来，全队总共多跑了 15 千米。走动时间从 56 分钟降至了 30 分钟，疾跑时间占比从 6.5% 提高到了 20%。

“以前，我的身体状态真的没有这么好，”海伦·理查森说，“好状态不会不请自来。我的技巧很好，但之前慢跑时我总是落后，追不上前面的队友。现在，我的训练计划是个性化的，跑动距离也是根据体能测试结果来定制的。每个人的跑动距离并不完全相同。虽然我的跑动距离较短，但所付出的努力却和大家一样。这让我很受鼓舞。”

随着奥运会日益临近，汉密尔顿开始利用跳深数据来判断，要对训练项目进行何种程度的调整。他还利用月经周期数据推测出了，在比赛期间，大家将处于生理周期的哪一阶段。凯里非常想让队员们知道，这些信息都是有医学根据的，而非主教练的无端猜测。他们想让运动员在人生最重要的比赛中做出正确的决定。“确实有一两名运动员选择在比赛期间服用两倍计量的避孕药，以确保自己不会处于生理周期中状态最差的阶段，”汉密尔顿说，“不过这都是运动员的个人选择，教练并没有强迫她们。”

要在奥运会上取得最终胜利，单靠一场发挥出色的比赛是远远不够的，他们需要打 7 场比赛：5 场小组赛，1 场半决赛和 1 场决赛。一场曲棍球比赛共有 4 节，每节 15 分钟，期间大部分时候，运动员都会把身体蹲得很低，反复进行高强度冲刺，手眼协调高度一致。在足球比赛中，运动员的跑动速度为每分钟 150 米。在曲棍球比赛中，运动员的跑动速度则高达每分钟 250 米，而且要在 13 天的 7 场比赛中保持这样的状态。算下来，大家在下一场比赛到来之前，最多只有 28 小时的恢复时间。

于是，大家跟生理学家克里斯蒂安·库克一起静下心来，商讨最完美的恢复方案。比赛结束后，队员们需要进行 6 分钟的主动缓和运动，服用事先准备好的营养补充品；然后将自己泡在 12℃的凉水中，因为低温可以加速肌肉组织的恢复；随后穿上医用压缩恢复袜，使用 6 小时的“复力飞”。复力飞是一种高科技运动恢复装置。运动员将复力飞戴在膝盖后面，通过无痛电流脉冲，促进小腿部位的血液循环，以减缓高强度运动后的肌肉酸痛症状。

库克还建议采用一种名为“备战”的新型激素调节法。“备战”是一种能加速身体恢复的短时锻炼方法。“如果先锻炼一天，然后休息一天，那么身体只会在第一天结束时才想‘哦，好吧，我应该要启动恢复进程了’，紧接着，身体进入恢复模式，”库克解释说，“然而，第二天我们打算火力全开，大干一场，可身体却还处于恢复阶段。如果第二天早上需要给身体一个刺激，那么在前一天晚上，运动员就需要稍微锻炼一下，提前进入备战状态。

不同运动员的备战方式各不相同。库克将运动员分为 4 种不同类型：顶级力量速度型、顶级力量型、顶级耐力型，以及顶级耐力速度型。力量速度型运动员更适应短距离高强度的冲刺训练，耐力好的运动员更适合长时慢速力量训练。

“备战”训练出于自愿。“这又回到了睾酮的工作原理上，”库克说，“如果强迫运动员做一些违背个人意愿的事，睾酮就无法产生积极的效应。所以我们必须让运动员自己来决定，让大家自愿训练，因为自觉自愿的恢复训练能起到更好的效果。”

奥运会开幕前的5个月里，汉密尔顿注意到队员们总在抱怨训练体系有问题，让人身心俱疲。“这让教练十分沮丧，因为队伍正处于训练的高压阶段，但队员却非常抵触。”汉密尔顿说。此外，数据表明队员一切正常。汉密尔顿接着说：“让她们痛苦的其实是一成不变的训练内容。日复一日的训练，各项内容都令她们心生疲惫，就体力而言，她们是没问题的。”

汉密尔顿想帮助大家重新认识疲惫这一概念。因此，他研究出了一套名为“预期变位”的训练方法。起初是90分钟的正常训练，然后凯里让队员们围成一圈。平日训练结束时他也会这样做，因此，大家会觉得这一天的训练差不多要结束了。汉密尔顿像平日一样让大家站成一排，以最快速度进行一系列有氧训练，包括冲刺跑和健美操等。在做完12组常规训练后，他会让大家休息3分钟，然后再从头开始做。一些外向的队员开始抗议。大家不知道这样的训练要持续到什么时候，所以一时无法调整好状态。她们耷拉着胳膊，头也垂了下来，一副萎靡不振的样子。个体的痛苦后来转变为相互打气。队员们并没有泄气，而是开始大声喊话，相互鼓励：“姐妹们，加油，坚持住！”

在重复了21次后，汉密尔顿终于告诉大家训练结束了。队员们无一例外地瘫倒在地上。汉密尔顿是想制造出决赛最后时刻的疲惫场景。在经历了冗长的比赛后，大家一定会精疲力竭，只有找到内心的支点，才能坚持到底，打赢比赛。

“大家都希望训练赶紧结束，但教练就是不跟大家说还得坚持多久，”队员克丽丝塔·卡伦说，“大家遇到了瓶颈，并感到不适。队员们一心只想着赶紧结束吧。但作为团队的一员，必须要朝着共同目标努力，渐渐地，我们发现，自己实力远不止于此，之前都没发挥到极致。没人放弃，大家都在全力奔跑。这就是团队精神的充分体现。”

2012 年 5 月 18 日，凯里在伦敦证券交易所内召开了新闻发布会，宣布 16 名曲棍球健儿将代表英国出征奥运会。其中有 12 名运动员已连续 3 年参加集训，但一直无法为国争光。10 天前，姑娘们一致决定，通过邮件方式获悉选拔的结果。在发布会上，凯里显得心烦意乱，精疲力竭。他不再是 4 年前那个饱受诟病，对队员漠不关心的教练了。他跟未能入选的队员一一碰面，倾听每个人的心里话，并亲自说明了情况。有记者问到会面的艰难程度，凯里竟一时语塞。

15

超级星期六

2012 年 7 月 28 日，斯塔福德·默里与团队成员在英国队之家碰了面。那天天气清朗，风和日丽。

碰面是在早上 6 点，两个小时后，奥运会首日的全天比赛就开始了。

在英国队之家里，有一个专门用于召开新闻发布会的会议室、一个赞助商休息室，以及为运动员的亲朋好友所准备的休息区域，还有一间大办公室，是后勤、法务和管理团队的办公场地。远处角落里设置着大家口中的“神经中枢”。默里要求英国队之家为团队提供单独且隐蔽的空间，以便全心处理手头的工作。在奥运会期间，他的团队将待在“神经中枢”里面。

默里提前几天到达了指定位置并布置了场地。雷达鱼公司的工程师受命排除了通信连接方面的故障。房间中央摆着一张白色的桌子，上面摆满了笔记本电脑。默里将电脑摆得整整齐齐，犹如一条完美的直线，电脑距桌子边缘刚好 5 厘米，不多不少，这样一来，分析师就能将当天的工作日程整齐地摆在桌前。“我哥哥说，如果我们是摇滚乐队，那名字一定是‘强迫症’。”

为了能更好地完成英国队的赛事分析，默里跟雷达鱼公司进行了独家合作。在“神经中枢”里，有 16 台电脑配置了雷达鱼公司的软件，用以分析和标记所接收到的比赛视频。分析工作的开展主要有赖于各参赛队伍的教练所制定的运动表现指标模板。他们利用另外 6 台电脑，通过雷达鱼电视将视频回传给教练。雷达鱼电视可以提供云服务。雷达鱼公司的软件工程师还写了个软件补丁，将奥林匹克广播服务公司的视频分成了 41 个频道。

“其实，我们已经破坏了规则，”默里说，“每个参赛国家都能接收到来自奥林匹克广播服务公司的信号，然后再分项目转播，但是不能录制视频。那是侵权行为。我们巧妙地规避了这一点，说自己只是小范围发送，并不会公开分享。”

一面墙上有一块大白板，上面写着奥运会的完整赛程，每位分析师都分配有特定的赛事和对应的笔记本电脑编码。大桌子下面有 3 个储物柜，里面有 5 台备用笔记本电脑。如果有电脑出问题，就立刻打开备用电脑。默里还悄悄地在柜子里藏了一些啤酒。

另一面墙上也有一块白板，展示着重要的训练方式和一系列参数。这是不同队伍对参数的需求，例如，球队要求如何拆分数据，采用何种预期分析方式，以及如何确定时间节点。白板上方有一个红色的 LED 数字时钟，其时间与英国队比赛现场的奥运分析师手上所戴手表保持同步。每一秒钟都很重要。

开赛当天，先进行的是射箭、羽毛球、篮球和沙滩排球项目的初赛，16 台笔记本电脑首次捕获到了奥林匹克广播服务公司的信号。前 3 分钟，设备运行平稳，一切顺利。然后，突然有人说“黑鹰降落”，随即整个房间都充斥着“黑鹰降落”的呼喊声。电脑屏幕一个接着一个地由绿转黑。

2012 年 2 月，第一批运动表现分析学员在曼彻斯特城市体育场运动城相聚，进行为期两天的测试。默里和戴夫·雷丁为他们准备了一个房间，陈设与即将启用的英国队之家“神经中枢”类似，电脑都配备了雷达鱼电视。从早上 8 点一直到午夜时分，软件一直在播放先前整理过的比赛视频脚本，以模仿奥林匹克广播服务公司发出的信号。

“戴夫扮演坏‘警察’的角色，”默里说，“好吧，我们两个都是坏‘警察’。但是戴夫是捧过世界杯的大人物，有很大的影响力，备受尊崇。跟待在现场的我比起来，他给大家增添了无形的压力。”

一整天，分析师们不断地遭遇着意想不到的场景。

场景一：7 号电脑的信号断了，分析师又临时接到忧心忡忡的教练打来的电话，要求在 15 分钟内拿到数据。这种情况该如何处理？

场景二：11 号电脑突然坏了。这种情况又该如何处理？

压力测试帮助默里摸清了大家的底细，究竟谁能抗住压力，谁又无法担当大任：“我们的判断主要基于大家的表情，以及对场景所做出的反应。”

默里对团队成员说，必须为所有突发事件准备预案，事情肯定不会顺顺利利，有可能会搞砸，有可能会失败，因此必须未雨绸缪，先发制人，充分发挥主观能动性，为有可能发生的负面突发事件做好演练。团队或许会在几个小时内经历一系列的突然事件：

万一有两台电脑在半夜 2：30 突发故障，但我们却得同时处理多项任务；

万一赛事日程突然发生变化，这种情况确实很难避免；

万一有同事不幸病倒，没法参与；

万一电脑被偷；

万一有人觉得压力太大，无法继续工作；

万一教练压力过大，无法排解，对分析师一顿臭骂；

万一分析师的父母想要几张赛事门票，啰唆起来没完；

万一分析师身处比赛场地，结果没吃没喝，饥饿难耐，直出虚汗，抖若筛糠。

这就是默里想给新团队灌输的第一个概念：奥运会就像电视剧一样，什么扯淡的事情都有可能发生。压力肯定是空前的，教练的脾气肯定比平日里更火爆，运动员所面临的压力肯定也是前所未有，分析师绝不能被这些不利因素所左右。默里说，作为一名分析师，不能只有分析技能，还得懂得如何处理各种关系，这非常重要。

2011 年，英国体育学院的所有分析师都参加了洞察分析心理测试，默里觉得这项测试是无用功。当他收到长达 21 页的资料时，他的妻子却说，报告比自己更了解自己。例如，报告中写道“斯塔福德性格外向，毫无保留地享受着单纯，享受着当下，因此总能让他人感受到生活的情趣……很容易受到最后一位交谈者的影响……在与斯塔福德交流时，千万不要显得缓慢、迟钝，或太过正式。因为时刻准备着与人交往，会影响他手头的工作，并让他陷入困境。”

“报告精确无误，一针见血，甚至令人毛骨悚然。”默里说。大部分运动表现分析师都偏向冷酷蓝性格：擅长分析，性格内向。这跟预期的差不多。在所有分析师中，只有默里是黄绿混合性格。一开始，他以为这种结果不容乐观，但后来又想到，分析师本来就应该跟教练好好交流，并建立良好关系，但分析师不能抱怨教练无法理解数据的作用。“我们要引导教练，”默里说，“我们得用他们的方式讲话，得设身处地地站在他们的角度思考问题，得按照他们的方式做事。教练和运动员非常重要，因为他们固执己见，一意孤行。不能指责他们不懂变通，应该变通的是我们。我们得先照照镜子，才能用手指他们。”

2012 年 7 月，奥运会开赛前几天，默里带领团队来到伦敦英国队之家，在集训营里体验更多场景。在接下来的 5 天中，他们拼命地测试着各种场景。默里觉得万事俱备。

他们演练了所有可能出现的场景，并为所有突发事件准备了应急预案。例如，一些运动队要求分析师在两场比赛之间亲手递交硬盘资料，所以资料的传递必须精准无误。他们采用不同交通方式穿过城市，从斯特拉特福来到奥运会场地，测试出了起止位置间的通勤时间。他们拟定了笔记本电脑的故障解决方案：分析师先要说“黑鹰降落”，接着再报笔记本电脑编号。然后，小组长会立刻起身，从储物柜里拿出一台备用笔记本电脑，替换故障电脑，并重新连接上奥林匹克广播服务公司的信号。其他人必须坐在原地不动，照常工作。

“在演练中，一有人喊‘黑鹰降落’，其他人就都想站起来帮忙，结果越帮越忙。”默里说。因此他们认为，换电脑这个事情最好还是留给小组长，其他人得保持不动。他们反复演练着这一场景，并做出了相应的预测。他们认为，如果一台电脑出了故障，那么最多可能丢失 20 秒钟的时间。“到最后，大家已经烦透了我，因为我老是讲这个事情，”默里说，“我说，大家不要不耐烦，因为这几十秒太宝贵了，就像银行里的黄金一样。”

他们为所有情况准备了预案，除了一件事。“我们甚至连死亡都考虑到了，却漏掉了一件事情，那就是万一所有电脑同时宕机怎么办。”默里说。他们准备了 5 台备用电脑，以替换一两台故障电脑。但如果所有电脑同时出问题，他们根本找不到 16 台备用电脑。然而，这个情况却真实发生了。

“就像是‘巨蟒剧团’（Monty Python）中的场景一样。”默里回忆说。万一遇到这种情况，万一所有的笔记本电脑都无法接收到奥林匹克广播服务公司的信号，怎么办？默里沉默了，一阵眩晕。“我们都知道，在遇到麻烦的时候，所有事情都会变得缓慢。”他回忆说。他觉得自己像溺水了一般，被动地看着一切事情的运行速度都在放慢，他无法开口说话，眼前只剩下一片混乱。“我们的损失接近 50 万英镑，”他说，“这件事情是由我负责的，我把它搞砸了。”

默里想到了那些正在观看比赛的教练们，想着究竟有几位教练会崩溃。三位吧，他心想，三位也还好，没那么糟糕。他经历过比这个更糟心的事。这比在英联邦运动会期间，弄得满身大便好多了；比告诉大家，教练在三个月前的一场比赛前，被坏人洗劫一空好多了；比做个管道工人，在 2 月中旬的瑟瑟寒风中，6 点半起床，到雪地里挖坑好多了。电脑宕机又不是世界末日。其他人已六神无主，慌乱不堪，他必须保持冷静和理性。“其实，我并不是这样的人，一般来说，出了状况，我总是最慌乱的那一个。”

“好啦，大家都把设备先关掉，然后一起重启。”默里对大家说。

10 分钟后，所有电脑都完成了重启。刚才，奥林匹克广播服务公司的信号由于比特率过高而变弱，致使电脑集体失灵。“这让我们稍稍安心了一些，毕竟不是我们的过失，”默里说，“这样一来我在跟教练们解释时会比较有底气，是信号原因导致我们失去了比赛前 10 分钟的视频。”

默里颤抖着走下了楼梯，抽起了雪茄。“真倒霉，压力实在是太大了。”他在平复心情时想。

场外分析师团队的任务是分析视频脚本，对视频进行分类、标记，并在运动队需要时及时送达。每位分析师得在特定时间内同时观看 4 项运动，80% 的工作都与捕获视频脚本有关。大部分视频脚本都是通过雷达鱼电视传输的，但也有一些运动队要求使用其他方式。

拳击和赛马场地的无线网络信号特别慢，所以他们不得不要求分析师将视频脚本剪辑为更小的文本片段，以硬盘方式递送至指定地点。分析师团队会将清晰度较低的视频上传至雷达鱼电视，以供场内分析师当场申诉所用。

对于场地自行车项目来说，场内分析师通常需要从坐在看台的运动表现分析师那里下载视频脚本，但是奥运会自行车馆内无线网络信号实在太慢，分析师只能采用其他方法，例如，将视频脚本下载到 U 盘里，拿个网球切个口，将 U 盘放进去，假装把球落在了赛道上，让球滚过去。

在现代五项运动中，运动员会在越障赛开赛前一小时进行抽签，以决定赛马的出场顺序。马会在前一天晚上就来到比赛场地，所以分析师会带着摄像机，借机潜入场地，秘密录制视频。在比赛当天，一得知英国运动员抽中了哪匹马，他们就会选择相应的视频脚本，对马的行为进行分析。

默里还认识一个在奥运会当志愿者的生物力学家，他可以悄悄地帮默里将一个录像机放到赛道旁。“我叫不上名字来，”默里说，“他就在那儿，穿着令人生厌的紫色外套，在下面的赛道上做着测量工作。”有传闻称，分析师所戴的墨镜里藏着内置摄像头，可以将视频脚本直接传输到背包中的笔记本电脑里。

壁球运动的分析师曼迪·德比尔（Mandy DeBeer）接管了“神经中枢”里的项目管理工作，默里则专注于管理新分析师团队。大多时候，他都在跟大家说要保持镇静。他要确保大家能轮流回家休息，而不是留下来看当天的其他赛事。告知大家坏消息也是默里的专属任务，例如，打电话告诉教练，视频脚本丢了、弄混了、没法用了等，这些艰难任务都是由他负责。有三次，教练怒火中烧，破口大骂。有一次，默里手下的一名分析师由于宿醉，没能在早上 7 点将硬盘文件按时送达指定地点，默里替他背了锅，跟气急败坏的教练说是自己出了错，让数据受了损，不能用了。

奥运场馆内是不能录像的。为此，一位名叫保罗·布莱斯（Paul Brice）的分析师不得不求助于间谍。他自己只能购买普通的单日票，在看台上观看比赛。在不同场次的比赛之间，默里有约 1 小时的窗口时间，可以将视频脚本送到布莱斯手里。由于时间紧迫，默里会先把文件下载到U盘中，然后反复检查视频在其他设备上是否可以正常播放。（“与其早早地送去状况百出的视频，不如晚点送去可以流畅播放的视频。”默里说，“这些都是血淋淋的教训换来的经验。有一次，我穿过整座城市，将U盘送到一位分析师手中，结果文件全都被损坏了。”）然后，他不得不一路狂奔，跑过西田购物中心广场，来到比赛场馆。

为了掩人耳目，布莱斯戴着棒球帽和墨镜，在外面静候默里。一拿到U盘，布莱斯就冲回了场馆，脱下便服，换回英国代表队的官方装扮，戴上奥运会官方认证的挂绳，走进更衣室，与等待视频脚本的田径教练碰面。“布莱斯跟一些服务人员混成了朋友，并请他们帮忙在特定时间里看好更衣室大门，以便自己轻松进入。”默里说。

奥运会的第6天，英国广播公司的一名记者在英国队的媒体区采访了默里，这段采访被英国队之家选播了出去。

在此前4天的比赛里，英国队表现不佳。有谣言称，这届奥运会将会成为英国奥运史上最大的败笔。8月1日，也就是开赛的第5天，参加赛艇女子双人赛的运动员海伦·格洛弗（Helen Glover）和希瑟·斯坦宁（Heather Stanning）为英国队夺得首金。此后，各个项目上的金牌纷至沓来。

形势向好。身着英国队红蓝相间官方保罗衫的默里竖起了衣领，笑容僵硬，眼神紧张，目光从摄像机上挪到了记者身上。

“大家很感兴趣的是，幕后人员为运动队做了多少分析，”记者转向默里，问道，“你们究竟做了什么呢？”

“这个问题问得很好，我每天早上都会问自己同样的问题，”默里回答说，“中国古代军事家孙武曾说‘知己知彼，百战不殆’，这就是我们想要实现的目标。我们需要看清每场战斗的形势，对手的优势与我们的劣势，只有这样才能灵活运用战术，并击败对手。”

“对于各类运动，有哪些地方是最需要分析的？”记者问，“有人认为，像 100 米赛跑之类的运动，除了尽量跑快点，别无其他。”

“在 400 米跑中，除了要尽量快跑，还要适时左转。很明显，在开放性技能运动或技巧型运动中，分析尤为重要。没有任何一项运动可以完全用科学来解释，运动还具有艺术性的一面。所以，我们不是在要求运动员必须做什么，而是在为他们指明正确方向。”默里说。次日，也就是 8 月 3 日，是著名的“超级星期六”。这一天，英国代表队赢得了 6 枚奖牌，其中有 3 枚是在短短的 46 分钟内连续获得的，这是英国运动史上最辉煌的时刻。请记住这几位夺奖的运动员的名字：

田径运动员莫·法拉赫（Mo Farah），七项全能运动员杰西卡·恩尼斯（Jessica Ennis）和跳远名将格莱格·卢瑟福德（Greg Rutherford）。

英国队之家的主会客室旁边的房间里面配备着一块大屏幕，这里是休整区域，工作人员和访客可以在此观看赛事活动。一有英国运动员进入决赛，分析师们就会通过剪刀石头布来决定谁去现场观看。名人也都会出席。“谁都不能留下来追星。人们会时不时地见到皇室成员路过，有时候著名的娱乐主持人德莫特·奥利瑞（Dermot O'Leary）会过来拍拍分析师的肩膀，大伙儿本应异常惊喜，‘什么情况？真的是你吗’，但真实情况却是，‘不能分心，保持专注’，回去工作。这是我们的责任。我们必须做好工作。工作才是我们此行的目的。”分析师曼迪·德比尔说。获胜队伍的教练会拿着咖啡和一盒甜甜圈走进来，说：“非常感谢大家，你们所提供的视频脚本帮上了大忙，要是没有你们，我们可能一枚奖牌都拿不到。”

后来，默里 81 岁高龄的祖父含泪给他打电话：“我的天啊，孩子，我都不敢相信，我太为你骄傲了，宝贝。我很高兴自己曾经为国效力，为今天的辉煌成就贡献过力量。作为一个英国人，我真的十分骄傲。”

“超级星期六”过后，英国队最有可能夺牌的队伍——女子曲棍球队迎来了关键的半决赛。

在比赛前，阵容迟迟未定。在首场比赛中，他们如愿以偿地战胜了日本队。然而，队长凯特・沃尔什却在后来的比赛中被对手的曲棍划伤了下巴。“当时我就站在她身后，我发现情况很严重，”队员克丽丝塔・卡伦回忆说，“她直接倒头栽到地上。放弃从不是凯特的作风。她只是耸耸肩，然后继续投入战斗。”卡伦来到沃尔什旁边，发现她伤得很严重。沃尔什的下巴骨折了，立刻被送往了医院，并进行了紧急手术。

在当时的情况下，球队本可以让另外一名队员代替沃尔什。教练丹尼・凯里与队员们会面：要么换掉沃尔什，要么寄希望于手术，期待手术顺利，期待沃尔什及时归队，参与剩下的比赛。曲棍球比赛有轮流上场的规则，场上有 11 名球员，场下有 5 名替补球员。少了一名主力，尤其是沃尔什这样的关键主力，球队会深受影响。

凯里真诚地向队员征求意见。最终，大家在不确定沃尔什能否顺利归队的情况下，决定先以 10 人应战，直到沃尔什回来。队员海伦·理查森暂时接任队长。“大家确实都很为难，但是我们知道，作为一个团队，必须做出最有利于凯特的选择，然而她却想让我们专注于比赛，勇敢作战，不管到底缺不缺人，”理查森说，“太不巧了，受伤的刚好是队长。”在接下来的两场比赛中，英国队击败了韩国队和比利时队。沃尔什在对阵中国队的第 4 场比赛中回归了队伍。当时，刚刚做完手术的她下巴上还打着钢板，戴着保护罩。凯里和汉密尔顿认为，这场比赛将决定谁会以小组第二名的身份出线，而大热的荷兰队将成为小组第一名。他们进行了全面的分析，并以击败中国队为目标制订了比赛计划。在训练中，他们将队伍分作两队，其中一队负责模仿中国队的打法。“大家轮流上场，以破解中国队的招式。我们在训练中把自己当作了对手，”汉密尔顿说，“中国队的队员们身位较低，更接近地面，有自己独特的拦截抢球方式，以及独特的队形。”

英国队希望能击败中国队。在奥运会之前，她们多次与中国队交手，而且逢战必胜。然而，她们却在奥运赛场上输掉了比赛。汉密尔顿说，虽然他们花了很多时间来研究中国队，但中国队做了更多的功课。

英国队失利的另一个重要原因，在汉密尔顿看来，是无论从 GPS 还是跳深成绩来看，连续两场比赛缺失一名主力，对球队成绩造成了很大的影响。平均来说，场上其他队员会因此多背负 7% 到 9% 的压力，大家很容易感到疲惫。

夺牌机会很是渺茫，她们决定背水一战，与荷兰队死磕。与此同时，中国队将迎战日本队。英国队再次输掉了比赛。出人意料的是，中国队竟然也意外落败。这让英国队以小组第二的身份晋级半决赛，迎战阿根廷队。

阿根廷队的世界排名是第 2 名，但英国队有信心击败她们。“信心能够战胜一切。”汉密尔顿回忆说。为了这一刻，她们已经准备了 3 年，曾击败过世界上所有的队伍。“我们对自己的能力有信心。”比赛仅过了 6 分钟，英国队就因判罚而落后 1 分。虽然主导了比赛，但英国队在门前关键时刻却沉不住气。在第 3 节比赛中，阿根廷队在英国队追逐平衡的过程中再次得分。在通往球门的过程中，阿根廷队队员绊倒了克丽丝塔·卡伦，使队员可以带着球畅通无阻地奔向球门。这种行为被称为“第三人阻挡”，是一种犯规行为。然而，裁判却向她们挥了挥手，示意比赛继续。

在接下来的 4 年中，卡伦总能清晰地回忆起当时的场景。“我真的尽力了，希望自己不要一直怀恨在心。”她说。虽然错在裁判，但她依旧不肯原谅自己。“我应该表现得更强烈一点。我应该从她面前穿过去，拦住她。我的责任就是拦住她，我应该不顾一切完成使命，不管自己最终会不会受伤。不计后果地拦住她。”

比赛最终以 1：2 告负。在比赛结束的哨声吹响之后，英国队的队员集体崩溃了，跪在地上放声痛哭。面对镜头，凯里毫不掩饰自己的颤抖与悲伤，发泄着挫败感。他说，电视机前的几百万观众，现场的 16 000 名观众，以及场上的 22 名运动员都看见对方犯了规。除了裁判，大家都看得清清楚楚。

在更衣室中，大家相对无言。夺金梦想已破灭。姑娘们回到奥运村，吃了晚饭；漫漫长夜，无人能眠。第二天早饭时候，大家依旧一言不发。

她们乘坐班车来到当地一所学校内进行泳池训练，这是赛后恢复训练的一部分。

这种训练是生理学家克里斯蒂安·库克的点子。鉴于运动员之间沟通的重要性，它能为大家营造出清新舒缓的氛围，帮助大家度过一段愉快的时光，从而加快身体恢复的速度，提升睾酮水平。

在北京奥运会期间，队伍结构松散，到了伦敦奥运会，大家会在每晚七点准时碰面，一同前往餐厅就餐。所有人不得使用电话。以前，运动员们总拿这件事开玩笑，称其为强制性娱乐。这是个逐渐变化的过程，也是种必然会被接受的社交方式。“共度美好的欢乐时光是一种美妙的平衡方式，情况已经不再是‘好，走吧，一起去享受强制性娱乐’，”沃尔什说，“大家的心态随着时间的变化而发生了变化，开始全身心地享受这件事，不是队伍负责人说‘好啦，大家现在一起去外面打排球吧，或者‘临时进行突击测验’，而是‘哦，好嘞，走着’。习惯在大家身上生根发芽。”

泳池里的恢复训练本应轻松愉快。“大家本来就对体能教练汉密尔顿颇有微词，因为泳池一般都很冷，没人想进去，”沃尔什说，“总有人惊声尖叫。恢复训练既轻松又嘈杂。”甚至还有“尾随”和“鲨鱼”之类的愚蠢游戏。有时候，汉密尔顿会往泳池里扔一个浮板，让队员们相互追逐，争夺浮板；或者让大家闭上眼睛转圈，再想办法睁着眼回到浮板旁。

在比赛后的那天，大家安静地进入了泳池，显得十分沮丧。汉密尔顿拿出一个水球，大家开始打水上排球。尽管心中充满了悔恨，但大家却颇为享受泳池里的恢复训练。队员们开怀大笑，尽情玩耍，把烦恼都抛到了脑后。“事情开始变得不一样，大家觉得，‘哦，我们可以欢笑，没关系的，我们还可以微笑’。训练帮助大家消除了很多困扰。”这是他们为突发事件准备的特殊训练计划。如果比赛失利，就让大家一直在泳池中玩耍，直到走出阴霾，直面失败。在那之前，她们从未尝到过沮丧和失落的滋味。自那之后，她们就与那一场失败划清界限，决定继续前行。

次日，英国队战胜了新西兰队，赢得了铜牌。凯特·沃尔什清晰地记得，队员们走上球场，列队，有国歌响起。不同的队伍有着不同的表示。“身体语言总能够透露出无穷的信息。我们看到场下的队员精神抖擞地站着，抬头挺胸，眼神交汇于一点。”理查森说。在她眼中，那是队伍最强大的时刻，“我在其他人脸上看到了火焰”。

那场比赛异常紧张与激烈。新西兰队曾击中一次门柱，而且还有很多次机会可以反败为胜。但是英国队的队员知道，对手早就已经输了。“不管对方使出什么招式，我们都一定会赢。”凯特·沃尔什说。

在伦敦奥运会期间，斯塔福德·默里所带领的分析师团队一共分析了2500 小时的视频脚本，耗资约 25 万英镑。据默里说，至少有 4 枚金牌与比赛分析直接相关。全部比赛结束，英国队高居奖牌榜季军，超过了竞争对手澳大利亚队、法国队、意大利队和德国队，甚至还超过了强大的俄罗斯队。这样的成绩完全超出了他们的想象。

闭幕当天，默里来到一家他常去的本地酒吧。对默里来说，酒吧就是第二故乡，虽然他妻子认为酒吧是默里的第一归宿。每晚，他都会身着普通短裤、人字拖、花衬衫独自前往酒吧。他会在酒吧里喝几品脱啤酒，抽几根烟，跟遇到的人夸夸其谈，却对奥运会只字不提。

那天，他照例去了酒吧，但没有换掉英国体育学院的制服。官方规定，工作人员在身着制服时不得饮酒，尽管如此，默里还是喝了一些啤酒，抽了根烟。他看着电视中播出的闭幕式，沉默不语。从开始规划奥运会比赛分析项目，到此刻已有两年。他给母亲、兄弟、皮尔森，以及祖父都打了电话。

然后，他又沉默地坐了 1 个小时，不动声色地思考着："项目竟然真的成了！"

16

制胜秘诀

2012年8月，伦敦奥运会期间，法国自行车队的运动表现总监伊莎贝尔·高斯隆（Isabelle Gautheron）召开了一场新闻发布会。在前一天，场地自行车项目一共进了10场不同的比赛。排名榜首的是英国队，横扫了7枚金牌；法国队名列第3，仅有1枚金牌入账。

显然，高斯隆一脸迷茫，根本不知道为何英国队能称霸赛场。“他们是不是基于新的能量转换途径，开发出了新的训练方法？我不是说他们使用了违规产品，毕竟兴奋剂测试也是十分严格的，”她说，“我们非常关注他们所使用的装备。他们会把比赛用的轮子藏起来。比赛一结束，他们就把骑行时所使用的自行车轮子封了起来。他们是否使用了官方指定的Mavic车轮？我们知道，他们跟迈凯伦车队交情颇深。”她说，英国队用的是“魔力车轮”。

英国体育学院研究与创新项目负责人斯科特·德拉韦尔长得高大英俊，头发总是梳得很整齐，笑起来会显得十分害羞，说话不徐不疾，博闻强识，谈吐不凡，带着初生牛犊般的热情与感染力。他善于沟通，并乐此不疲。他的人生格言是：“学习速度快过对手，是唯一可持续发展的优势。”

德拉韦尔拥有伤害流行病学的博士学位，懂得对足球运动员的健康进行风险管理。2000 年，他加入了英国体育局下属的胚胎技术与创新团队。他的任务是研发可用于运动的新型科学与技术。3 年后，他成为研究与创新项目的负责人，每年可获得约 15 万英镑的经费支持。

总而言之，那时的奥运会并没有应用太多新兴科技，与之形成对比的是，英国拥有很多全球顶级的高校和工程公司。德拉韦尔将自己的研发项目视为有关运动与科学相结合的尝试。“我当时想的就是走出去，去尝试，边学边做。”他解释说。

德拉韦尔没有那么多时间，他必须将不谙世事的运动队转变为接受新兴技术的先驱。必须在 4 年一次的奥运会中布局，加速研发先进技术，并不断测试、应用和改进技术。他深知，将技术研究应用于实际生活并非易事，想要缩短时间，必须寻找捷径。

在刚开始工作的前 6 个月中，德拉韦尔遍历英国，考察顶尖的高校与公司，建立关系网络，寻找优秀人才。他所做的不是寻找天才运动员，而是发掘空气动力学、材料科学，以及人体生理学领域的优秀科学家、技术人才和行业专家。按照政府规定，所有项目都必须经过正式招标，因此德拉韦尔主动邀请大家提交申请。他会先通过一些小项目对心仪人员进行测试，判断他们是否符合自己所建立的关系网络的要求，评估其自我意识强弱，以及是否持着正确的理由，真诚地想要加入奥运会项目。

英国自行车队是较早采用先进技术的队伍之一。心理学家安德烈娅・乌尔斯还记得，第一次跟德拉韦尔碰面是在 2004 年的雅典奥运会之前。对于使用可吸收药片来测量体温这件事，她一直都很犹豫。药片能够测量出运动员的体温，这是备战雅典奥运会的重要环节之一，因为奥运会自行车馆内肯定会异常闷热。

“运动员的大脑会发出自我保护指令，防止身体继续产生热量。这在比赛中十分致命，”乌尔斯解释说，“因此，防止运动员到达自我保护的临界点是至关重要的，测量体温的可吸收药片也就变得十分重要。理论上，运动员只需服下药片，等待手持式扫描仪测出体温即可。然而，运动员可能会饮用大量冷饮，这对体温测量结果会造成极大影响。我们得到的数值可能会非常奇怪。”

在德拉韦尔的安排下，乌尔斯与英国军方进行了会面。军方成员告诉乌尔斯，内服药片的方式他们在 30 年前就已经不用了，现在用的是一种经过实践验证的好工具：肛门温度计。乌尔斯回忆说：“我说，凡事总得有个限度，虽然我自己是一名女性生理学家。”

据乌尔斯说，德拉韦尔很快就因始终如一的优秀理论与创新方法声名鹊起。“如果他要向你介绍一种新方法，那这个方法肯定能让人眼前一亮。形形色色的人会找你推销各种各样的垃圾方法，但斯科特绝对不会提供虚头巴脑的东西。”

2004 年末，德拉韦尔在母校拉夫堡大学举办了以自行车空气动力学为主题的“技术专家公众日”活动。会场是一间硕大的房间，里面摆放着几张圆桌。二十余名空气动力学家、自行车工程师、电脑科学家和软件工程师受邀参加了活动。英国自行车队也参加了，他们派出了男子队竞速赛教练西蒙・琼斯以及前世界冠军克里斯・博德曼。德拉韦尔不知道这次活动是会改变一切，还是会白白浪费所有人的宝贵时间。后来每当提到这件事，他都会说：“我简直担心死了。”

德拉韦尔精选了一些有关自行车比赛的片段，然后问参与人员：如何才能把车骑得更快？与会人员提出了一些观点，有的说对紧身衣材料进行优化，有的说在梨形头盔的前部安装一个坠饰（“该观点基于空气动力学的基本原理，如果在大物体前面装上一个小物体，就可以让气流远离大物体。”德拉韦尔说。但是，这么做其实非常不实用）。

后来，“技术专家公众日”活动还举办过很多次。通常来说，只有这群特殊人员才能明白这类会议所产生的新观点。然而，随着概念逐渐被转化为新装备和新训练方法，运动员也开始了解这些新技术了。丹・亨特很反感这群神神秘秘的人，并给他们起了个绰号——“秘密松鼠俱乐部”。这个绰号倒是十分吸引人。

2005 年，国际奥林匹克委员会将伦敦定为 2012 年奥运会的主办城市，德拉韦尔所带领的团队得到了资金和人员支持。有了每年 250 万英镑的经费和 15 名体育运动科学家的加持，德拉韦尔扩大了自己的研究范围，并将研究分为 5 大方向：竞技装备、训练科学、教学工具与技术、运动员健康、残奥会。

在伦敦奥运会期间，法国队的运动表现总监曾明确指出，英国队与一级方程式赛车的迈凯伦车队有合作。在装备方面，只有英国队跟迈凯伦车队进行了合作。在位于曼彻斯特的奥林匹克自行车馆内，英国宇航公司开发出了一种计时系统，利用自行车运动员身上的激光器和条形码来精确识别身份、测定每圈骑行时间和速度数据。自行车上装有仪表化的曲柄，可以收集力量数据、速度数据和加速数据。这些数据可以通过迈凯伦车队和运动表现分析师所开发的系统被实时记录下来，也就是说，自行车运动员的练习视频可以被直接传送到教练的平板电脑上。

研发团队的伟大事业并不只限于自行车运动项目。英国皮划艇队的分析师利用英国宇航公司和迈凯伦车队共同开发的数据记录传感器，收集了实时加速数据和功率数据。田径队的生物机械工程师利用激光扫描技术，计算了三级跳远的水平速度、垂直速度以及起跳前的最佳速度。拳击队的分析师则利用定制软件“爱拳击”，输出了两万余名国际拳手的战术简报。这还只是那一年里，英国诸多运动队所做的几百个体育运动科学研究和分析项目的掠影。

孜孜以求，研究创新，帮助大家获得大大小小的比赛优势，也成就了大家的口号：“边际收益聚合，提高体育成绩。”这一原则源自戴夫·布雷斯福德所率领的英国自行车队，它分解了运动表现的原则，对其他队伍也广泛适用。通过将运动表现分解为不同的组成部分，并对各个组成部分进行逐项改善，便能将最终成绩提升很多。运动表现分解原则是一个科学的方法，很像持续改善的经营理念。持续改善的理念因丰田的推广而日渐流行，它要求营造出一种处于不断完善状态下的企业文化。实际上，“边际”这一术语是布雷斯福德在回顾攻读工商管理学硕士期间的有关边际成本的研究时所想到的。在自行车界，这意味着分解与骑行相关的全部因素，然后寻找能改变全局的 1% 的可能。显然，对于布雷斯福德来说，远大的目标很难被应用到日常的基础训练当中，但是常被忽视的微小进步往往能聚沙成塔，促成意义重大的改变。

“边际收益是变化的幅度：我们在哪儿？想去哪儿？”布雷斯福德说，“同样，我们也有成功的边际。我知道，这个概念听上去有些矛盾。运动员赢得一场比赛可能只需要比对手快 0.1 秒。然后，运动员会想：‘好的，我们比对方快 0.1 秒就能赢得比赛，如果做好这些小事刚好能帮我们取得 0.1 秒的优势，那么我们有什么理由拒绝做这些小事呢？’”

大家心照不宣，一直认为顶尖运动员之间的天赋、能力，以及训练方法无甚差别，这样一来，英国队就只能到细节、边际和毫秒中去寻找竞争优势。

例如，在设备方面，德拉韦尔与合作伙伴对技术创新本身划定了阶段，就像生理学家对运动员的训练计划划定阶段一样。以 4 年为一个周期，他们通过训练对不同技术进行着实验和测试，但几乎不会在国际赛事中应用。他们只在最重要的比赛中采用最新的技术。因此，在奥运会期间，英国运动员不仅在生理上处于最佳状态，在技术上也处于最先进的水平。

对德拉韦尔来说，创新技术是一件重要的武器，而追求创新的文化环境则是一种更强的力量。“一旦对流程做了优化，我们就能感受到自己所营造出的紧张气氛，”德拉韦尔说，“只要别人开始关注我们的表现，而不再关注自己的表现，我们就已经赢了。”对他来说，边际收益是最大的障眼法。他很不理解人们为什么会产生这样的感知，并对这一概念做出这样的理解。这一概念引发了媒体的关注：解剖学枕头！剥开的香蕉！更圆的轮子！然而事实上却鲜有人能理解透彻。“大家都认为，这是一个了不起的新观点，它使十分微小的改变累积起来，”德拉韦尔说，“无论是积少成多，打破纪录，还是赢得奖牌，获得奥运荣耀，都是更宏观、更基础的积累结果。

德拉韦尔认为这种现象就像是心理学上经典的疏忽性盲视。在实验中，受试者需要先仔细观察一段篮球视频片段。在接受测试时，大部分受试者都会忽视在比赛过程中穿着大猩猩服饰到处游荡的怪人。德拉韦尔还同一位放射学家一起做了另一项实验。他们花了 3 年时间来锻炼在身体组织的图像中识别异常结节的能力，但是在实验中，83% 的受试者在直视图像的情况下未能发现一个体积极大的结节，其大小约为正常结节的 48 倍。“背后的逻辑是一样的，”德拉韦尔说，“大家都认为，细节的不同是关键，却全然忘记了流程才是最重要的。”从运动表现规划的角度来看，流程是一项严密且有条理的方法论，包含了各项训练的各种元素，既涉及心理学，又涉及生理学，能大幅提高人类的运动表现，而非小打小闹地改善成绩。德拉韦尔甚至还给这套方法论起了一个引人注意的名字：制胜秘诀。

在英国奥运会代表队中，制胜秘诀就是心理学实验中的大猩猩。

斯塔福德·默里本以为，在奥运会过后，自己会有一些修整时间。伦敦奥运会于 8 月 12 日周日闭幕，默里只在周一休息了一下，周二就返回了工作岗位。“我以为能开开心心地享一阵子清福，”他说，“接受赞扬，放松休息，回忆胜利的高光时刻。”然而，事与愿违，一切都变了。

从英国体育局传出消息，说高层会有人事变动，新的组织结构即将出台。很多像斯科特·德拉韦尔这种对伦敦奥运会贡献突出的人都将离开英国体育学院。曾跟默里并肩作战的分析师曼迪·德比尔也将开始追求新事业。

“那段时间，我压力很大，非常失望，”默里说，“我觉得这样做很不公平，于是到处顶撞别人，但事实并非如此。”

科学和技术发展部门发布了招聘启事，默里参与了竞聘。默里是英国体育学院中级别最高、资历最老的一批成员之一，所有人都认为他是这个职位最有力的候选人。他的确是最终的三位候选人之一，但未能拿到这份工作。

这对他的自信心造成了极大的打击。“简直是致命一击。”他说。默里一度想改变自己的做事方法，变得更严肃一些。穿穿正装似乎也不错。他对一位自己十分信任的生理学家透露，像他这种从不墨守成规的人很可能在晋升方面吃亏。这位朋友帮他认清了这一现实。“我没有办法从根本上改变自己的本性，”默里说，“我不能成为那种无聊透顶、衣冠楚楚的人。人生太短暂了。”

默里开始思考，是不是该离开英国体育圈了。毕竟有很多地方向他抛来了橄榄枝。加拿大招聘他，澳大利亚也想将他招入麾下。

时任足球协会运动表现总监的戴夫・雷丁问默里，想不想做英国足球队的分析主管。默里其实特别反感足球这项运动，但他还是听从了雷丁的建议。他们总共进行了 4 次会面，讨论了英国足球协会未来的框架，以及如何将分析工作融入队伍中。然而，在跟雷丁和英国足球协会高管做最后一轮沟通之前，默里退出了。他外公去世，葬礼刚好跟面试同一天。“我必须给外公献上悼词。在那个时候，这件事对我更重要。”默里说。他给雷丁打了个电话，道了歉。

一天晚上，坐在出租车上，默里终于下定决心离开英国体育学院。那时，在奥运会期间，英国队与雷达鱼公司紧密合作的那个项目让他刚刚获得一项技术成就奖。默里望向车窗外，想着自己曾取得的成绩。“不如急流勇退，反正情况也不会比现在更好了。”他心想。几天后，默里接到了英国体育学院负责人之一马克・贾维斯（Mark Jarvis）的来电。学院想在所有参加奥运会的队伍中推广“制胜秘诀”模型。虽然这一模型在一些队伍中已有应用，但英国体育学院要将它应用得更正规，以确保它成为所有队伍运动表现规划的一个环节。贾维斯想成立运动表现科学家小组，在教练采用和适应新流程的过程中与教练保持沟通。他需要默里帮助他管理队伍。

“我拒绝了他。”

在默里看来，从某种程度来说，运动表现分析师早在 1998 年就开始应用“制胜秘诀”了。那时，戴维·皮尔森和迈克·休斯创造出了壁球界的第一套精英运动员模板，里面汇集了运动员的成绩信息。2005 年，他所带领的分析师团队已和自行车队的教练一道，在自行车赛道上使用分析方法进行运动表现解构。

在英国体育学院成立之初，年轻的体育运动科学家本应获得支持，却要么被雪藏，要么做了与能力不匹配的工作。“训练毫无组织纪律性可言，”心理学家乌尔斯说，“助理教练想让运动员增肌，营养师却想让运动员减肥。大家没有在相互配合，双方做出的努力相互抵消，最后一事无成。”

在英国自行车队的训练中，不同专家最终商讨出了统一的运动表现指标。诚然，这种统一取决于场地自行车所具有的较强的确定性。这项运动的可测量性和可量化程度都很高。因此，赢得金牌的方法可以被总结为物理学与生理学的抗衡，再加上一定程度的生物力学应用，以及战略战术的规划。

在自行车项目中，一开始通常会由分析师抓取数据，将目标时间分解为每圈骑行的时间、速度和节奏。然后，转化为自行车运动员所需达到的物理指标，例如功率重量比，再将物理指标转化为生理指标，包括力量、体重和需氧条件等，最后委托专家对项目进行个性化定制，范围涵盖热身运动和减少气动阻力等。

英国体育学院的负责人之一马克・贾维斯仍记得大家是如何在自行车项目上规划他所说的“运动表现倒推”的。“无论是在哪里生活的人，都免不了有这样的习惯，运动领域当然也不例外。没错，‘我有自己要做的事情，我也知道自己需要进步。如果采取行动，我就会进步，这代表我的措施是有效的’，”贾维斯说，“这种方法听上去似乎很合理，但他们却逐渐改变了这种想法。他们会设立一个目标，例如，比世界纪录快 8 秒，这个目标极具挑战性。那么现在，我们需要做什么才能实现这个目标呢？”

表面上看，这种做法是隐藏在“制胜秘诀”背后的简单逻辑：世界冠军在做什么？我们的运动员有多好？如何能跟世界冠军一样好？

当然，这个观点只描述了目标，对如何实现目标却只字未提。贾维斯对问题进行了如下描述：如果生理学家、心理学家、生物力学家、营养学家，以及体能教练共处一室，询问大家提升运动员成绩的最佳方式，他们会给出四种不同的方案，以及无数种可以提升运动员成绩的干预方式。“如果我是体能教练，那么我解决所有问题的办法就是进行深蹲训练，”贾维斯说，“我们将这种现象称为‘学科眼镜’。”

受制于时间和财力，只有让正确的人在正确的时间先做正确的事情，才能打造出成功的奥运团队。“制胜秘诀”就是这样的一种方法：一种适应性很强的柔性规划策略，可以帮助所有科学家、教练和运动员集中精力攻克最有可能提升成绩的环节。

以男子 100 米短跑为例。为了赢得比赛，短跑运动员只需成为跑得最快的人即可。第一步，进行合理预测，短跑运动员只要能打破 100 米的世界纪录——9.58 秒，就很有可能成为比赛当天的王者。然而，即便如此，也不能保证他一定能拿到奖牌。在比赛中，100 米短跑运动员通常需要连续参加 3 天的比赛。在世界巡回赛上，半决赛和决赛还可能会在同一天举行。在帮助运动员备战时，每天比一场跟三天比四场是有很大区别的。这是两种完全不同的运动表现目标，意味着完全不同的训练方法。

第二步是将运动表现目标分解为不同的组成部分。运动员需要拥有哪些能力？思想上、身体上、心理上都需要达标。在 100 米短跑比赛中，运动员需要在 160 毫秒内对发令枪做出反应，在 3.9 秒内跑过 3 米，最快时速需要达到每秒 12.2 米。

这些运动表现指标还可以被进一步分解为所谓的重点目标。在广义上，这些指标都是可以通过学习和训练来达到的。指标还包括力量和能量参数，以及承受高强度训练所必需的韧性。每个指标都带着一系列技术参数：下蹲跳高于 60 厘米，杠铃峰值功率不低于 4000 瓦，反应力指数高于 3.8，等等。

在前期调研结束后，运动员的奋战征程将会填满整个奥运周期，从训练营到运动表现里程碑。

模式本身是具有流动性的。不同运动项目，从自行车和跑步这种受外界影响较小的生理驱动型运动，到曲棍球等自带复杂属性的团体运动，再到拳击之类的对抗性运动，所包含的方面各有不同。

后面的一些实例告诉我们，教练和运动表现总监可能对模型产生极大的误解。他们会认为运用模式就是将所有事项都转化为确定的模式和运动表现指标。“有的人会说，‘这种方法不适合我们这项运动，我们不是自行车项目’，”贾维斯回忆说，“他们认为运用模型是一种目光短浅的行为，无法理解理论的复杂性。没有什么会比真相走得更远。”

在 100 米短跑项目中，我们可以客观地量化时间、速度、力量，以及打破世界纪录（也可以扩展到打败竞争对手）所需的生理特征。但对于足球这类复杂的运动来说，大家该如何着手分析解决问题呢？当然，这个问题困扰了好几代运动表现分析师。自分析师查尔斯·里普开始，大家逐渐取得了不同程度的成功。不过大家都知道，赢得比赛的方法千千万万，却没有哪一种是绝对可靠的。这样一来，“制胜秘诀”就应该改名为“如何提高获胜概率”。教练会优先考虑一些专家的意见和信念。专家跟教练沟通，理解教练的做事方法，并将获取到的信息转换为体育运动科学家所能理解的框架，是默里和贾维斯这些运动表现分析负责人的任务。然后，分析师要仔细地对以教练为主导的模型进行研究，找出客观证据来证明或推翻教练的假设。

以柔道为例。“在柔道运动中，运动员有许多种不同的获胜方法。运动员的比赛风格不尽相同，重量级别也存在差异。我们该如何制定训练目标？如果无法明确地说出提高获胜概率的因素，那么制订训练方案又该从何谈起？”贾维斯问，“然而，我们并没有利用大数据来进行大海捞针似的搜索，试图寻找成功的模式。我们所采取的方法是与教练进行沟通，以便了解他们的做事方法与成功哲学。他们会通过数据来验证所了解到的信息。我们想要的不是完美的计划，而是行之有效的计划，从而帮助队伍中的每个人自由选用适合自己的训练方式。”

英国柔道协会的运动表现总监奈杰尔·多诺霍（Nigel Donohue）和教练们基于 5 项技术要点，共同创立了柔道运动的“制胜秘诀”模型：一本胜利（相当于击倒对方）、地板技术得分（一种特定的擒拿技术）、压倒性优势（扣人心弦的换位）、竞赛管理（从保证得分情况，到管理场上空间以及比赛节奏）和毫不畏惧地比赛。

这些因素共同组成了柔道训练的关键支柱。柔道队把关键因素印在运动员 T 恤的背后，以及位于沃尔索尔（Walsall）的柔道训练场的墙上。每场训练有相对应的特定方向。在里约奥运会开幕前的 4 年里，所有运动员每半年都会接受一次针对这 5 五项技术要点的评估，评分从 10 分（金牌）到 1 分（红色预警）。每项技术都会有相应的评分。技术指标会对刚刚参加训练的运动员产生教育作用。参加巡回赛的初级运动员所接受的技术训练是优先关注并掌握 5 项要点，而非赢得比赛。所谓的冠军特质无法让年轻运动员走得长远，无法保证他们能在未来成为冠军。

“显然，年轻运动员更想要赢，”默里说，“关键在于赢得青少组世界冠军的人未必就是未来成为奥运会冠军的人。”

新模型得到了科学家的一致认可，他们选择遵从相同的指标。正如默里所说，在一天中的任何时刻拦下一名运动员，询问他正在干什么。他说，正在做这个。再问，为什么？因为这样做符合模型的某个要求。就连清理洗手间的保洁人员都知道，必须要保证卫生间是整洁的，只有这样运动员们才不会生病，才能争取到更多宝贵的训练时间。一切都与“制胜秘诀”息息相关。

就像 1962 年，约翰·肯尼迪总统在参观美国国家航空航天局（NASA）的情况一样。他问正在扫地的清洁工人在做什么，得到的答案是“帮助国家把宇航员送上月球”。

17

0.1 秒的优势造就 0.25 秒的胜利

北京奥运会结束后没多久，贴在格洛斯特大学公告牌上的一张海报就吸引了 19 岁的莉齐·亚诺尔德（Lizzy Yarnold）的注意。海报上有丽贝卡·罗梅罗和谢利·鲁德曼的大幅照片，以及如下字样：

> **寻找能力出众，能够赢得奥运金牌的运动女孩！**
>
> 金牌女孩是你吗？英国体育局和英国体育学院正在全力搜寻，有望于 2012 年伦敦奥运会期间，在自行车和其他目标项目（钢架雪车、皮划艇、现代五项全能、赛艇和帆船）中获得冠军的能力出众的女运动员。金牌女孩，英国有史以来所举办的最广泛的女运动员招募活动。
>
> 如果你：
>
> · 是女性，年龄在 17 至 25 岁之间；
>
> · 参加过任何郡级 / 地区级比赛；
>
> · 健康、强壮、有力；
>
> · 意志坚定、乐于竞争；

· 勇于牢牢把握一生只有一次的机会，成为英国顶尖体育健将。

我们等的就是你！

金牌女孩，这一新近发起的运动似乎就是在找亚诺尔德这样的女运动员：从孩提时代起就一直在参加体育竞赛，极有可能在某项运动中拥有尚未被开发出来的潜力。亚诺尔德参加过标枪、铅球和女子七项全能竞赛。作为一名运动员，她能力出众，但远没有达到参加奥运会的水平。她的姐姐，身高近两米的凯蒂·亚诺尔德（Kate Yarnold）就曾通过一个名为“身高过人，天赋异禀”的招募活动，顺利地成为一名手球运动员。莉齐·亚诺尔德心想：“等等，我不就是那个一直以来都天赋出众的运动女孩吗？我注定会成为一名运动员。”算上亚诺尔德及其朋友杰玛，共有近 900 名追梦少女参加了金牌女孩活动。当月下旬，两位女性开车来到拉夫堡大学对她们进行了测试。亚诺尔德原本计划在拉夫堡大学研究体育运动科学，但未被录取。没想到，测试地点选在了这里。她觉得有点怪怪的，接受测试，意味着接受一种完全不同的人生。

在登记注册的地方，工作人员在亚诺尔德的手上盖了个章；她的编码是 53 号。然后，工作人员要求她面对摄像头。她心想：“我一定要让今天变得有价值，因为今天非常重要。”亚诺尔德说：“那感觉就像是电影《双面情人》（*Sliding Doors*）中的场景。”在招募的几项运动中，亚诺尔德的目标是现代五项全能运动。她填了一张简单的问卷，说自己十分擅长游泳和长跑。“其实都不是真的。”她说。

年轻的女运动员需要分组接受称重和测量，还需要到体育馆周围的指定地点接受不同的体能测试：立定跳远、全力推拉、在骑行功率仪上进行 3 分钟旋转测试，还要进行 30 米的冲刺跑。亚诺尔德在接受冲刺跑测试时看到杰玛正在自行车上挣扎，痛苦不堪。她赶紧跑过去，在朋友就要从自行车上掉下来时，一把抓住她。紧接着，杰玛吐了她一身。

几周后，亚诺尔德收到了顺利入选的祝贺信。她入选了钢架雪车项目的第二轮选拔。她的 30 米冲刺跑成绩十分优秀，非常适合钢架雪车这项运动。随信还有谢利 · 鲁德曼在 2006 年获得银牌时的比赛视频，以及电视访谈视频。

亚诺尔德应邀于一个月后在巴斯大学体育训练村参加了第二轮测试。然而她在巴斯迷了路，到得很晚。她到了现场才发现，原来有这么多竞争对手：当天共有 100 名女运动员参加测试。她顿时心灰意冷。亚诺尔德参加过标枪和铅球训练，所以体重会比其他人稍重一些，其他人看上去都很苗条健康，强壮有力。她暗自思忖："我怎么可能比得过这些人？那个姑娘有 6 块腹肌！那个跑得也太快了吧！"

那天之后，教练丹尼 · 霍尔德克罗夫特对亚诺尔德没什么特别的印象，但亚诺尔德却牢牢地记住了他。当日阳光明媚，霍尔德克罗夫特在赛道顶点推雪车的位置上指导着一队运动员。亚诺尔德给他递了一副太阳镜。她吃了点豆形软糖，然后走了一圈，给大家都分了些。

她听得非常仔细，生怕漏掉霍尔德克罗夫特所说的某句话。作为一名标枪运动员，她习惯了身体偏向一侧奔跑，这跟钢架雪车所要求的奔跑姿势很像，因此她很快就可以推车起跑了。不过，她还是觉得整个过程很尴尬。"运动员需要整个人快速地趴到雪车上，腿在身后。整个人趴平在雪车上，像一块烤饼。"亚诺尔德说。

在接下来的 4 个月里，经过一轮轮的测试，最初的 100 位候选人留下了 50 位，然后是 20 位，最终只剩下 10 位。"过程很奇怪，候选人不停地接受着测试，然后离开。过一段时间后又收到邮件，说恭喜成功入选下一轮测试，情绪暂时得缓解。”亚诺尔德说。

2009 年 3 月，英国钢架雪车队的教练将 10 名新人运动员带到了利勒哈默尔，进行为期 3 周的冰雪集训。亚诺尔德收到通知，要带一块泡沫野营垫子，剪成小块，贴在肘部、膝盖、大腿、脚踝、手腕处。一到营地，运动员们就得到了一辆雪车和一张赛道地图。亚诺尔德与其他 3 名运动员同住一间小屋。在进行首次冰道滑行之前，大家轮流练习着：3 个人头朝下冲向地面，剩下那个大声读着角度和方向，以帮助其他人记忆。

亚诺尔德不知道自己会在冰道上碰到什么问题。她只是不想像其他人那样被吓呆。“我一心只想处理好眼前的事情，搞定那些比我强的‘6 块腹肌运动员’，”亚诺尔德说，“我必须努力做出尝试，拿到进入下一关的通行证。”

第二天，她全副武装地趴在雪车上，脚穿钉子鞋，头戴安全头盔，头盔上绑着滑雪护目镜。从第 3 个拐角出发，雪车沿着冰道向下滑，她开始计算弯道数量。然而在第 4 个转弯处，她数错了。地心引力将她的头盔狠狠地拉向冰面，制造出震耳欲聋的噪声，吱嘎吱嘎，响个不停。在这种时刻，亚诺尔德只能尽全力做到最好。

“感觉怎么样？”教练在终点处问她。

“太痛苦了，”亚诺尔德回答说，“如果能在弯道上做得更好些，我的速度一定能够更快。”说完，她重新回到了起点。

一位候选人腿部骨折，五位候选人在滑行了一圈后直接退出。有人说自己绝不愿意从事这项运动，早早离开了。亚诺尔德做着心理建设，继续练习，她不肯半途而废。

第二圈的情况还不及第一圈，这是亚诺尔德预料之中的事情。其他候选人都有了进步，甚至有人直接爬到了赛道顶端。亚诺尔德是最后一个到顶端的。

利勒哈默尔之旅结束后，亚诺尔德来到乌干达，开启了大学之旅。在途中，她接到了电话，得知自己成功入选。2009 年夏天，2 名男运动员和 4 名女运动员加入了英国钢架雪车队，其中就有亚诺尔德。他们将得到英国体育局的慷慨资助，还有最新款的布莱克洛克（BlacRoc）雪车。这种支持力度在所有体育项目中闻所未闻。

教练丹尼·霍尔德克罗夫特想在新招募的队员中培养出 2014 年索契冬季奥运会的冠军。“这令一些老运动员心生不悦。对于钢架雪车而言，老运动员本来就有很多了，现在又有新人来挑战他们的地位，”霍尔德克罗夫特说，“但这是事情发展的必然趋势。”

钢架雪车运动的关键在于推车起跑。霍尔德克罗夫特将自己对获胜方法的理解重新整理了一番，又让英国体育学院的斯科特·德拉韦尔派了一名学生过来，花了 4 年时间研究如何改善推车起跑的成绩。霍尔德克罗夫特虽然有一套自己的执教方法，但还是想用数据来量化这些理论。数据显示，前 55 米 0.1 秒的优势能够转化为结束时 0.25 秒的优势。队伍还为推车起跑开发了专门的技术模型，强调腿部推举、深蹲、硬举等力量训练。

然而，训练运动员是一项重大的实验，目的是重新定义运动员的训练方法。以传统角度来看，钢架雪车运动跟其他很多运动一样，都遵循着一种线性的划分模型。在赛季开始之前，运动员们休假归来，需要先进行一些恢复性训练，增进健康，增强体力，随后是高强度的力量训练，接着是能量和速度训练。

“逻辑就是，先造一台发动机，然后进行调试，最后完成奔跑冲刺。”生理学家克里斯蒂安·库克说。高强度体能训练过后，是技术和战术训练。

基于不同运动对不同能力，如能量、速度和技巧的需求程度差异，大家会对上述模型进行调试。对钢架雪车运动员来说，夏季的 6 月到 10 月，通常需要在健身房里刻苦训练。其他时间，他们会前往世界各地训练滑行，健身房训练则不再进行。“这个季节，运动员需要跟雪车融为一体，在冰道上反复练习，”库克说，“显然，这种训练方式很好，技术在比赛中至关重要，但这样做的结果就是，等到真正参赛的时候，运动员已经不再像之前那样强壮有力了。”

霍尔德克罗夫特想改变这样的模式。他打算同时进行力量、速度和技巧的训练，而不是在赛季之前，将目标能力拆开来训练，每 6 周只训练一项能力。在他看来，在夏天需要加大健身房训练的强度；在冬天，要补充体能训练，以维持身体素质，以免出现在夏天体能不断提高，到了冬天却骤然下降的情况。他想摆脱这种有关体能状态的不良循环。运动队员需要不断进步，争取每年上一个新台阶，以便在索契冬季奥运会时达到巅峰状态。

此外，从未在钢架雪车的赛道上拼杀过的新队员们，要迎战拥有十余年比赛经验的老将，单靠目标明确、条理清晰的训练是远远不够的。他们要想赢得比赛，就必须加速训练进程。霍尔德克罗夫特打算给他们施加前所未有的压力和推动力。那么问题来了，如何确保在施压过程中，新运动员不会因压力过大而崩溃。

那时，克里斯蒂安·库克正在重新定义自己对压力和心理适应的理解。“人们讨论压力适应能力的前提是，虽然有压力，但压力尚在承受范围之内，”库克说，“我不想将压力适应能力单纯地理解为抗压能力，而想知道如何将压力化为动力。”他一直对生态动力学和复杂系统适应等理论非常感兴趣，拜读过尼古拉·伯恩斯坦（Nikolai Bernstein）的著作，以及有关捕食-被捕食和相互适应的资料。“捕食者与被捕食者在复杂的动态环境中都能快速进化，”库克说，“我们可以将应激反应视为拥有相同特征的进化反应。”这让库克想到，在快速提升运动员的生理适应能力时，线性的阶段性训练很可能不如非线性的动态训练有用。

这一新想法跟霍尔德克罗夫特的加速训练想法不谋而合。库克说，尝试新方法时，需要对运动员的适应情况进行监测，再在运动员濒临崩溃时减少，甚至停止训练。

从那年夏天开始，库克每天都会监测运动员的睾酮水平和皮质醇水平。在高强度训练阶段，日常监测大多是每天挑选 4 名运动员进行测试，并将数据作为样本进行研究。他们还使用了“合理休息”这一应用来追踪心率变化，用公认的测量压力的好方法来监测运动员的情绪：他们会为训练激动不已吗？他们喜欢这种混合式训练方式吗？他们会觉得无聊吗？

霍尔德克罗夫特按照计划对新队员进行了训练，一点都没有手软。他希望大家可以践行承诺，遵从指导。对于这一点，完全没有可商量的余地。新队员们从踏进训练场地的那一刻起，就必须无条件地遵从训练要求，以达成训练目的。“我们不想混日子，”斯塔福德·默里说，“我们是在进行大刀阔斧的变革。通常来说，在 5 月、6 月、7 月，我们就把各种训练项目一股脑地交给了运动员，然后不断重复。”

莉齐·亚诺尔德对这些残酷的训练记忆犹新。她强迫自己来到腿部推蹬机面前，上去蹬腿，然后哭着下来。“我知道，再过 10 秒钟又得接着训练，”亚诺尔德说，“在极度疲惫的状态下持续进行训练真的太可怕了。我们迎来了黎明前最黑暗的时刻，需要走出低谷，触底反弹。”

霍尔德克罗夫特提出了“霸占体育馆”这一思维模式。他要求队员们像敢死队一样走进体育馆，称霸一方；不允许大家在训练期间，甚至训练间隙打闹。“一进去就开始训练。要么休息，要么训练。听着滴答作响的节拍器，完成训练，走出场馆，”霍尔德克罗夫特解释说，“我们从不胡来。”当其他项目的运动员前来使用设备，却不遵从他们的训练规则时，霍尔德克罗夫特会礼貌地告知对方，自己的训练受到了干扰，请他们离开。“我们对自己人也是如此，”霍尔德克罗夫特说，“如果有运动员来了，但不在状态，我们会对他说：‘伙计，你来了，我们很开心，但是你今天的状态不对，还是去别的地方训练吧。’”

第一年的夏季训练到了第三个月，霍尔德克罗夫特发现大家已开始出现疲态。“他们要崩溃了。我所说的崩溃不是指肌肉或骨头受到损伤，而是指他们容易患上感冒和其他小病。”

霍尔德克罗夫特并没有将队员易生病的状况当作负面反馈，而是当作身体在需要恢复时所做出的正常生理反应。“是的，他们累了，但这就是常态，”霍尔德克罗夫特说，“这是一种典型的训练适应。先把大家推进洞里，再用长钉把大家救出来。”队员们需要自行探索洞的深度，也就是找寻触发最佳适应能力的合理临界值。“运动员的崩溃临界点在哪里呢？谁都不想在底线之下做事。在了解底线之后，就会想要挑战极限。”霍尔德克罗夫特会让生病的运动员先休息一下，而运动员在回到训练场之后，都会在赛道上跑出最佳成绩。

在第一年，为了测试新的训练方法，他们并没有在伊格斯冬季训练中加入任何体能训练，并对队员们的皮质醇水平进行了跟踪，以了解训练给大家造成的压力有多大。结果，运动员们的压力很小，跟夏季训练时的压力水平简直没法比。到了第二年，他们在冰上滑行的基础上增加了体能训练。这是一项实验性的举措，钢架雪车运动员几乎从未同时进行过冰上训练与体能训练。库克和霍尔德克罗夫特发现，可以在不对运动员的冰上技能产生决定性影响的同时，提升其力量和爆发力。压力水平仍旧没有变化。

然而，运动员会抱怨体能训练增加了他们的负担，让他们疲惫异常。霍尔德克罗夫特告诉他们：“伙计们，夏天都这么过来了，现在却跟我抱怨太累了，练不了。好好想想吧。”数据显示一切正常，没有任何问题。按照霍尔德克罗夫特的计划，体能训练每日照旧。库克将这种训练方法称为“挠龙的尾巴”。

这一术语的提出者是物理学家理查德·费曼（Richard Feynman），原本指的是 20 世纪 40 年代的一种核试验。在实验中，物理学家将微小的钚粒子放入了放射环中，并使其接近临界值。库克知道，就经验来看，在赛季初进行一系列的高强度训练，会导致运动员体能水平在赛季末下降一大截。如果以 7 至 10 天为一个训练周期，那么运动员就可以保持最初的体能状态。

“想让恶龙一直喷火，就得一直给它挠痒痒，只有这样它才不会忘记如何喷火，”库克说，“看似微不足道之事往往能产生重大的影响。”

2010 年 2 月，女运动员艾米・威廉斯在温哥华冬季奥运会上夺金。冬季奥运会过后，霍尔德克罗夫特和其他两名教练从加拿大飞往了古巴，度了一周假，然后去了普莱西德湖村（Lake Placid）。新人正在那里进行季末集训，备战北美杯。

在比赛中，姑娘们的推车冲刺时间全都打破了纪录，统统跻身世界前八。“其他国家的运动员震惊不已，甚至愤懑难平，”霍尔德克罗夫特说，“我听到其他队伍里有人说：‘哦，糟糕，那帮家伙来了！’”

所有了解莉齐・亚诺尔德的人都知道，她具有双重性格。在日常生活中，她亲切友好、善于交往、时常露出微笑。“我非常在意小组，在意团队，”亚诺尔德说，“我得确保每个人都不会出问题。”

然而在训练中，她又是另外一副面孔，既专注又兴奋，心无旁骛。大家将此时的她戏称为“另一个亚诺尔德”，不苟言笑、不善交谈。在训练时，哪怕是男友从健身房前走过，她也会直接无视。她有一句口头禅：“别添乱。”

她很清楚自己具有双重性格。“拥有两种完全不同的性格真的让我精疲力竭。作为一名运动员，我要确保自己所做的任何一件事都正确无误，分毫不差。我要求自己在比赛中不惜一切代价一心求胜。为此，我消耗了太多的能量，以致会在不训练的时候失声痛哭，而且会因为训练而变得情绪激动。”

完美主义和对夺金梦想的追求影响了她的表现。“我的意思是说，大家没必要把目标说得那么明确，”亚诺尔德说，“我之所以想参加奥运会，肯定不是为了混一件官方 T 恤穿。”她被视为最有潜力的新人，但就数据而言，她只能位列倒数几名。

克里斯蒂安·库克认为，对于亚诺尔德这个运动员，要跳出她的训练，看看她在日常生活中是什么样的。亚诺尔德的成绩常常会超出大家的预期，而且她在生活的各个方面上都对自己提出了很高的要求。“人们列出了一系列想要做到最好的事情，却忽略了做这些事的后果，逐渐累积起来的压力最终会影响自身。运动员的表现并不单单体现在健身房里或赛道上，还体现在如何给自己定位，如何朝着目标努力这些事上。”库克说。

亚诺尔德开始学着摒弃生活中多余的焦虑，以确保不给自己增加不必要的压力。2010 年 11 月，钢架雪车女队在意大利切塞纳（Cesena）参加欧洲杯的比赛，这也是新人作为职业运动员参加的第一场重要赛事。队伍的预期是 4 名女将都跻身前 10。亚诺尔德在比赛首日排名第 11，是所有英国队队员中排名最低的。霍尔德克罗夫特和冰道教练马克·伍德（Mark Wood）把她叫到一边，问她为什么只滑出了第 11 名的成绩，而没有跻身前 10，到底是怎么回事？

“我觉得教练是在冲我大吼大叫，于是就说‘我已经做到了最好’，”亚诺尔德说，“我又不是第一次这样，有问题吗？我已经很努力了。”她认为自己遭受了粗暴对待，因此非常生气。

她将接下来的时刻称为“悬崖时刻”。“被教练大声呵斥后，我觉得自己就像是个正徘徊在悬崖边上的人。我只得了第 11 名，这成绩糟透了。在这种高压时刻，人们会做何反应？要么跌落悬崖，直接放弃；要么放手一搏，力挽狂澜。”次日，她排名第 5，超越了另外两名英国运动员。两周后，在因斯布鲁克（Innsbruck），欧洲杯决赛上，她连赢了两场。她深知这种改变源自内在，她可以更沉着、更克制。

“我认为，功成名就之人和动力满满之人有一个共同点，那就是拥有能够掌控一切的洞察力。当然，从生物学角度来看，没人能做到这一点，”库克说，“激素从不说谎。”

2012 年 11 月，亚诺尔德第一次对冰道有了全面的认识。在一次比赛中，她眼前一黑。她当时正在惠斯勒参加钢架雪车世界杯赛。那是她以职业运动员身份参加的第二个赛事。在两次的试滑中，她拼尽全力想要掌控方向，但仍旧在一路下滑的过程中四处碰壁。在第二天比赛的第一圈滑行中，她领先于大多数对手。在第二圈滑行至最后一个拐角时，她的大脑被 5 倍重力加速度击垮，突然断档。她失去了意识。

亚诺尔德被送往医院，查看是否有脑震荡的症状。第二天，她获准继续参加比赛。“我跟电视评论员说不要透露任何消息，因为我的父母根本不知道我在比赛中遭遇了严重事故。”她说。在第一轮比赛中，她不慌不忙，安全完成；在第二轮比赛中，她全力以赴，单圈成绩排名第 2。最终，她总成绩排名第 3。

她很诧异，自己竟如此轻易地克服了这场严重事故。在经过认真思索后，她发现自己再也不会被赛道吓到了。为了克服恐惧感，她耗费了整整两年时间。以前，她总被恐惧感所支配，现在，恐惧感再也无法支配她了。她对速度的感知、对推力和拉力的了解，以及对赛道细微差别的感受，已达到了新境界。这些感觉能够变成更加生动、具象的记忆。例如，在惠斯勒参加比赛时一遇到困难的转弯，她就可以判断出弯道的类型，并将其与之前的转弯经验联系起来。她会提取出大脑中的全部信息：几何结构、速度、冰道状态、雪车状态和滑行装置状态，等等。一切尽在掌握。对冰道状态和赛道形状的强记忆为全速操控钢架雪车提供了巨大的帮助。

跟大部分记忆方法相同，亚诺尔德对赛道的记忆方法包含了一系列复杂的故事。在她的记忆系统中，每条赛道都有不同的特征。例如，伊格斯赛道和奥地利的初学者赛道，就像小朋友的练习场。赛道本身比较短，方向也比较容易控制，因此亚诺尔德将它们与小朋友的学习过程联系了起来。普莱西德湖赛道则像老年人："赛道时而简单直接，有时而困难重重，充满挑战，还会冷不丁地杀你个回马枪。你永远不知道前方会出现什么情况。普莱西德湖赛道的每一个弯道都有很长的一段故事。"

在亚诺尔德的脑海中，每条赛道的每个角落都有自己的故事。她的故事素材不仅来源于个人的经历、应对方法、与赛道的互动，还来源于对竞争对手的观察："转弯的时候，我们当然可以选择简单安全的方式，比如在底部慢慢移动。但是空间能有多少呢？每到一个角落，就得摆动一次。运动员起起落落，既可以选择进弯，卖力掌舵，然后放松，也可以选择进行更高级的操作：控制方向，提升，然后挤出。有无数种应对策略，转弯时可以一直摆动，也可以什么都不做。离开拐弯处时需要做什么？进入弯道的路线是什么？需要研究出最快的路线，没人知道的最快路线。我也会去实际体验一番，那时我会去解读即将发生的状况。这将对我产生什么影响？这对我意味着什么？"她将这样的做法称为逆向斯诺克，就像是时光倒流，重构轨迹。

在亚诺尔德看来，每条冰道都是精神书架上一本独特的书。在她的大脑中还有另一个书架，可以帮助她将不同赛道的转角联系起来。就是在这样的错综复杂的多维空间中，她找到了应对赛道的策略。赛季伊始，她的速度可能会有所下降，记忆也可能会有所减退。随着赛季的逐渐展开，她会通过视觉记忆技能来练习回忆。她逐渐加快了对赛道的可视化过程，每天回忆好几次，每周会都思考一条不同的赛道。

“世界上有很多赛道，它们千差万别，”亚诺尔德说，“周五，运动员在一条赛道上比赛；周六，收拾行囊；周日，已站在了一条完全不同的赛道上。我的脑海中已经有了很多赛道指南，我随时可以打开一本，看看某条赛道的情况。”如果有新赛道出现，她会先选择三个角落的三个方面作为重点关注对象。每次，关注对象绝不会超过三个。在完成记忆之后，她会不断改善和迭代，补充该条赛道的指南内容。

在勾勒索契冬季奥运会赛道时，亚诺尔德闭上了眼睛，左右摇摆身体，模仿操控雪车时的动作，轻微地挪动肩膀、膝盖、头部和脚趾。她将这个过程叫作“舞蹈”。在外人看来，她似乎已经着了魔。但在她的脑海中，她已经站在了冰道顶端的木屋里，周围空旷，大风阵阵。百叶窗在颤动，房间里铺满了白光。她走出小屋，站到赛道顶端。距离比赛开始还有三分钟，教练正站在她的雪车旁边。脚下冰凌吱嘎作响。钉鞋上有冰吗？如果有，就清理一下。系紧头盔，到起跑架旁边站好。紧接着，冲出去。她偏爱使用看似放松，实则爆发力极强的冲刺方式。她不紧不慢，渐渐达到了最佳状态。她知道爆发力和速度都很重要，但过度紧张并没什么用。一旦上了雪车，对周边的观察就会变得尤为重要。她需要观察前进方向，收集全部信息，以帮助自己不断前行。她能分辨出不同弯道的不同阴影，甚至连冰块下面的水泥也逃不出她的眼睛。她能清楚地看到转弯的通道。她觉察到赛道开始以恒定角度向下倾斜，在看到赛道右侧标记着终点的柱子时，跳上雪车。运动员们会经过一段 30 米长的漏斗形赛道，在一个向上的斜坡上停下。

她用单一的转向方法过了第1个弯道……离第2个弯只有10米了……到了第3个弯，赛道开始下降，有两次振动和摆动……一直靠右滑行，过了第4和第5个弯道。“就像在玩乐高一样，每过一个弯道我都会想：‘好了，下一个长什么样？’”亚诺尔德说，“我的脑海中会同时有两个弯道。”

操控方向，等待时机；继续操控方向，等待时机。雪车先攀升，后下降，来到第6个弯道。她感受到了压力，紧紧握住雪车，等待最后的出口和通道。第7个弯道过去后有两次振动。改变重心，迎接第9个弯道。迅速进入第10个弯道。雪车向下滑行，等待出弯道，然后迅速进入下一个弯道。过了弯道，来到直道上，提前在赛道上实现了高度提升。现在只剩下3个弯道了，全都只有两次振动。一路向下，等待出口。最后一处弯道依旧有两次振动。她抬头张望，一切都结束了。

奥运会开赛前几周，队内的心理咨询师询问亚诺尔德，你如果明天就比赛，有什么想法？“我准备好了。”她回答说。2014年2月14日，亚诺尔德站在索契冬季奥运会冰道的顶端，准备进行最后一次滑行。第一天比赛，亚诺尔德领先排名第二的美国运动员诺埃尔·皮克斯-佩斯（Noelle Pikus-Pace）0.44秒。在第二天的第三圈滑行中，皮克斯-佩斯打破了单圈赛道纪录。“她是很好的竞争对手，”亚诺尔德说，“我知道她有可能会反超，轻松地夺回优势。在第三圈滑行中，我不得不拿出了一个记号笔，所有人都知道我要做什么。赛事十分紧张，简单快速又扣人心弦。我只会在必要的情况下，在雪车上挪动身体。雪车会自然而然地滑动。”

最后一圈比赛，亚诺尔德泰然自若。她毫不费力地过了第一个弯道。然而，在第二个转弯处，她不知为何忘了控制方向，雪车开始在赛道上失控打滑。在每秒超过 145 千米的高速移动过程中，她心想："谁会在终点？他们都看着我呢，我又要挨批评了。"她又想，放松，进入第三个弯道，不会有什么问题。她需要调整雪车方向，放松心态。

当年，在艾米・威廉斯夺冠的时候，丹尼・霍尔德克罗夫特曾开心地大笑，尽情释放着自己的情绪。现在在索契，亚诺尔德完成了比赛，霍尔德克罗夫特却没有庆祝。当然，他很激动，只是他早已料到了这样的结果。在过去的两年中，亚诺尔德一直保持着压倒性优势。最终，她以 0.97 秒的优势赢得了金牌。跟霍尔德克罗夫特预测的结果相同，亚诺尔德的优势都是在起跑阶段获得的。跟威廉斯一样，亚诺尔德一丝不苟地完成了所有训练，满足了教练的全部要求，所以才最终夺得了金牌。对霍尔德克罗夫特来说，这种确定性并不只有赖于客观训练和科学方法，还有赖于教练的直觉，甚至信念。信念是不是坚不可摧的呢？当然是。在备战奥运时，霍尔德克罗夫特总会找时间独自坐在咖啡厅里，对着数据沉思："糟了，这样做根本没用！"健身房训练的数据上升了，但是推车起跑的表现却在原地踏步。"我曾经特别绝望，"他说，"最终，该来的都来了。真理从不会缺席。突然，大家一飞冲天。"

18

没发生的进球比发生了的进球价值更高

1941年，美国参与了第二次世界大战，俄亥俄州立大学的研究人员保罗·费茨加入了美国陆军航空部队在华盛顿特区成立的心理专家团队。除了推动战争，航空心理学课程的目的还有：将科学家对人类行为的理解应用到空军飞行员的测试和军事装备的设计上。

费茨利用眼动追踪技术研究了飞行员的可视范围，并设计出了可以减少人为失误的飞行仪表（他花了一些时间分析不明飞行物见证人）。第二次世界大战过后，费茨升至陆军中校。他提交了一份全面的分析报告，详细列举了人类在驾驶飞行器时所面临的各种挑战。究其原因，是设计不合理，没有考虑到人类感知的已知极限。《装备设计的心理学研究》（*Psychological Research on Equipment Design*）是第一本致力于阐明人机交互心理学的书。后来，大家将这门学科称为人因学。

费茨在回归学术圈后进一步扩大了实验的范围，利用反光镜、发声练习和反应时间测试等基础机械任务来研究人类感知和人类行为。在实验中，他让受测者在几秒钟内连续触摸两个矩形物体上的触针，这两个矩形物体之间有一定的距离。实验要求受试者动作越快越好，越精确越好。费茨发现，得到的数据可以用一个数学公式来精确概括，将触针移动到目标位置的时间与距离、宽度有关。这就是费茨定律，至今仍是人机互动领域内最牢固的经验和规律。

与当时的大部分心理学家一样，费茨的想法深受 20 世纪 40 年代计算机发展的影响。他利用计算机科学中的很多新兴术语描述了人类的认知和行为。他将人类大脑想象成一台计算机，这一比喻至今仍十分流行。与信息处理的过程相似，人类运动是线性的精确运动：感觉器官将对环境的感知视为输入数据，人体的内部机能利用先前的心理表征和存储记忆计算出回应方法、产出行为。

人机类比提供了很大的帮助，费茨甚至想编写一个计算机程序，模拟棒球击球手的行为。虚拟击球手所佩戴的内置传感器，可以记录下棒球运动的轨迹，然后根据感知到的条件，选择出正确的击球时间和击球力道。“我的想法是，既然计算机可以通过编程与人类棋手对弈，那么为什么不能通过编程击中人类投球手所投出的球呢？我不是在小看击球这项技能，从很多方面来讲，击球要比下棋复杂多了。”费茨写道。

在职业生涯的后期，费茨开始撰写著作，力求开拓出一种基于信息处理原则的新型实验心理学，以揭示人类的技能及开发方式。综合部队经验、实验室经验，以及大批运动员的调查数据，他提出了技能习得的三阶模型。

遗憾的是，费茨未能完成著作。1965 年 5 月，他在睡觉时突发心脏病，与世长辞。他已经写完了框架和部分篇目，后来，他的学生迈克尔·波斯纳受托完成了著作。费茨用自己首创的术语作为书名:《人的表现》。

▪▪▪

1978 年夏天，体育教育学研究生基思·戴维斯（Keith Davids）一毕业就来到利兹，想与约翰·怀廷（John Whiting）会面。怀廷是英国技能习得领域的先驱者，发表过极具开创性的专著《球类技能习得》(*Acquiring Ball Skill*)。戴维斯在到了利兹后才得知，怀廷刚刚搬到了荷兰，时任阿姆斯特丹自由大学人体体育运动科学研究组负责人，已非利兹大学的教职人员。同时，他还得知一名准博士生刚刚拒绝了奖学金，对方问他是否有兴趣接棒。

学校的工作人员带领戴维斯来到了本应属于那位准博士生的办公室。办公室很小，墙全被涂成了黑色，窗户上安装着深色百叶窗，里面有一台视觉记忆测试镜，以及一个破旧老化的球类轨迹投影仪。

这曾是怀廷的实验室，他在这里进行过多项视觉感知研究。他的大部分研究都围绕着一个简单的问题：接住一个球需要具备哪些能力？一直以来，很多教练都让运动员一直盯着球看，这种训练方法很受欢迎。准确地说，怀廷是在验证这种做法是否站得住脚。此外，怀廷还热衷于信息加工心理学。他想弄清楚，为什么眼睛需要一直盯着球看？要看多久呢？要在运动轨迹上的哪个位置击球？

在一项实验中，屋子一片漆黑，受试者坐在桌前，头部被固定（在视觉感知研究中，研究人员经常会使用特定的设备来保证受试者一动不动），扔出和接住一个被系在杆子上的球。怀廷对滚球撞柱游戏进行了改良。在滚球撞柱游戏中，小球被系在杆子上，受试者通过挥动杆子来推倒桌上的物体。怀廷设计的装置用的是电动开关而不是小柱子。开关会在球飞过的特定时间段开合和关闭，从而熄灭或点亮灯泡。这种实验模式被称为遮挡。怀廷可以通过照亮特定阶段的轨迹，来判断受试者接球所需要的视觉信息。遮挡实验证明，为了接住球而一直盯着球看是完全没有必要的。受试者通常只需认真观察一段时间，即可判断出小球的走向，观察时间一般为 100 毫秒（具体视小球的速度而定）。

怀廷还会利用高速相机和球类轨迹投影仪来展示接球这一复杂动作的产生过程。在小球逐渐靠近时，受试者通常会提前移动手，准备进入小球的飞行轨迹；在小球碰到手之前，会提前缩手。

在攻读博士学位期间，戴维斯对周边视觉的作用进行了类似的研究。“我使用了那台球类轨迹投影仪，”戴维斯说，“它实在是太古老了。有一次，弹簧坏了，零件飞得到处都是。因为担心受试者会受伤，我不得不暂停使用。”

1985 年，戴维斯加入了利物浦理工学院的体育和娱乐研究系。当时，这个系已是公认的英国体育运动科学的研究中心。新任系主任生理学家弗兰克·桑德森曾是怀廷的博士生。戴维斯和托马斯·赖利共用一个办公室，还和喜欢喝啤酒、吃咖喱的迈克·休斯成了好友。戴维斯受邀成为 1987 年世界科学与足球大会组委会成员，与他人合作撰写了两篇有关四人足球项目的论文，一篇侧重生理压力的测量，另一篇讨论的是足球运动员的焦虑。

“就在那次会议上，休斯和那些追随查尔斯·里普的分析师发生了第一次争执，”戴维斯回忆说，“我当时还没有意识到这个问题。”

实际上，戴维斯当时更关注心理学领域内的新鲜争议。

在华盛顿特区航空心理学项目创立之初，保罗·费茨很可能与一位名叫詹姆斯·吉布森（James Gibson）的心理学家见过面。吉布森曾在普林斯顿大学讲授心理学，后被调往了得克萨斯州的沃思堡（Fort Worth），后来还为飞行员提供视觉能力测试和训练影像。

这段经历对吉布森产生了重大的影响。他后来写道："这段经历令我十分焦虑。它使我逐渐意识到，心理学家对运动感知、空间感知和空间运动感知的实际应用价值一无所知。关于纵深的传统分类指的是绘画或者客厅立体镜，而在军用航空领域，实际问题则是：起飞与降落、导航与地标识别、追击与躲避，以及用子弹或炮弹瞄准目标。人们认为，对视网膜成像、视网膜感知的生理学了解，并不能改善飞行员在上述各方面的表现。这些技能，鸟和蜜蜂可以做到，大部分的年轻男性也可以习得，但没人知道那是如何做到的。"

吉布森彻底颠覆了依附于信息处理理论的主流心理学观点，提出了一种新的理论。后来，人们将吉布森的理论称为生态心理学。例如，他认为感知和行动不是相互独立的，而是密不可分、相互关联的：行动因感知而改变，感知受行动方式的影响。他将这种协同过程称为感知－行动耦合。

耦合的意思是，个体永远无法独立于环境之外，人们对个体的理解与环境息息相关。这也就是说，人们是通过互动来理解世界的。在生态心理学中，感知是直接的，并不从属于计算机式的大脑。

“当时，吉布森的研究几乎无人问津。美国中央情报局认为俄罗斯人能够像电影《谍网迷魂》(*The Manchurian Candidate*) 里所演的那样为大脑编程，因此大量经费都流向了那些研究信息处理的心理学家。”戴维斯说。

到了 20 世纪 70 年代，一些心理学家开始仔细研究和测试感知—行动耦合理论。例如，爱丁堡大学的心理学家戴维·李（David Lee）用实验证明了感知和行动之间的天然联系。他证明了视觉信息会对运动产生影响。他专门为实验设计了一个房间，墙壁和天花板都可以被悄然移动。墙壁只需移动几厘米，房间内的受试者就会开始晃动，但他们完全不会意识到这是外部的实验操作。墙壁移动得越多，受试者就会晃动得越厉害（有的孩子甚至会跌倒）。这样一来，实验人员就可以通过移动墙壁来控制受试者。研究人员称受试者为“视觉木偶”。“这体现出了人们对视觉信息的依赖程度，以及无意识反应，”戴维斯说，“例如，睁着眼睛单腿站立几秒钟对于大多数人来说应该不成问题，但要是闭上眼睛的话，站立就没那么容易了。”

在阿姆斯特丹自由大学任职的约翰·怀廷也认同吉布森的生态心理学观点，并且是吉布森的主要支持者之一。对此，他还进行了一系列颇具创造性的实验，从而为生态心理学理论提供了经验支持。在一项实验中，怀廷改良了接球测试，为其增加了一个弯道。这次他用了三个球：一个半径为 7.5 厘米的大球，一个半径为 5.5 厘米的小球，还有一个会在靠近目标时变小的球。他将一个小球装进气球，然后通过真空泵对气球进行机械放气，这样就得到了会逐渐变小的第三个球。根据信息处理理论，接住球的前提条件是进行大量的心理计算，譬如距离、物体大小和速度，从而准确估算出球的到达时间。在这种情况下，受试者很难及时地对变小的球做出反应。

生态心理学则认为，人们能对环境做出直接的感知和反应，而且反应都是下意识的，无须耗费精力进行心理计算。因此，怀廷认为，在小球移动时，其相对膨胀率提供了位移信息。在实验过程中，受试者对普通小球做出的反应跟科学家所预期的一样。然而，在观察逐渐变小的球时，受试者的行为发生了变化。在注意到球在变小后，他们会下意识地做出抓球的动作。

到了 20 世纪 80 年代，生态心理学家开始将吉布森的理论与苏联神经生理学家尼古拉·伯恩斯坦的理论进行整合。伯恩斯坦此前在西方一直寂寂无闻，直到 1967 年，其著作被翻译成英文，状况才有所改善。

伯恩斯坦发明了一种高速照相机，能够以每秒 200 帧的精度追踪人类的运动轨迹。他用自己的发明拍摄了铁匠在锯铁板时的场景。他将作为标记的灯泡固定在工人的手臂上，通过长曝光连续拍摄工人的运动轨迹。这些照片有助于他研究手肘、关节和肌肉的相对运动关系。

通过观察，伯恩斯坦发现，尽管运动结果完全相同，但铁匠的运动轨迹却从未出现过重复。他既惊讶又困惑。在他看来，大脑似乎不可能计算出协调关节和肌肉动作所需的全部命令。

这与信息处理理论相悖，信息处理理论认为运动中的变化会对运动造成影响，技能习得意味着将变化减到最少，然后促进协调运动。换句话说，熟能生巧。

然而，伯恩斯坦却对运动中的变化有着不同的理解。在他看来，变化或许是件好事，可以帮助人们灵活且持久地适应环境。当然，不是所有变化都是积极的，但变化是协调运动的基础。他写到，培养新运动习惯的练习过程的本质是，逐步为特定的运动问题寻求最佳解决方案，直至成功。正因如此，正确的练习不仅是在一次次地重复解决方案，更是在通过每一次的解决过程，逐渐改变和完善方案。显然，在这种情况下，“练习是一种永不重复的特殊重复”。如果不能认识到这一点，运动训练就只能停留在简单的机械重复层面上。这种落后的学习方法早已被教育学摒弃。

心理学逐渐分裂成两大学术阵营，且两者似乎开始变得相互对立，互不相容。基思·戴维斯坚定地站在新兴的、动态的生态心理学这边。心理学家卡尔·纽厄尔（Karl Newell）的理论对伯恩斯坦启发很大。纽厄尔是一名实验学家，主要研究儿童、老年人和残疾人的运动协调能力。纽厄尔证明，个体可以通过与限制条件互动，发展出更高水平的协调能力。

纽厄尔把限制条件分为三大类：肌体限制，即与个体有关的因素，如遗传基因、大脑突触结构、情绪和记忆等；环境限制，如重力、光线、声音、温度、社会规范等；当前任务的规则和目标。“对我来说这就是一个‘恍然大悟’的时刻，”戴维斯说，“我一眼就看出了这一分类对运动研究的意义。”

1991 年，戴维斯搬到了曼彻斯特城市大学，与学生马克·威廉斯一起重启了视觉感知研究。他想在学生的研究中加入生态心理学概念。以体育运动为例，典型的视觉感知实验是：在屏幕上投射静态图像，例如，足球运动员的控球画面，然后要求受试者用操纵杆或口头叙述的方式预测进攻方向。戴维斯认为，这并不是运动员的行事方式，运动员不会按下按钮或描述动作。因此，他们放弃了静态图像投影，转而使用真人比例的视频片段。视频中的运动员正面对摄像机控球，他们利用压力垫来跟踪记录受试者的反应。

然而，戴维斯依然觉得沮丧和孤独。当时，在体育运动科学领域内，生态心理学的支持者寥寥无几。同事们对他的研究持怀疑态度，期刊审稿人也看不懂他在说什么。

就连阿姆斯特丹自由大学的合作者也对戴维斯的体育运动表现研究表示了怀疑，因为他们更关注人类行为学。戴维斯回忆说："他们觉得，需要更多条件严格的实验室实验。"

1999年，戴维斯遇到了一位葡萄牙青年学者，名叫杜阿尔特·阿劳若（Duarte Araújo）。阿劳若正在里斯本技术大学研究运动心理学，因为受到新兴的生态心理学的吸引，他决定前往阿姆斯特丹自由大学学习一个学期。跟戴维斯一样，他从不认为实验室里那些针对行为的传统实验，能够解释清楚复杂的运动协调性。

阿劳若的同事路易斯·罗沙（Luis Rocha）是一名帆船教练（罗沙后来与葡萄牙奥运代表队和意大利奥运代表队进行了合作），两人经常与帆船运动员打交道，观察运动员如何在航海过程中做出决策，并获取了一手资料。在早期的一项研究中，他们让帆船运动员试玩了一个电脑游戏。游戏中的帆船真实地模拟了风况和海洋状态，运动员可以用操纵杆控制帆船。尽管游戏中许多决策与现实比赛中的决策十分相似，帆船运动员也能做出一些技战术动作，尤其是在靠近其他帆船时，但游戏终究与实际比赛完全不同。阿劳若说："这体现了人们会利用身体进行思考，通过行动更高效地思考。这不是我们的一家之言，而是证据。要想研究运动认知，就必须亲临现场。"

阿劳若想到了戴维斯以前写的论文，那篇论文将心理学家卡尔·纽厄尔的约束方法应用到了体育研究当中，是生态心理学领域内一篇意义重大的文献。他想研究得更深入一些。“如果这些原则是具有指导意义的，”他对戴维斯说，“那么我们根本就不应该躲在实验室里做研究。我不想把运动员拖到实验室里来，记录他们的被动感知与被动行为，我想研究真实运动状态下的他们。”戴维斯一心想着走出实验室，胆子也大了起来。于是，他们在觥筹交错之间开始规划阿劳若的博士研究方向。“我们最棒的见解通常都是喝出来的，”戴维斯回忆说，“我们还得记下来，省得明天早上忘光了。”

他们将首次户外研究定在了里斯本风景如画的卡斯凯什（Cascais）码头。他们招募了一组竞技能力很强的帆船运动员，并在帆船桅杆上绑上了荧光标记，然后让运动员自由出海。在正式比赛中，帆船需要先从起点出发，沿着不同方向进入指定区域。这时，运动员有 4 分钟时间来争夺起点线上的有利位置。阿劳若和戴维斯想研究帆船运动员在不同条件下比赛的表现。阿劳若在码头的不同位置录制了 20 多场实验，并用自己编写的软件对录像进行了数字化处理。“他们的行为与教练指导毫无关系，”阿劳若说，“他们的反应很大程度上取决于对手的行为。”

阿劳若和戴维斯还拍摄了篮球比赛中的一对一对抗。进攻方和防守方均在三分线位置上移动，其他队友分散在禁区附近。两名运动员会先玩 5 秒钟一对一的“斗牛”，然后再像正常比赛一样，让其他运动员参与进来。他们再一次清楚地观察到，两名运动员都在清晰地按照既定模式比赛。进攻方在试图带球过人，直奔篮筐时会下意识地等待防守方模仿自己的行为，这一幕有时会持续几秒钟，然后，进攻方会突然改变方向和速度，打破协调，而防守方则会不惜一切代价地维持这种僵局，他会试图预测进攻方的下一步行动，并确保自己始终位于篮筐与进攻方之间。比赛的模式很明显，但绝非有意为之。比赛模式是在攻守双方的无意识互动过程中自然产生的。“人们错误地以为运动员会对教练言听计从，”阿劳若说，“预设方案，或者说运动员需要想好应对方法，根本就是无稽之谈。”有时候，阿劳若会要求运动员解释场上行为。他经常发现，大家的解释要么根本站不住脚，要么与场上行为毫无关系。“显然，他们只是在复述教练说过的话，”阿劳若说，“但运动员的行为每场都会不同，具体情况取决于状态。”

实验关键在于，要证明运动员并没有完全听从指导，并没有完全按照既定技战术比赛。运动员在与比赛的限制条件进行互动时，会自然流露出某些行为。阿劳若、戴维斯和其他同事继续在比赛现场进行着实验，同时，这一结论变得越发清晰。例如，在研究足球比赛中的一对一对抗时，他们发现，运动员在靠近球门时，行为会自然发生变化：防守方会缩小与进攻方之间的距离，而靠近球门的进攻方则会表现得较为保守。“要想针对体育运动开展高效研究，就必须了解相关的背景，”阿劳若说，“脱离环境谈运动，或者脱离行为谈感知，所得到应对策略就会受到人为干扰，这跟用操纵杆玩电脑游戏没什么区别。”

他们意识到，强调限制条件的导向方法不单单与个体协调研究有关。这也是实验更深层的意义。他们可以从这一结果出发，研究运动员之间的互动和协调，例如用它来研究足球运动员。

1975 年，里斯本技术大学正式成立了人类动力学学院。自成立之日起，学院一直致力于创新研究，不仅培养运动专业学生，还为教练提供培训机会，并颁发证书。

卡洛斯·奎罗兹（Carlos Queiroz）是第一批学生之一。他热爱体育运动，酷爱文学和做实验，不仅录制过职业足球俱乐部的训练过程，还拍摄过孩子们在街上玩球的场景。他很快就发表了一些文章，阐述自己对足球的理解。他觉得足球这项运动复杂且充满活力，但是，足球运动需要一种新的训练方法，训练必须综合覆盖比赛的方方面面，包括情绪和认知。奎罗兹认为，运动员应该在实践中去学习，避开重复的枯燥的训练，选择保有复杂运动本质的小型比赛。他将这一原则称为“复杂比赛结构的简化”。“无法从比赛中获得的信息是不能用来指导行为的，”阿劳若解释说，“能够校正比赛时行动的最佳信息一定是从比赛中获得的信息，是球的位置，是队友的位置。那些人想不出其他训练方法。所有的训练都应基于比赛，任何偏离比赛本身的行为都是退步。”

1985 年，奎罗兹受葡萄牙足球协会邀请，出任葡萄牙青年足球队教练，得以将自己的理论付诸实践。“我如果在训练青年队时对自己的训练方法心存疑虑，就会失去所有人，”奎罗兹在 2017 年接受葡萄牙《每周快报》的采访时说，“运动员的表现呈指数式上升之势，我们在短时间内取得了惊人的成绩。”在奎罗兹的带领下，葡萄牙青年足球队在 1989 年和 1991 年蝉联两届世界青年锦标赛冠军。这群才华横溢的青年足球运动员被世人称为“黄金一代”，成为后来国家足球队的支柱，由路易斯·菲戈（Luis Figo）和鲁伊·科斯塔（Rui Costa）等人领军的葡萄牙队打进了 2000 年欧洲锦标赛半决赛，拿下了 2004 年欧洲锦标赛亚军，闯入了 2006 年世界杯半决赛。奎罗兹后来在 9 家世界顶级足球俱乐部担任教练，例如，在曼联队担任亚历克斯·弗格森的助理；执教过皇家马德里队；带领南非队、伊朗队和葡萄牙队闯入世界杯 4 次。

受到奎罗兹训练方法影响的人远不只足球界人士。作为讲师，他指导了一代教练。近年来，这些教练在俄罗斯、法国、希腊和英国都曾斩获国内联赛冠军。即便在奎罗兹离开之后，人类动力学学院依旧坚守着他的治学理念。学院成立了训练中心，以便让体育运动科学专业的学生能在从事研究工作的同时，通过实际指导队伍来进行学习，而非整天对着电脑分析视频。

“他们就像科学家一样，”基思·戴维斯回忆说，“从日复一日的实验中获得了经验和知识。他们没有使用动态的生理心理学语言，不知道吉布森的理论，只是在凭直觉行事。”

和奎罗兹一样，戴维斯也常常在职业俱乐部和青年学院中看到传统的训练方法，也同样对此感到惋惜不已，因为这些训练方法都基于孤立且重复的练习。传统的训练方法有一个问题，就是戴维斯口中的任务分解。例如，在教小朋友运球的时候，教练一般会先教他们控球，带球穿过场上立柱，之后再教他们带球过人。戴维斯说：“这两种环境所提供的信息是完全不同的，因此应对的行为也不同。”

戴维斯对排球发球做了任务分解，即运动员将球抛到空中，发过球网，直达对方球场。教练会先教运动员如何抛球，在他们掌握了抛球之后再教授空中击球技术。“我们知道教练为什么要那样做。如果我们只让学生练习而不告知原理和过程，那么他们会被各种事情搞得不知所措。”戴维斯说。他发现，如果只要求把球抛到空中，那么大家会把球抛得很高，而在要求发球时，他们会把球抛得低一些，而且差异性也更小。据戴维斯说，排球发球需要臀部、背部和击球手臂的协作配合，而且所有动作都是在看到排球到达轨迹顶点后才做出的。“通过分解任务，我们发现教练实际上是在教授两种不同的动作，”他说，“我们的想法是先练习动作的第一部分，练好练熟后再练第二部分，最后再把两个动作组合起来。然而，这些动作是连贯的整体，开始的动作会影响下一阶段的动作，下一阶段的动作又会影响下下阶段的动作。”

戴维斯和同学罗斯·平德（Ross Pinder）一起研究了板球机在板球运动中的应用。平德会打板球，他对戴维斯说，最快的投球手能让球速达到每小时 150 千米，只留给击球手 7 毫秒的反应时间。运动行为学家马克·威廉斯的早期研究表明，技术熟练的运动员一般都很擅长捕捉视觉线索：投球手的助跑、身体方向，以及握球的方式等。他说，在板球运动员的动作中，蕴含着很多板球机无法提供的信息。"你只看到一个球从洞里出来。"戴维斯说。戴维斯和平德对一名运动员在比赛时的击球和在用机器练习时击球的协调性进行了比较，他们发现，不同状态下的动作差异很大，无论是手脚协调，还是击球时间，都完全不一样。换句话说，机器并没有模拟出真实比赛的情况。

强调限制条件的训练方法认为，教练的任务并不是发号施令，不断地发出命令，或要求大家反复练习；教练应该是一个设计师，不断地创造学习环境，利用特定的限制条件模拟比赛的各个方面。应该简化设计，但不能省略设计；应该浓缩比赛中的各个场景，但不能简单分解场景。这就是戴维斯和阿劳若所说的典型学习设计。

例如，一个习惯用双手握拍反手击球的网球运动员，如果不得不用非优势手拿网球，那么就只能选择单手击球。又例如，教练可以在训练中改变比赛规则，不允许运动员在近球门处射门，以提高其远距离得分能力；想要增强人球互动，提升运动员技能，可以适当减小球场面积。"训练中所设置的限制条件必须要符合比赛的真实情况，否则就是在伪造情境。"阿劳若说，运动员应该通过自我探索与自我发现来学习，用伯恩斯坦的话来说，应该通过"永不重复的特殊重复"来学习。

近年来，戴维斯和阿劳若又提出了一个新想法。起初，体育分析人士并不买账。“我们批评的是，运动表现分析是一门相对科学，主要是一种方法论，”戴维斯说，“对于运动表现分析来说，没有理论可言。”他们认为，动态的生态心理学才能被称为一种理论。

以足球运动为例。这是一项以进球为目标的运动，但每场比赛的进球数通常都很少。

在《数字游戏》一书中，克里斯·安德森和戴维·沙利认为，进球既和技术有关，也和运气有关。

研究表明，44% 的进球具有偶然性。在任何一场比赛中，受欢迎球队的获胜概率仅有 55%。因此，他们得出结论，足球运动充满了随机性。然而，这并不意味着人们无计可施，无法去影响比赛结果。足球运动中固有的随机性让分析工作更具魅力。

在过去，运动表现分析学家认为，长跑能力是运动员表现的重要指标，球队的控球率与胜率呈正相关关系。

后来人们才发现，这些数据毫无意义。现在，分析师们知道，冲刺距离才是运动员表现的指标，球队在球门附近 1/3 范围内的控球能力与比赛输赢密切相关。更好的指标意味着能更精准地理解比赛。

“有时候我们只关注个人，忘记了关注周围环境。”专区公司前董事布莱克·伍斯特（Blake Wooster）说。如今，伍斯特经营着一家初创的体育公司，名叫 21 俱乐部。“比如，巴塞罗那足球俱乐部的梅西是有史以来最优秀的运动员之一，但是，如果把他放进另一支球队，会发生什么？”评估运动员的时候是需要剥离环境的。

然而，足球运动中一些很重要的因素仍旧很难被量化，而无法量化意味着无从理解。

以防守为例。安德森和沙利研究了英超联赛 10 个赛季以来的数据，对进球和不失球的价值进行了比较。他们发现，进球的平均价值略高于 1 分，而不失球相当于平均每场得了 2.5 分。“没发生的进球比发生了的进球更具价值，”安德森说，“这样说看似有悖常理。人们的疑问在于：如何量化没有发生之事？我们面临的挑战在于：让人们看见那些看不见的东西。”

在传统意义上，对一轮进攻的评估主要包括射门、传球、传中、冲刺等与球有关的行为。对于防守而言，铲球、解围和扑救等动作可以用来评估防守质量。然而，足球比赛本质上是一种集体行为，而集体行为则大多与球无关。

2008 年，阿劳若开始研发与集体行为有关的统计方法，因为个人指标无法量化集体行为。

例如表面积这个指标：将场上队员所覆盖的面积视为一个多边形，然后计算其面积。多边形的边界就是所有外围队员的连线。

还有个量化指标是质心：队员平均位置重心的派生值，可用以衡量比赛双方在比赛期间的集体行为的同步程度，以及平衡被打破的原因，例如，一个进球机会。研究表明，如果进攻方的质心比防守方的质心更接近球门，那么破门的概率会大幅提升。

伸展指数是几何指标，用以量化运动员在球场上的分布情况。当球队进行攻防转换时，这个指标可以很好地记录下队形扩张和收缩的自然过程。在进攻时伸展指数较高，意味着球队所占据的空间较大。在防守时，运动员更倾向于在持球者周围活动，这时的伸展指数会比较低。此外，这一指数还能显示出对手的队形变化，因为一方扩展，一方自然就会收缩。

2011 年前后，阿劳若联系了之前的学生佩德罗·马克斯（Pedro Marques）。马克斯曾在人类动力学学院研习过高性能训练。在攻读学位期间，他在葡萄牙体育足球俱乐部担任学术教练，后来加入了该俱乐部的分析部门。2010 年，他以运动表现分析师的身份加入了曼城队。

此前，阿劳若还不怎么懂如何通过分析对抗赛来获取数据。专区公司不愿意与研究人员分享数据，称数据有版权，但作为曼城队的分析师，马克斯可以访问与曼城队相关的英超联赛的原始数据。

有了这些数据，他们就能验证先前的发现，观察集体行动是如何发生变化的，例如，进球时的集体行为是怎样的，或者休息之前是什么样的。“这刚好体现了限制条件对行为的影响，”基思·戴维斯说，“比赛状态是一个限制条件，分数也是一个限制条件。这证明我们一直在阐释的观点是对的。”

在另一项研究中，足球科学家试图测量足球运动员的同步性。当队员以相同的方向和速度进行移动时，运动的同步性较好。在某种意义上，同步性可以用来衡量足球运动员作为一个战术单位，而非一群个体的比赛表现。研究表明，同步性较差的球队往往会输掉比赛。

具体来说，马克斯及其同事想研究的是，在赛程较为紧张时，队员们的同步性会受到何种影响。对于顶级球队来说，赛程紧张是常态。有时候，每周都得比赛至少一场，因此队员们的恢复时间无法达到专家所建议的 72 小时。然而，没有研究能够证明队员的个人表现受到了影响。

在研究中，他们采用了两个不同时期的数据：一个是 3 天 1 场，连续踢 3 场比赛；另一个是 6 天踢 3 场或更多比赛。他们不仅跟踪了队伍的同步性，还使用标准指标衡量了运动员的个人表现，比如总跑动距离和不同速度下的跑动距离等。就这两个时期而言，后面这些指标在数据上不相上下，传球次数、对抗次数和触球次数都差不多。

然而，有关战术的统计数据却截然不同：在比赛较少时，球队的同步性要好得多。

“这意味着，尽管大家的生理状态得到了恢复，头脑却还不够敏锐，”马克斯说，“表现的下降并没有体现在生理上，而是体现在了协调性和决策性上。”队员无法在正确的时间出现在正确的地点。

研究表明，只关注体能恢复似乎还远远不够。教练还应该设计有针对性的训练，持续加强队伍的协调性，激发队员们的决策能力。阿劳若及其同事在两个地区级的球队中测试了这个想法。阿劳若用标准测试获取了球队的基本数据，例如质心。他还记录了运动员的反应时间，即要花多久才能将位置调整到持球者周围。

随后，他们利用迷你比赛和条件限制法在一个队伍中进行了为期 15 周的测试。阿劳若说：“他们的进步很惊人。所有队员的反应速度都快了很多，不仅是那些离球最近的队员。一旦有队员持球，全队就会自发地调整位置。”

这一结论再次印证了基思·戴维斯的理论。研究足球这种运动的复杂之处并不在于学术上的分歧。这门科学应该成为教练分析理解比赛的基础。戴维斯喜欢把运动员和教练比喻为两个物种，双方按照相同的进度共同进化，相互适应。生物学家称之为“协同适应”。例如，在捕食与被捕食的关系中，捕食者发展出了敏锐的视觉来发现猎物，同时，被捕食者因此而进化出了一种更有效的伪装方式。所以，戴维斯认为，教练不能总让运动员待在舒适区里，运动员需要通过不断适应新方法，来应对比赛和对手。持续学习肯定不是一件轻松之事，但这正是学习的最佳方式。

19

周四思考日

2014 年 10 月，英国曲棍球队女队的全体队员、教练和首席执行官在毕萨姆庄园召开了紧急会议。队长凯特・沃尔什忍不住想：“球队出什么事了吗？”

几个月前，她们在海牙世界杯上遭遇了一场彻头彻尾的灾难。当时的教练是男子曲棍球队前教练贾森・李（Jason Lee）。自伦敦奥运会后，丹尼・凯里被任命为英国曲棍球队的运动表现总监。英国队在首场比赛中输给了世界排名第 11 位的美国队。

随后，她们又以 0 ∶ 3 的比分输给了中国队，1 ∶ 4 的比分输给了南非队。全队士气低落，信心崩塌，在场上犹如一盘散沙，毫无队形可言。

其实，早有迹象表明，球队在世界杯前的整体状态是存在问题的。贾森・李的执教理念与凯里背道而驰。凯里让运动员自行制订训练计划，而贾森・李则是实行完全的放养政策。“贾森・李在第一次谈到他的愿望时画了一座有树的小山，他在山顶上牵着孩子们的手，”沃尔什说，“总之，他更关心我们每个人是不是开心。我知道自己有时候很固执，也很清楚自己在面对变化时的状态。我试着去改变，去提高开放程度，但仍然会觉得坚持了这么久的训练计划正在分崩离析。”

贾森・李曾提议让团队结构扁平化，但年轻的运动员却觉得完全失去了方向。沃尔什和海伦·理查森等经验丰富的团队领袖觉得权力被剥夺了。例如，理查森因椎间盘突出且破裂，在毕萨姆庄园的强化康复治疗室里接受了近一年治疗，并做了背部手术，目前仍处于恢复期。她之前没能入选世界杯阵容，现在也不确定自己未来是否还有机会入选。贾森・李不太了解她。虽然在伦敦奥运会期间，她曾是球队的副队长，但贾森・李从未看到过她的训练。“我的职业生涯马上就要结束了，因为杀出来一个对我一无所知的新教练，”理查森说，“他不知道我能为球队做出什么贡献。不单单是这次的世界杯比赛。现在由贾森・李执掌球队，我觉得自己前途渺茫。我必须再次证明自己，但伤病令我无所适从。”

凯里知道，球队内部的冲突正在不断恶化。他支持贾森・李的长远眼光，但也意识到队内文化正走向崩溃的边缘。他先前带过的队员有时会私下找他，向他抱怨队伍水平在下降。“世界杯只是所有矛盾集中爆发的导火索，”凯里说，“在大型巡回赛的压力下，训练中出现过的所有小问题都会被无限放大。压力会让人做出反常的举动。”

在结束了世界杯之行，回到英国后，贾森・李引咎辞职。为此，英国曲棍球协会面试了国内外的很多教练。最后，他们恢复了凯里的职务。作为运动表现总监，他不得不参加形形色色的会议，这令他不安和沮丧，因为没法帮助大家提升比赛能力。简而言之，这样的教练不是一个合格的教练。

凯里深知，贾森・李的遗留问题很直接，也很难解决。

恢复训练环境，阻止球队水平下滑，是凯里的看家本领。可是，队员之间酝酿已久、难以调和的矛盾却让他一筹莫展。显然，队内缺乏相互理解和相互尊重的文化。大家再也不会像在伦敦时那样，为了实现共同的愿景和价值观团结一致。他不知道这种畸形的状态到底有多严重，会持续多久，需要花多大精力才能解决。“当时，我们是最不正常的队伍。”队长沃尔什说。

凯里决定再次担任女子曲棍球队的教练，并打算采用条件限制法这一新型的训练方法。

凯里是从心理学家马克·威廉斯那里听说这一理论的。2010 年，威廉斯在毕萨姆庄园观看过球队的训练。当时，他正与斯塔福德·默里合作，在英国射箭队的训练中尝试了条件限制法。2009 年末，英国射箭队的生物机械专家奥利弗·洛根（Oliver Logan）带着问题来找默里。他们的新教练来自美国，名叫劳埃德·布朗（Lloyd Brown）。布朗发现一些射箭运动员的拉弓技巧有问题。

当时，距离英联邦运动会开赛只有不到一年的时间了，洛根想知道有没有快速提升技术的新方法。

默里向威廉斯提及了洛根的问题，并建议在英国射箭队里全面实践条件限制法。尽管教练心里已有非常具体的技术提升方向，但威廉斯还是设计了一套专业的训练计划，利用限制条件帮助射箭运动员在探索自身动作问题时进行学习。若非确有必要，教练应尽量减少明确的指示。

射箭运动员们需要先用最简单的方法来尝试新技术，一开始用的是弹力带而不是弓。

在练习拉弓和放弦的时候，运动员头顶上方的摄像头会合成出他们拉动真弓的动作，这样一来，运动员就能实时观看个人动作。之后，他们将反馈时间延迟了 10 秒，以帮助运动员做参照，了解自己对视觉反馈的反应。训练情况特别糟糕，有时候他们根本收不到任何反馈。

几个月后，射箭运动员开始在嘈杂的真实环境中练习瞄准，相互竞争。

教练布朗会直接喊出队员的名字，并进行现场解说，还会根据得分给予队员一些小奖励。有时候，他会让大家喝一些水，好让他们体验在着急小便时如何射箭。

布朗所带领的射箭运动员在 6 个月内就学会了用不同的方式拉弓，平均得分提高了 10 分。2010 年，3 名运动员在英联邦运动会中斩获了银牌。通过加快学习进程，他们的能力不知不觉地得到了提升。“让运动员学着利用反馈来进行学习，这很重要，但教练该如何用最佳的训练方法，以便给运动员提供反馈，并加快运动员的学习进程呢？”威廉斯问道。教练们认为，最好的训练方法是提供大量的指导和实际演示。事实上，这并不是加快学习进程的最好方法。

威廉斯将学习过程比作达尔文式的进化过程，因为专业技能是从适应和限制条件中慢慢积累起来的：“运动员必须想办法解决在比赛中遇到的问题。可能会失败很多次，但只有通过尝试，才能最终解决问题，并记住方法。这就是适应。”

条件限制法为凯里带来了新的启示。和大多数教练一样，凯里也倾向于采用独立且重复的训练方式，而非强调比赛环境。“在很多方面，我都是一个非常传统的教练：让大家做很多内容重复的练习，并规定好时间和方式。”他说。这种新方法勾起了凯里的好奇心，他开始研读这方面的资料，并发现了杜阿尔特・阿劳若和基思・戴维斯的研究成果。

2013 年，英国体育学院将“制胜秘诀”项目规范化和正式化了。凯里耐心地解释说，在一些运动中，我们可以将运动能力具体化。在一段时间内，只要能力呈直线上升趋势，成绩就能得到提高。但曲棍球运动并不适合用这种方式。“让曲棍球队写出‘制胜秘诀’的方法和规范，并且还要让英国体育局的人一看就懂，简直是无稽之谈，”凯里说，“太荒谬了！”在曲棍球比赛中，场上会有 22 名运动员在拼搏。大家有可能要在 13 天中完成 8 场比赛，而且每场比赛所采用的战术都不尽相同。曲棍球运动是复杂的、动态的、无序的。即使可以量化运动员的强壮程度和恢复能力，凯里也无法提供一个包括如技战术、队员动态、对手情况等全部比赛因素的简洁清晰的成功模型。“并不是说‘拥有几项能力就能进几个球’，”凯里说，“在有些情况下，确实与能力有关，但这并不是成功的固定模式。在曲棍球比赛中有很多制胜方法。刻意拆解运动是荒谬的。”战术变化取决于对手的战术情况，要看对手是在深度防守，还是在开放或扩散。比赛模式不同，运动表现指标也应该完全不同。

凯里还表示，他们的目标是培养能够在打平的压力下进球的运动员，要有创造力才能适应奥运会决赛场上的不确定性。为了实现这一目标，他们决定抛弃比赛技巧与比赛环境相分离的传统训练方法，重新设计一种能把感知与行动结合起来的训练方案，并进行一些保有比赛复杂性的练习。“有队员对此感到十分焦虑，”凯里回忆说，“大家觉得打中 100 个球很有成就感，但并没有在对手后卫满场飞奔的情况下进行过练习。她们认为自己已经准备好了，但事实并非如此。”

2013 年，本・罗森布拉特（Ben Rosenblatt）取代戴维・汉密尔顿成为曲棍球队的体能教练。能有机会将奥运会铜牌得主打造成金牌争夺者令他兴奋不已。在2012年伦敦奥运会上，英国女子曲棍球队是公认的最快、最强壮的队伍。罗森布拉特知道她们的方法：根据月经周期设计训练负荷；根据激素水平制订个性化训练方案。罗森布拉特说：“我期待着大家用科学的方法让我大吃一惊。”

不过，他发现有些队员无法做到单腿深蹲，耐力也不太好。参赛队员刚刚结束了伦敦奥运会后的休假，而且队里近一半的队员都是新手。首先要做的不是引进先进的体育运动科学，而是确保队员的状态是正常的。

罗森布拉特乐观热情、活泼开朗、极具感染力。自 2009 年起，他一直在毕萨姆庄园内的强化康复治疗科工作。之前，他在伯明翰城足球俱乐部工作过，担任过英国奥林匹克协会的体能教练，还取得了感知—动作耦合领域的博士学位，研究方向是如何将健身房里体能训练的特定技巧转化到橄榄球球场上。这需要研究运动背后的生物力学、比赛所需的所有动作以及选择何种衔接练习。

丹尼・凯里在复任主教练时，向罗森布拉特明确表示，虽然时间不多，但他仍希望能与队员们共渡难关。距离里约奥运会的举办只有不到两年的时间了，凯里需要尽量多花时间与队员们在球场上练习技战术。罗森布拉特的工作是确保队员不仅能以最佳的体能状态出现在球场，能承受高强度的训练，还要能手持曲棍满场跑，健身房里的训练是没用的。

2015 年 1 月，经过几个月的“内战”，队员们终于就里约奥运会的共同愿景与价值观达成了一致。愿景是：“力争不同，创造历史，拼出未来。”价值观是：“一定要赢，充满活力，全队齐心。”协商过程十分艰辛，持续了好几个月。“就像在拔牙一样。”凯里说。他很少露面，以便给队员发泄的空间，并得出自己的结论。

姑娘们刚确定了新赛季的目标，就被本·罗森布拉特叫到了一起，讨论一个问题：“你们想让自己的身体达到什么状态？”经过长时间的思考后，她们列出了一个清单：

快速
强壮
令对手闻风丧胆
敏捷
冷酷
稳定
看着就不好惹

她们一致同意培养良好的习惯：职业精神、个体责任、协同一致、注重品质、坚定不移、自我施压、相互鼓励、快速恢复、严格守时。罗森布拉特认为守时很重要：“如果谁没有准时出现，就不得进入健身房参加训练。女运动员受到的社会排斥确实很严重。”

罗森布拉特编写了一份清单，列出了深刻影响球队比赛方式的各种因素。每种因素都被分解为了体能要求、训练干预和成功标准三大模块。清单分为六个版块：战士心态、极致控球、赢球得分、防守方向的高速变化、淘汰赛、锦标赛耐久性。例如，战士心态版块是这样的：

定义：在极端的生理、认知和情绪压力下，不受环境影响，执行以赢球为导向的行动和决策。

体能要求：在压力环境下重复和维持高强度比赛的能力。

训练干预：制造意外、团队赛跑、竞速赛跑，共享跑前 / 跑后 / 赛后的反馈信息。

成功标准：在重要的国际比赛中践行比赛计划、发挥个人技术的情况。

当然，这只是罗森布拉特的个人见解。他认为想要赢得比赛就得达到这些体能上的要求。他还需要进入凯里的大脑，试着去理解教练对比赛的看法以及教练所关注的方面，然后再向教练提出建议，说明哪些训练和哪些限制条件可以用来培养队员们的哪些能力。

为此，罗森布拉特设计出了一个先后层级结构。

首先是训练的持续性：队员必须每天到场训练。曲棍球队拥有一套定位装置，戴维・汉密尔顿曾断断续续地使用过，大多是在国际比赛期间，用来分析比赛对体能的要求。罗森布拉特决定每天使用，以了解日常训练对体能的要求。

其次是耐力训练。他必须保证队员有足够的耐力来完成奥运会期间的全部比赛：在十几天的时间里进行 8 场比赛而不会感到疲惫。罗森布拉特在训练和比赛中使用了定位，并在日常体能训练中增加垂直跳和计时跑步测试，以获得心率数据。他想知道比赛难易程度与体能测试结果之间的关系。

“我本以为能从数据中看到一些规律：一场比赛过后，队员会感到疲惫；随着比赛场数的增加，队员的疲惫感会加重，因此，队员的垂直跳数据会下降，心率会加快。然而，这样的数据并没有出现。我看到的是海量的杂乱数据。”罗森布拉特说。

由于缺乏清晰的模式，罗森布拉特陷入了困惑。于是，他决定换个角度看问题。在训练数据的基础上，他根据体能、力量和饮食状况将队员进行了分类。通过对比，他发现在高碳水化合物的饮食结构下，健康、强壮的队员会在比赛中表现得比平时更加卖力。她们不仅没有感到疲惫，反而在巡回赛期间变得更强壮、更有力量了。

这为罗森布拉特的训练提供了明确的方向。他为每位队员都设计了一套诊断档案，并利用定位系统每天校准队员们的运动量。

罗森布拉特所关注的最后一个要点是比赛影响力。这是对感知—动作耦合研究的直接应用。他注意到，高强度的速度训练并不一定能够提高队员在球场上的速度。“我问自己，这意味着什么？”他说。这是重要的一课。测试结果不重要，重要的是场上表现。

罗森布拉特经常从教练那里听到，如果体能不好，就必须跑起来。他问教练，让队员跑起来究竟会对场上局面产生什么样的影响。他让教练找出队员在比赛中挣扎求胜的视频。在无人持球时，队员没能及时赶到吗？或者队员能及时赶到，却很难回到自己的位置？还是在比赛快结束时，动作有所减慢？

对罗森布拉特来说，这些是完全不同的问题，每个问题都需要配备特殊的训练方案。例如，在教练问及队员的体能状况，以及在比赛中的跑动距离时，罗森布拉特不仅会将问题拆解为不同的部分，还会根据队员的个人情况来进行评估。有些队员的身体素质很好，但决策出了错，那么就去努力提升决策能力；有些队员跑得很快，但不能及时地回到防守位置，那么就需要练习与回防有关的动作和肌体能力。

他希望日常训练能对比赛产生实际影响，因为体能可以影响比赛中所需要的实际技能的应用。他不想进行不必要的训练，也不想训练队员做一些无用之事，更不想听到“我想更快”或“我想更敏捷”之类的普通要求。他想让队员知道，她们究竟哪里需要改变和提高。她们必须学会如何评估自己在球场上的表现，而不是健身房的表现。

2015 年是备战里约奥运会的最后一年，丹尼·凯里打算给队员们施加压力，尽可能地对奥运会比赛的具体要求进行模拟。他希望队伍能成为世界上最聪明的球队。能够围绕实际问题自行制定策略并解决问题，将成为队伍的超级优势。

一周的训练被划分为几个阶段，每天处理不同类型的问题。例如，战术周二，主要用来研究战术，做视频分析；战术周三，主要进行一系列不同的训练，比如摔跤和翻轮胎等。（罗森布拉特回忆说，训练现场十分惨烈。）

然后是周四思考日。这是条件限制法的完美应用。他们掌握了比赛的全部组成：个人、环境和任务。目标是赢得比赛，要想赢得比赛，就得先做好一些事情。每到周四，队员们就会被分成 4 组进行比赛，教练们就是裁判。

在前一天晚上，队员们会收到凯里发送的电子邮件，内含第二天的比赛规则与具体的分组名单。各队自行进行热身和准备。

这样做的初衷是再现比赛中可能会发生的意外情况，以及身心压力，以迫使大家迅速做出决定。在比赛场景设定与技战术变化相符的前提下，规则越疯狂，训练效果就越好。

一场曲棍球比赛分为 4 节，每节 15 分钟。球队分析师注意到，大家在前两分钟和后两分钟内的攻击力明显低于平均值。为了改善这一情况，凯里规定，在比赛开始阶段的进球记 2 分。此外，为了磨炼队员的抗压能力，他还设计了另一条规则，失误后 3 秒之内重新持球并得分，也记 2 分。

他们让队员们在大小不同、形状各异的场地上进行比赛，有时会在比赛中途改变得分方式，甚至规定只能向前传球，或者球只能在左半场内移动。“他们会加入一些变化，努力重现比赛时的高压场景，比如突然失去队长，”沃尔什说，“队里少了一个人，对方 2 ∶ 1 领先，正在猛攻，我们必须拿出对策来。”

周四思考日重现了奥运会赛场上瞬息万变的场景，迫使队员进行独立思考，以团队为单位进行自我组织，适应压力环境并从中得到锻炼。这种训练的关键在于，队员在缺少教练指导的情况下，在规则所创造的训练环境中学习。周四思考日还设有额外的奖励，赢球方可以将她们的照片发到英国曲棍球队的 Instagram 上。“我们一到球场就开始拼命，”队员克丽丝塔・卡伦回忆说，“把我们的照片发到 Instagram 上是件很重要的事。照片就是我们的奖牌。”

20

67 枚奥运奖牌

2016 年 8 月 16 日下午，安德烈娅 · 乌尔斯站在里约奥运会自行车馆的看台。那天是奥运会开赛的第 11 天，也是场地自行车赛的最后一天。乌尔斯当时已是加拿大队的体育运动科学、医学及创新项目的负责人，需要密切关注赛事的全部情况。

她站在一个狭长的金属平台上，那里挤满了来自不同竞赛国家队伍的运动表现分析师。大家肩并肩地工作着，对面就是赛场直道。有的分析师蜷缩着蹲在笔记本电脑前面，有的则坐在可折叠的塑料椅子上，拍摄着比赛。

“在我刚开始做分析师的时候，场馆里根本就没有分析师专区，大家只能分散在看台上。”乌尔斯一边说，一边注意着赛道上的情况。“工作人员会驱赶我们，但我们也只是挪到了其他地方而已。随着运动表现分析团队越来越多，他们终于意识到，必须给分析师设立一块专区。”乌尔斯谈到的是她在英国自行车队里工作的那段时间，也就是英国体育学院成立之初。“我记得，斯塔福德 · 默里在第一次来帮忙的时候，向我们展示了他们为壁球运动做的视频分析，于是我们开始做横向思考，考虑如何将这些技术应用到自行车运动中。我们以前录制过比赛，但没有真正分析过。在斯塔福德的帮助下，我们开始正确利用视频。”

英国分析师威廉·福布斯和德博拉·塞兹（Deborah Sides）就站在离乌尔斯不远的地方。他们正在录制最后一场比赛，男子凯林赛决赛。这场比赛需要绕赛道骑行 8 圈，起初，6 名运动员在领跑摩托车身后的气流中骑行了 5 圈半，随后领跑摩托车离开了赛道，自行车运动员开始全速冲刺。当天参加比赛的英国自行车运动员是贾森·肯尼（Jason Kenny），他正在为自己的第 6 枚奥运金牌努力。

在进入第 6 圈，领跑摩托车离开之时，裁判鸣了枪，表示有人犯规。来自马来西亚的阿齐祖哈斯尼·阿旺（Azizulhasni Awang）和肯尼在领跑摩托车退出赛道之前，超过了摩托车后轮，这意味着两人的成绩将自动取消。

此时，斯塔福德·默里正坐在城市另一头的英国队总部里。坐在他旁边的是分析师保罗·沃斯福尔德（Paul Worsfold）、朱莉娅·韦尔斯和克里斯·怀特（Chris White）。

看到自行车赛场上发生的情况，怀特立刻给福布斯和塞兹打了个电话，问他们是否需要帮助。他们从车头位置拍摄了比赛，但还需要找到另一个角度上的录像，才能提出申诉。默里给驻扎在曼彻斯特的分析师发了短信，请他们把自己拍下的所有视频都发来，然后再转发给福布斯和塞兹。

肯尼的教练伊恩·戴尔（Ian Dyer）手持平板电脑，走到裁判身旁。福布斯和塞兹已将视频片段传输到戴尔的平板电脑上，而视频显示了领跑摩托车离开赛道时的情况。戴尔向裁判展示了视频。他们交谈了 10 分钟，场内几乎没有人知道他们正在讨论什么。用肉眼做出判断的裁判终于承认，并不能确定肯尼超过了领跑摩托车的后轮。“视频解开了比赛的疑点，这是申诉成功的关键，”默里说，“如果没有这段视频，肯尼就会被取消比赛资格。”

裁判撤销了对肯尼的判罚，比赛重新开始。在接下来的比赛中，又有人犯规，这一次是德国自行车运动员约阿希姆·艾勒斯（Joachim Eilers）超过了领跑摩托车后轮。裁判依旧未能做出决定性裁决。第 3 次才是真正的决赛，肯尼以 0.04 秒的微弱优势获胜。加上这枚金牌，英国自行车队最终以 6 枚金牌、4 枚银牌、1 枚铜牌的成绩收官，在场地自行车项目中名列榜首。排在第 2 位的是荷兰队，1 金 1 银。在被问及是否还支持英国队时，乌尔斯回答说：“没有，我期待别的队伍能赢。他们太霸道了，令人生厌。”

英国曲棍球队在里约奥运会开赛前 10 天就来到了奥运村。他们选择住在奥运村，而没有选择英国队设在米纳斯吉拉斯州（Minas Gerais）的官方基地。米纳斯吉拉斯州位于里约热内卢北面，得坐 1 小时飞机才能到。“入住奥运村是令人兴奋的事情，”沃尔什说，“所有服务都是免费的，我们可以去修指甲、做头发，还可以去游戏室里玩。你还可以看到许多其他国家的运动员，如果这是你第一次参加奥运会的话，那真是一次很特别的经历。即使不是第一次，也是一次非常特别的经历。当然，我们必须走出这套体系。”

在训练的最后一天，曲棍球队员们登上了可以俯瞰里约热内卢的舒格洛夫山（Sugarloaf Mountain）山顶。按照之前的约定，一离开这座山，训练就正式结束了。队员海伦·理查森说："从那一刻起，我们就得拿出比赛的状态来。"

开赛前，教练丹尼·凯里和队员们一起坐下来制订了计划：吃饭时间、路程时间、休息时间、理疗时间等。实际行程与日程安排没什么出入，一切都很顺利。队员们相当迷信，都有自己的安排，所以才不会有太多偏差：在大巴车上的位置、在更衣室里的位置、谁听音乐、谁不听等。

和从前一样，大家关注的焦点是要在 14 天内完成 8 场比赛。"如果想赢，我们就得让最后一天的表现与第一天一样好，"体能教练本·罗森布拉特说，"我们要把体育竞赛看作一种创伤性事件，尤其是在输掉比赛的时候。如何帮助队员恢复状态？她们有业务能力，但也有社交恐惧。因此，我们需要一个开关，用来防止大家的皮质醇一直处于高水平状态。"

罗森布拉特整理出了一份电子表格，详细列举了每位队员在比赛中可能会面临的威胁。这些威胁被分为五类：精神类、保健类、营养类、医疗类，以及其他。每类威胁都配备了对应的行动计划。个人方面包括"意志力""首次参加奥运会，以及对自身能力的信心""骨盆力量""性格冲突"等。

就像其他方面的训练一样，恢复训练有周期性。强行恢复的策略会破坏潜在的生理机制，并扰乱训练适应，因此，在训练期间很少使用。但比赛期间，大家都会经常使用这些策略。

罗森布拉特已经不再使用恢复训练这一说法了，而是使用"准备训练"。他希望队员能把注意力集中到下一场比赛上。准备训练包括：在酒店楼梯间进行瑜伽训练、在停车场进行降温训练，以及泳池训练等。

罗森布拉特和之前的戴维·汉密尔顿一样，是日光黄性格。他坚信，乐趣是恢复状态和表现的关键因素。所以，作为队内的搞笑担当，他需要保持自己的行事风格，随时抖包袱，随时口无遮拦，不管比赛是赢是输。大家期待这样的训练，从这样的训练中受益良多。

他们决定不参加开幕式游行，因为参加游行意味着他们要站很长时间。第二天有对阵澳大利亚队的首场比赛，开幕式活动会影响队员们的身体状态和比赛水平。

半场结束时，她们轻松领先。裁判一吹响哨子，她们就火速冲进更衣室，而澳大利亚队的队员则在后面拖拖拉拉地走着。这个细节是事先计划好的：一定要跑着去更衣室，以表明无论结果如何，她们都是一支团结高效、训练有素、队员身体状态良好的队伍。“我在跑过澳大利亚队的队员时，感觉自己建立了很好的形象，真的很兴奋，”海伦·理查森回忆说，“其他人也有同感。我真的觉得自己可以永远这样跑下去。”

开赛之前，大家一致认同：每次只专注于一场比赛，只专注于下一时刻。因此，她们在赢得第一场比赛后并没有庆祝，而是开始计划下一场比赛。“不管是在热身、在更衣室、在球场、在公寓，还是在做恢复训练，我们都只看当下，”沃尔什说，“不担心未来，也不回忆过去，只关注当下。”

英国队在小组赛中击败了宿敌阿根廷队，赢得了小组冠军；随后又在1/4决赛中击败了西班牙队，晋级半决赛，准备迎战新西兰队。8月17日，丹尼·凯里在决赛当天早上向队员们展示了比赛计划，看上去十分放松。

实际上，他从未感到过如此不适、恶心、焦虑，以至于毫无食欲。他对 4 年前那场负于阿根廷队的比赛记忆犹新。有心理学家跟他讲过空中乘务员效应。“当飞机遭遇强大气流时，乘客会看向乘务员，”凯里说，“你需要表现得一如往常，面不改色。如果连乘务员都紧张了，那么乘客们就都会紧张。这需要乘务员具有控制能力。我们可以制造这种效应。”在比赛期间，他坐在看台上纵观全局，并与坐在场边板凳上的助手进行着思路清晰的沟通。“我做到了，但我确实下了很大功夫才让自己看起来风平浪静。”凯里说。对队员来说，这只是一场比赛，仿佛跟晋级资格没有关系，不是什么第一次闯入奥运会决赛的机会。

那着实是一场血战。上半场，队员克丽丝塔・卡伦被对方队员的手肘击中头部，鲜血立刻从她脸上涌了出来。守门员马迪・欣奇（Maddie Hinch）跑过去说：“快回答我的问题：我们现在在哪儿？是哪半场比赛？刚才得分的是哪一方？你上周打的什么比赛？队伍上周赢了吗？”

“我很担心自己会因为脑震荡而接受手术，所以在医生来之前我就回答了这些问题，”卡伦回忆说，“我一定要参加决赛。”她额头上的伤口缝了 8 针。5 分钟后，她走到场边，大声喊着要上场比赛。

结束的哨声响起了，大家围成半圆，互相祝贺：

“只要再赢一场！”

“我们的目标是金牌！一定要记得！”

决赛前一天的早上，罗森布拉特组织球队进行了由他指导的最后一次训练。一个月前，他接受了足球协会的邀请，即将去到戴夫・雷丁手下工作。训练结束时，他把队员们召集到一起，向她们展示了幻灯片，上面是她们曾经希望自己能具备的身体特征：强壮、令对手闻风丧胆、看上去就不好惹，等等。“看看队友，再看看自己，”他说，“你们已经在最极端的情况下证明了，你们拥有这些特质。这一切你们都做到了，剩下的就是走出去，夺取本就属于你们的胜利。”

在对阵荷兰队的比赛中，英国队明显处于劣势。的确，她们并不是最强战队。荷兰队的攻势一波接着一波，步步为营，英国队则完全无力还击。

丹尼·凯里坐在人群中，认为大家没问题。在毕萨姆庄园的周四思考日，队员们经历过无数次这样的场景。他知道队员们的状态会重新回归；知道大家会去罚点球；知道对方有最好的门将，可以应对罚点球；知道队员们明白如何站在荷兰队的角度去打比赛。“世界上存在着一些无法解释的事情，”凯里说，“就是存在着这样一些事情，连科学都无能为力，就像人们曾以为地球是平的。”与半决赛时不同，他现在镇静自若，深信队伍一定会赢，即使眼前满是荷兰队枪林弹雨般的进攻。他不知道自己为什么会有那种感觉。这就是丹尼·凯里，冷静忧郁，擅长分析。8 年前，他因与队员沟通不足而备受指责，而现在，他却已经可以觉察出队员们的潜意识了。“我知道我们会赢，”他说，“我就是知道，没有理由，没有原因。”

姑娘们赢得了金牌，回到了英国队的大本营。斯塔福德·默里专程地向她们表示了祝贺。“这是我见过的最有礼貌、最懂得感恩的队伍，”他说，“不自负，不傲慢，没有高人一等的优越感。我非常感谢她们始终保持着英国人的优雅。”

大本营里有一个 25 米长的游泳池、一个拳击台、一个柔道和跆拳道场地，以及一个健身房。这里的大部分装备都是从英国直接运来的，这样一来，运动员们得以享受到与国内相同的训练条件。

默里、朱莉娅·韦尔斯和克里斯·怀特在大本营的信息技术工作室里工作。工作室的一面墙上挂着一面巨大的英国国旗，房间中央摆着一张长桌，桌上有 14 台笔记本电脑和 9 台平板电视。“刚来的时候，那只是一间陈旧的信息技术教室，里面只有一些 20 世纪 90 年代生产的电脑，”默里说，“空调是坏的，实际上，打开空调之后，屋里反而更热了。”

里约奥运会运动表现分析项目的准备工作早在两年前就开始了。起初，他们考虑复制伦敦奥运会的模式，让 12 名分析师在一个中心办公区工作，但后来他们还是选择了两个地点：一个是设置于英国商学院的英国奥运代表队总部，该学院位于里约热内卢的富人区巴拉达蒂茹卡；另一个则是曼彻斯特。

韦尔斯和默里几乎同时在威尔士大学加的夫学院接受迈克·休斯的指导。怀特也是威尔士大学加的夫学院的优秀毕业生，是最早被默里招入英国体育学院分析团队的一批人才之一。在为里约奥运会做准备的两年中，他们吵过几次架。韦尔斯指责默里因循守旧、墨守成规，想照搬伦敦奥运会的模式。默里则坚持认为，新技术会平白无故地令项目变得更复杂。

在里约奥运会开幕前，三人做出了一个约定。虽然大家彼此爱护、相互尊重，但如果真的到了针尖对麦芒的程度，那么大家需要坦诚相待。例如，如果怀特已经受够了默里，那么他完全可以直接说：“好吧，我今天不想看见你，因为你已经受够我了，我也受够你了，我们今天还是不要见面了。不是因为我不够爱你，只是因为我们都需要一些空间。”

“在那种环境中，生活就会变成一出肥皂剧，”默里说，“整个人疲惫不堪、压力重重，运动员和教练问你要这要那，微不足道之事会令你怒火中烧。”

当然，默里也承认，自己在与他人共处一室时经常会惹恼别人。他对整齐和计划性要求很高，就像有强迫症一样。他坚持在轮班结束后去喝啤酒，即使已经到了凌晨 3 点，所有店铺都关了门。有时候，这会惹怒同事，他们会跟他说：“看在上帝的份上，别担心啤酒了行吗？”

默里的团队在比赛开始前花了几天时间为系统的正常运行做准备，还对系统进行了全面的测试。他们开车在城里转了一圈，以估算晚上和高峰时段运送硬盘所需的时间及安全性。“我开车的速度比奶奶还慢，而克里斯和朱莉娅却融入了里约模式，一脚油门，一路狂飙。”晚上独自出门对谁都不安全，所以需要两名分析师一起运送资料。他们标出了各场馆和酒店的上网速度，有些地方的网速特别慢，开车去送 U 盘都比从网上下载两分钟长的视频快。与伦敦不同，他们只能通过无线网络接入奥运会的广播服务，而无线网络又一直处于崩溃状态。于是，留守曼彻斯特的团队将从英国广播公司播客服务截取视频作为应急措施。所有的运动表现分析师都通过 WhatsApp 保持着联络，并可以在 WhatsApp 上请求尽快提供特定的视频片段。

“第一天就停电了，但这次我们做了准备，”默里说，“这一次我们真的准备好了。事实上，我觉得自己准备得有点过了头。”

里约奥运会的最后一天，英国队处于创造历史的关键时刻，默里陷入了沉思。这是他最后一次以英国队代表身份参加奥运会。他在英国体育学院工作了 20 年，是迄今为止在那里任职时间最长的体育运动科学家。就在几个月前，他决定离开。“喜忧参半，心情很复杂。我知道是时候离开了，但心里总有个声音在说不想走，”默里说，“克里斯和朱莉娅在很多方面都比我好。我离开是为了让更好的人接手我的工作。”

几年前，在第一次有人问起英国队的官方目标——里约奥运会金牌总数超越 2012 年伦敦奥运会，是否有可能实现时，默里说：“说实话，我觉得没可能。用官方说法来讲，这个目标极具挑战性，不容易实现。要是我在酒吧里喝了 3 品脱啤酒，我会说，我们根本不可能做到！”

当天下午两点钟，分析师们兴致勃勃地讨论着在整个比赛期间一共传输和分析了多少 GB 的视频，后来他们不得不提醒自己，妮古拉·亚当斯（Nicola Adams）即将参加女子轻量级拳击决赛。奥运会拳击比赛虽然短暂但很激烈，这次也不例外。决赛不到 20 分钟就结束了。亚当斯以点数优势夺得了金牌。最终，英国队的奖牌总数超过了 2012 年伦敦奥运会，在奖牌榜上位列第 2，超过了中国队。

在听到这个消息后，默里冲进了洗手间，激动地哭了 5 分钟。他心里一直挂念着爷爷，而在 5 个月前，爷爷去世了。他真希望自己能跟爷爷说说话，告诉爷爷，他们真的做到了，超过了伦敦奥运会。

21

我们要如何赢得下一场比赛

2011 年 8 月 6 日，本・安斯利（Ben Ainslie）从备战奥运的训练中抽出了一些时间来看电视。他想看美洲杯帆船赛的首场比赛。

安斯利自 12 岁起就痴迷于美洲杯。那是他第一次看到参加比赛的英国游艇停泊在康沃尔（Cornwall）附近的法尔茅斯港（Falmouth port）。美洲杯是世界上最古老的帆船比赛，由考斯皇家游艇中队于 1851 年创立。当时，美国纵帆船“美国号”击败了由 15 艘游艇组成的英国队，赢得了冠军。

到了 2011 年，这项比赛已面目全非。比赛规则是，由获胜者决定下一届比赛的形式。当时的全球第 5 大富豪兼宝马甲骨文帆船队的老板拉里・埃里森（Larry Ellison）赢得了第 33 届的冠军。他要求大家抛弃传统帆船，使用 22 米长的双体帆船。双体帆船的船翼坚硬，时速可超过 90 千米。

这一决定遭到了帆船运动员和帆船设计师的普遍反对：帆船运动员们几乎没有驾驶双体帆船的经验，设计师也没有设计经验。大家都觉得新型双体帆船 AC72 既脆弱又不稳定，结构复杂，难以驾驭。

安斯利是反对者之一。“信不信由你，我在内心深处还是挺保守的，”他解释说，“我一辈子都在学习经典的单体帆船技术。”

结果他刚上去 5 分钟就改变了主意。“这些帆船及其速度给我留下了深刻的印象，”他回忆说，“我意识到，这才是帆船运动的未来。”第二天，安斯利就给甲骨文帆船队的首席执行官兼三届美洲杯冠军队伍的队长拉塞尔·库茨（Russell Coutts）打了电话。

“我想组建一个团队，”安斯利对他说，“我该怎么做？”“我正要给你打电话呢，”库茨回答说，“我们需要你加入。”

安斯利接受了邀请，负责驾驶第二艘帆船。2013 年的美洲杯帆船赛将在旧金山湾举行，安斯利同意作为澳大利亚籍主力帆船手吉米·斯皮特希尔（Jimmy Spithill）的一位搭档参加。

2012 年 8 月，安斯利加入了甲骨文帆船队。在此两周前，他刚代表英国国家队出战了伦敦奥运会，并获得芬兰人级帆船金牌。这是他第四次获得奥运会金牌，另外，他还在亚特兰大奥运会上获得过银牌。安斯利堪称奥运史上最成功的帆船运动员。

“我还处于奥运会后的兴奋状态中，马上又要参加一项完全不同的运动，”安斯利回忆说，“我以前从没用过那种帆船参加比赛。跟其他运动员比起来，安全方面处于下风。”8 月下旬，这项运动又发生了变化。2012 年 8 月 29 日，一个鲜为人知的帆船赛网站发布了新西兰帆船队在北岛豪拉基湾（Hauraki Gulf）使用 AC72 帆船进行训练的照片，可见帆船的两个帆都露在水面上。对于照片的曝光时间，新西兰队没有发表任何官方意见。随着照片在网上疯传，很多人认为那是经过软件处理的照片，只是一个恶作剧。不到一周，新西兰队就邀请了一批记者去见证双体帆船的航行过程。

新西兰帆船队一直在对帆船的一个部件进行调试：决定稳定性的水翼可伸缩叶片。他们发现，在每小时 22.2 千米的风速下，L 形水翼可以抬升帆船，让帆船离开水面，从而减小阻力，将速度提升至每小时 92.6 千米。这一发现是双体帆船界的重大突破。

驾驶双体帆船，用航海术语来说是操纵双体帆船，为帆船航行技术增加了新维度。突然间，帆船运动员不得不去适应一项需要遵循另一种物理规律的运动。即使对经验丰富的美洲杯帆船运动员来说，这也无异于重新学习帆船驾驶技术。新西兰队的帆船运动员迪安·巴克（Dean Barker）说自己“驾驶着一只怪物”。“大多数人都会把航海、湿身和海浪扑向帆船的画面联系起来，”安斯利说，“你如果尝试过将整个身体从水里抬起，就不会有这种浪漫的错觉了。帆船运动意味着扑面而来的猛烈海风，如雷贯耳的气流噪声。”2013 年 9 月 7 日，美国宝马甲骨文队和新西兰队在第 34 届美洲杯决赛中相遇，当天最终比分为 1∶9。

美国队是最受欢迎的：既是上届冠军，又是主场作战，有无数观众，此外还有一艘技术设备更领先的帆船。那是埃里森花费数百万美元购入的，甲骨文帆船队还为此投入了多名顶级工程师。

然而，在比赛的第一天，新西兰队就以 36 秒的优势拿下了第 1 场比赛，随后又以 52 秒的优势赢得了第 2 场比赛。在 9 月 10 日第 5 场比赛之后，新西兰队以 4∶1 领先。新西兰队队员的航行速度更快，操纵能力更强。

新西兰队遥遥领先。在进行第 6 场比赛之前，吉米·斯皮特希尔通知自己的战术搭档约翰·科斯特茨基（John Kostecki），他将被替换掉。然后，他走进一间办公室问一名没有经验的新手，是否准备好了上场。

安斯利给出了肯定的答案。安斯利回忆说："跟我关系密切的一些人都认为这不是什么好主意。大家都说我们队会输，而我当了替罪羊。对我来说，上不上场是无须多言的事。我接到了任务，而且队伍需要积极的影响。"在安斯利加入后，随着设计师对 AC72 帆船的不断改进，以及队员们对帆船操纵技术和比赛战术的逐渐熟悉，甲骨文帆船队开始在速度和技术上赶超新西兰队。到了第 10 天，比分为 8∶3，新西兰队迎来赛点。安斯利决定无视对手的策略，集中精力把斯皮特希尔带到他认为的风力最强的地方。安斯利解释说："这些帆船也是第一次参赛。基本上没什么战术可言，所以我就突发奇想，不如四处转转。"

凭借完美的决策能力和神乎其神的"看"风能力，安斯利的大胆战术推动了甲骨文帆船队的回归。9 月 24 日，两队比分变为 8∶6，埃里森取消了自己的重要活动——在甲骨文公司年度大会上的主题演讲，而选择观看帆船比赛。船队连赢两场，与新西兰队打成 8∶8 平。这是美洲杯历史上第 3 次需要在 17 场比赛后决出冠军。不管结果如何，一场定胜负向来是体育决赛史上最激动人心的高潮时段。在比赛中，甲骨文帆船队率先采取了行动，在迎风段进入领先位置，在顺风段保持领先位置，绷紧风帆，以每小时 72.4 千米的速度航行着。"就是这样！对！就这么干！"安斯利大喊，"使出吃奶的劲儿！"

当帆船越过终点线时，聚集在码头上的观众爆发出了热烈的欢呼。他们见证了帆船运动历史上最令人难忘的绝地反击时刻。安斯利在痴迷已久的帆船比赛上取得了辉煌的成就。不过，有一个使命，他还没有完成：加入一支英国的帆船队，并赢得冠军。

2017 年 1 月，一个多云的早晨，前迈凯伦车队首席运营官马丁·怀特马什坐在办公室里，办公室位于朴次茅斯港某座 6 层大楼之中。在离开迈凯伦车队之后，他成为路虎本·安斯利帆船队的首席执行官。这支队伍成立于 2014 年，旨在参加美洲杯。

怀特马什的办公室位于开放式的顶层，是为数不多的几个封闭房间之一。坐在开放式办公室里的工程师和设计师都在不停地敲打着电脑。大楼一层是一个高 12 米的车间，岸上工作人员会在这里装配和维修帆船。安斯利去的那天，正好见到一艘双体帆船占据了车间的一块区域。这艘帆船的船绳是用碳纤维制作的，船帆只有 13.7 米宽，船体通过两根宽 9 米的横梁相连，令人叹为观止。横梁之间的空间有覆盖网眼弹簧。前梁中间有一个网球大小的钛球，38 米长的刚性船翼从中穿过。

怀特马什兴奋地谈起了美洲杯奖杯——加勒德（Garrard）珠宝公司于 1848 年设计的一个华丽的银壶。“我昨天才摸到奖杯，”他说，“他们把奖杯从甲骨文队老板埃里森在加利福尼亚州的居所空运到了伦敦。奖杯被放在商务舱里，并配有保镖。我问警卫是否愿意舍命保护奖杯，结果他严肃至极。当他打开包裹，我只想用手摸一下。‘你不能这样做。’他说。”

安斯利在遇到怀特马什的时候，已经为自己的新船队找了好几个月的首席执行官。说到美洲杯冠军，美国队获得过 30 次，新西兰队和瑞士队分别获得过两次，澳大利亚队获得过 1 次，其他国家则没能捧得过美洲杯。安斯利希望通过组建一支竞技能力出众的帆船队，将美洲杯捧回英国，改写历史。用他自己的话说，这支队伍将“为女王和国家”而战。

他的帆船队恰恰需要怀特马什这样的首席执行官。“我见过几个候选人，但很难找到一个既有经验又有个性的负责人，”安斯利说，“马丁就是完美人选，我们很合得来。”

怀特马什的办公室对面就是任务控制室。控制室里配备了一排显示器，有的显示视频流，有的则与路虎本·安斯利帆船队船帆上的黑匣子相连，用以实时显示传感器传来的数据。对数据的密集型处理是怀特马什将帆船运动称为水上一级方程式赛车的原因之一。每艘帆船上都装有400多个传感器：GoPro运动相机、六轴运动传感器和光纤电缆等。然而，跟分析高性能双体帆船数据的复杂性相比，分析一级方程式赛车数据看起来就像是基本的代数问题。“在赛车运动中，大多数变量都是可被理解的，”在路虎本·安斯利帆船队工作的工程师毛里齐奥·穆诺兹（Mauricio Munoz）说，“但对于帆船来说，动力变化取决于帆船的设置及风向。”

穆诺兹回忆说，他花了好几个月时间才学会抓取双体帆船的动态数据。先用一个刚性船翼来充当帆船的帆。根据简单但违背物理规律的航行规则计算，船翼能够以3倍风速推动帆船向前行驶。再来看水翼，两个L形碳纤维水翼被分别嵌在船体两侧中间位置。水翼的横截面形状与飞机机翼相同：前面较厚，后面逐渐变细。功能也与机翼完全相同，只不过水翼需要浸入水中，而机翼在空气中发挥作用。当风速达到每小时11千米时，水翼的上表面和下表面之间的压力差会形成向上的力量，从而将迎风行驶的船体抬离水面，并让行驶阻力减半。当风速达到约每小时22千米时，水翼所形成的力足以举起整个双体帆船以及其上的运动员。帆船在飞行时，只有迎风的轻薄水翼和两个船舵是与水面接触的。“当帆船以每小时84千米左右的速度航行时，水会随着压力的变化在铝箔表面逐渐沸腾，”穆诺兹说，“这简直就是疯了。”

在 2014 年索契冬季奥运会之前，工程师詹姆斯·罗奇就知道自己要离开英国钢架雪车队了。罗奇做出这个决定的原因之一是利益冲突：自 2013 年以来，他一直在和队员莉齐·亚诺尔德约会。在第一次约会后，他们就将之间的关系告诉了队友。“做出这个决定是很艰难的，因为当时我们才刚刚开始交往。”罗奇说。

罗奇听说本·安斯利正在组建英国帆船队，并准备参加美洲杯比赛。罗奇说：“美洲杯就是我到南安普敦学习船舶科学的原因。几乎所有学习这个专业的人都想成为美洲杯的帆船设计师。”然而，安斯利当时要找的并不是帆船设计师，而是想找人制作一个航海模拟器。

罗奇和另外一名电脑图形设计师一起在工作室里潜心研究，着手这项工作。

此前，从未有人真正制作出过可信度较高的航海模拟器，尤其是与新型 AC72 双体帆船有关的模拟器。制作模拟器的一部分原因是想在零风险和低成本的前提下驾驶这种不太稳定的新型帆船，防患于未然，并测量出航行时所需的稳定水平，以及了解发生各种故障的原因。设计团队还将利用模拟器进行帆船配置的迭代更新、实验和测试，以及气动升级。“在设计帆船时，一切都是妥协的结果，”路虎本·安斯利帆船队的工程经理理查德·霍普柯克（Richard Hopkirk）解释说，“有了水翼，帆船设计就变成了稳定和速度之间的博弈。我们可以设计出速度最快的完美水翼，但这样的水翼会非常不稳定，单靠人类自己是根本无法控制的。”

为特定任务（如航海或赛车）构建模拟器，需要异常了解执行真实任务时所需的环境因素。模拟器的构建必须基于一定的分辨率和复杂性，以便给使用者提供与真实驾驶无甚差别的感官体验。因此，设计师需要了解使用者关注了哪些环境因素。对于在海上驾驶双体帆船的运动员来说，环境因素较多，既包括船体本身发生的噪声，又包括海风和天气状况在海上共同制造出的波浪的形态。剩下的一切都具有偶然性。

罗奇制作的模拟器包括一个交互式运动平台、一个配有方向盘的驾驶舱，以及一副虚拟现实耳机。帆船运动可以利用模拟器选择不同配置的驾驶舱、舵手使用的人机显示界面，以及了解不同的海洋情况。设计师在船体的不同位置安装了麦克风，以捕捉不同部件所发出的噪声，然后再用算法对噪声进行随机处理。模拟器的设计师利用真实的海风数据和其他大气模型来模拟天气情况，提前录制好的海风声则用以提供真实的环境音效。模拟器的构建难点在于复制双体帆船的运动状态。在模拟赛车或模拟飞行的时候，驾驶员都会被固定在座位上，运动感知主要来源于内耳前庭系统。“如果让受试者保持站立姿势、摆动四肢、移动重心，运动感知过程就会变得十分复杂。”罗奇说。

无论模拟器引入了什么新算法，罗奇都是第一个接受测试的人。本·安斯利和缭手保罗·坎贝尔－琼斯（Paul Campbell-Jones）其实对模拟器的首次测试并不满意。正如罗奇所说，他们的反馈只能算是“礼貌”。早期采用的算法不太稳定，偶尔会导致受试者眩晕，同时虚拟帆船却并没有漂浮起来。“很难向那些希望看到模拟帆船漂浮起来的人解释这个事情，”罗奇说，“他们似乎从眩晕中看出了模拟器的潜力，至少从未让我停下这项工作。”

2015 年 10 月 6 日，路虎本·安斯利帆船队推出了第二代比赛帆船 T2。安斯利在模拟器上驾驶 T2 帆船已经有好几个月了。在进行完水上测试之后，他告诉罗奇，驾驶真实帆船的感觉和驾驶模拟器一样。“其实我并不太想听到安斯利这么说，”罗奇说，“因为 T2 非常不稳定。”

安斯利身材苗条、皮肤黝黑、举止优雅。见过他本人的人都说他和蔼可亲，甚至有些内向。朋友们说他彬彬有礼，是个绅士，甚至能记住一个 10 年没见的人的名字。然而，对于他在帆船上的行为举止，人们却有完全不同的说法。

当然，所有的帆船运动员都有自己的特点。保罗·坎贝尔－琼斯喜欢抢先上船，并确保一切设置都如他所愿：每个绳结都系得恰到好处，每一根绳子的张弛程度都刚刚好。“其他小伙子都嘲笑我，觉得我上船的时候太紧张了。我只想把事情做好。”他说。路虎本·安斯利帆船队的瞭望手戴维·“弗雷迪”·卡尔（David“Freddie”Carr）喜欢把一块木板带上船，比赛前摸一摸，他说：“我非常迷信。我觉得船上应该有木头。”缭手尼克·赫顿（Nick Hutton）倒没什么特殊的习惯，他说：“我来自德文郡（Devon），跟大家很合得来。”

至于安斯利在踏上帆船时所发生的一切，与其说是一种特质，不如说是一种蜕变。他的神情变得异常专注，工作人员称那是终结者的脸。坎贝尔－琼斯说，安斯利一上船，严肃的开关就会被立刻打开：“即使是日常训练，我们在水里也毫无休息与娱乐可言。”

“当本处理完管理工作及各种杂事后，我们会看到他的转变，”卡尔补充道，“真的令人印象深刻。”赫顿也表示同意：“我们大家都见过，尤其是我，因为我在船上的时候需要面朝前方。”在接到邀请加入路虎本·安斯利帆船队时，所有的帆船运动员都非常清楚安斯利的行事风格，知道他惯用大胆好斗的比赛战术，而且拥有毫不妥协的体育精神。他们还知道，在比赛期间，安斯利就是六亲不认的冷面帆船手，如果摄像船只不小心挡住了他的路线，他就会火冒三丈地跳上去，斥责摄像师。在 2011 年的世界锦标赛上，安斯利真的这样做过，也因此被取消了比赛资格。

“在最初的几个月里，大家全力以赴，”赫顿回忆说，“后来我了解到，协助大家努力拼搏是他如此优秀的原因之一。他能让每个人都实现一些突破。”简而言之，他们明白安斯利是那种可以一起扬帆远航的船长。

当然，持续的专注力和不断突破自己的能力只是驾驶帆船的先决条件，所有帆船运动员都觉得驾驶这种帆船跟驾驶飞机一样，更何况这艘帆船既没有配备电子辅助导航系统，动力状态也不稳定。例如，帆船在出水时会随着上升力在平衡点附近的徘徊而不停地上下浮动。安斯利需要利用双按钮开关来控制水翼的角度，从而精准地控制帆船的运动。遇上恶劣天气，以及波涛汹涌的海面，帆船会很容易失控，如果船尾板呈锐角，还有可能“一飞冲天”。

2015 年 6 月的一次训练中，由于船尾板是锐角，大家都被甩进了海里。站在船尾的安斯利被甩到了前面，在半空中挣扎了片刻，然后撞上了帆船的前横梁。“我们都知道，新船的速度快得让人发狂，”安斯利说，“大家的情绪很容易变得激动起来。这就像在高速状态下，驾驶着赛车转弯一样。”

2015 年 7 月 25 日，新一届美洲杯赛在朴次茅斯开赛。那天阳光明媚，索伦特（Solent）的风速为每小时 27.8 千米。这对所有首次参加美洲杯帆船比赛初赛的队伍都是有利条件。

在初赛中，所有帆船队伍都必须驾驶同类型的帆船，总冠军将在争夺最终胜负的决赛中先拿到两分。决赛将于两年后举行，地点定在百慕大群岛。路虎本·安斯利帆船队在主场观众面前出发了，却没能笑到最后。他们以第 3 名的成绩结束了第一段逆风赛程，落后于美国甲骨文帆船队。在进入第一个顺风段时，他们有两种战术可以选择，主要取决于策略师贾尔斯·斯科特（Giles Scott）对强力海风的探测：是近岸风还是离岸风。“风向通常都不会很稳定，时而向前，时而向后，”斯科特解释说，“我们得观察水面的明暗变化。这些迹象预示着几分钟后的海风变化，有点像黑魔法。”

他们无法做出精准的判断，因为决定就在分秒之间。斯科特让运动员朝岸边行驶，结果安斯利却发现自己的帆船落在了大部队后面。“这支队伍非常善于在逆境中挖掘机会，”路虎本·安斯利帆船队的教练罗布·威尔逊（Rob Wilson）说，“他们会在受到压迫时做出更努力的反击。”在顺风赛程的第 6 回合比赛中，路虎本·安斯利帆船队获得了第 1 名，领先新西兰队 351 米。有一刻，安斯利的帆船突然冲出了水面，速度提升到了每小时 44 千米。现在，他们的领先地位已无法撼动。“其实我们觉得自己发挥得并不好，”缭手尼克·赫顿说，“只不过比别人更懂得坚持罢了。”

在初赛中，陆虎本·安斯利帆船队从毫无经验的新手队伍摇身变为最强战队，驾驶技术着实令人称道。2016 年 7 月 23 日，他们回到朴次茅斯参加第 7 场比赛。此时，他们的积分排名仅落后于新西兰队。“在决赛中，我们顺风追赶，”戴维·“弗雷迪”·卡尔回忆说，“如果能保持住这个位置，就能荣登榜首。”

新西兰队改变了帆向。这是一项很困难的技术操作：在操纵帆船的同时改变方向。路虎本·安斯利帆船队与他们旗鼓相当。“其他帆船都乱了套。

在我们团队中有句名言：不需要在比赛中超常发挥，只需要达到训练的最高水平即可。这就是为什么我们要在船上花费这么多时间，因为这些技术操作真的很难正确掌握。”

在一切顺利时，内部通信系统中几乎没人说话，只有舵手和战术指挥偶尔会做些沟通，其他成员只需协调一致，共同向前。“驾驶帆船就像编排舞蹈，”马丁·怀特马什说，“舵手负责掌控方向，船头的人负责控制节奏。试想一下，如果在开车的时候，操纵方向盘的是一个人，而控制油门的又是另一个人，是不是会很奇怪。别的系统又由其他成员来控制，所有系统都需要在每小时 80 千米的飞行速度下，在正确的时间被启动。由 6 个大脑组成的神经网络负责勘测海风、检查帆船性能，以及决定行驶方向。”

在出现问题时，大家会提高声音，会因为不顺而变得狂躁，心烦意乱。2016 年 9 月 10 日，朴次茅斯比赛之后紧接着是土伦（Toulon）比赛。策略师贾尔斯·斯科特在赢得奥运金牌后重返赛场。“那场比赛简直就是一场灾难，”安斯利回忆道，“我在等他做出决定，他也在等我做出决定，结果最后谁也没有做出决定。”安斯利问斯科特，在不会撞到附近任何船只的情况下，能否掉转船头。“我们最后径直撞上了新西兰队，”缭手保罗·坎贝尔 - 琼斯笑着说，“贾尔斯驾驶小型帆船的时间太长了，所以误以为双体帆船也能被塞进当时的那个缝隙里。”

随后，队伍迎来了高光时刻，大家化腐朽为神奇，夺得了比赛胜利。这件事发生在2016年，在日本福冈举行的阶段比赛的倒数第二场比赛中。

只要落后不超过一个船位，路虎本·安斯利船队就能击败新西兰队夺冠。然而，在进入最后一段顺风赛程时，他们落在了新西兰队的后面。那天海风很小，船速只有每小时几千米，每次改变方向都很费力。“本临时打了个战术电话申请转变航向，然后再次转向，”坎贝尔－琼斯说，“这样做的风险很大。但在第二次转变航向时，我们意识到了一些事。帆船的速度变快了，我们以其他队伍速度的两倍实现了反超，最终飞快地穿过了终点。”

“所有帆船都停了下来，”坎贝尔－琼斯回忆说，“我们在外面拍摄。”路虎本·安斯利船队在仅剩最后一场比赛时，赢得了美洲杯帆船赛的冠军。大家开始庆祝，但几分钟后，安斯利打断了他们：“好了，大家重新集中精力吧，我们如何才能赢得下一场比赛呢？”

“我给这艘船取名为丽塔。愿上帝保佑她，以及与她一同航行的人。”本·安斯利的妻子，电视节目主持人乔吉·安斯利（Georgie Ainslie）一边说，一边拔开瓶盖开关，摇动尼丁博（Nyetimer）起泡酒，喷向船头。

2017 年 2 月 6 日，百慕大皇家海军造船厂上方的天空是铅灰色的。连续两次，酒瓶都没有喷出酒，但大家很快就用锤子解决了这个问题。帆船运动员、记者和当地政要齐齐鼓掌喝彩。

然后，帆船被起重机慢慢地吊起来，发出了巨大的声音，美洲杯总决赛将从这里开始。从 T1（甲骨文公司捐赠给安斯利的船）、T2（工程经理理查德·霍普柯克说它过于耀眼，一开始并不可靠）到 T3（被帆船队称为训练船），丽塔是产品开发线上的第 4 艘帆船。“在美洲杯的资格赛上，所有船队都必须使用相同的装备，而我们队赢了。这表明我们是最好的帆船队，”霍普柯克说，“现在我们的工作是，给本和他的团队制造一艘跟对手帆船一样快的船。”

丽塔长 15 米，翼帆高 23.5 米，比世界系列大赛中的 AC45Fs 帆船更大、更快，而且操作方式也不同。这意味着美洲杯帆船赛将不仅是帆船比赛了，更是技术、力量和耐力的较量。用来控制船帆和水翼的绳索与绞盘消失了，取而代之的是一个由 130 米长的管道所组成的液压系统，动力则来自固定在双体帆船空心船壳基座上的曲柄。

“有了这些新船，我们就不用再移动绳索而要移动液压机液体了。”前英国空军特别部队成员、路虎本・安斯利船队的力量与体能教练本・威廉斯（Ben Williams）解释说。换而言之，以前的每一次操纵都需要由绞盘手人为制造液压动力，帆手则必须不断地转动曲柄，所以他们的身体自然是越强壮越好。缭手保罗・坎贝尔 – 琼斯解释说：“我在圣诞节期间瘦了 4 千克。本的体重不到 80 千克，与他 18 岁时的体重差不多。因为总重量是有限制的，我每减掉 4 千克，绞盘手就能多长 1 千克肌肉。”

身体状态方面的竞争意味着每一个决定都要付出额外的代价。“我们想进行一个操作，但有可能做不到，因为大家实在没有力气了。”安斯利说。对于绞盘来言，最高效的姿势就是双膝着地。绞盘手想要站起来的话，说明他们已筋疲力尽。安斯利知道大家都在全力以赴，他说：“这将决定我们是否要采取行动。我要是把帆船驶向了错误的方向，不仅会浪费体力，还会影响士气。这真的是体能上的比拼。”

2017 年 5 月 26 日是路易威登挑战者杯（Louis Vuitton Challenger's Trophy）的开幕日，也是 2017 年美洲杯帆船赛的资格赛，还没有帆船在格雷特海域出现。风速大于 30 节，超出了安全范围，比赛被迫推迟一天。在 5 月 27 日至 6 月 3 日期间，参赛队伍将进行两轮角逐，然后是半决赛和决赛，决赛的获胜者将捧得路易威登挑战者奖杯。美洲杯总决赛定于 6 月 17 日至 26 日，其中一方为上届冠军美国甲骨文队。

人们普遍认为，英国队处于劣势。在热身赛中，丽塔明显落后于对手，而且会在微风直线航行情况下摇晃不定。虽然在所有队伍都使用同类帆船的前提下，路虎本・安斯利帆船队证明了自己是初赛中的最佳战队，但在美洲杯的科技竞赛中，年轻的英国队还无法跟经验丰富的老队伍抗衡。

新西兰队就是一个很好的例子。据路虎本・安斯利帆船队的首席技术官安迪・克劳顿（Andy Claughton）说：“新西兰队在 2010 年成功地征服了双体帆船，将再次提出完全不同的想法。他们势在必得，勇于尝试。他们会研发出一些奇怪的船，艳惊四座。”

新西兰队是最后一支抵达百慕大的队伍，这样做是为了远离竞争对手。在看到他们出现时，大家果然都很惊讶。他们选择了自行车系统来为帆船提供动力，而不是臂式绞盘。他们采用的水翼比其他帆船的水翼更长，形状更不规则，而且不是光滑的叶片。“他们一直都在追求更长、更不稳定的水翼，”工程师詹姆斯・罗奇说，“到了百慕大之后，我们才真正意识到去那里的必要性。事实上，模拟结果一直在说，不稳定的水翼速度更快，但我们却无法更进一步。要是能早点认识到这件事情，早点醒悟过来，那么我们就可以在模拟器数据的基础上做出更多迭代帆船。”

在资格赛期间，罗奇会在每天早上 6 点与队里的气象学家会面，以了解当天的天气情况，查看帆船在特定气候条件下的模拟性能评估。他们会根据这些信息来决定帆船的配置，并选择相应航行条件下的经过优化处理的水翼、方向舵和升降舵。在比赛期间，罗奇会坐在控制中心里，查看各种影像和数据流。

比赛一开始，路虎本・安斯利帆船队就凭借安斯利等人的自信，以压倒性优势击败了瑞典的阿尔忒弥斯帆船队。当天晚些时候，他们与日本软银队相遇。在列队驶向起点时，两队的帆船都在调整位置，由于软银队的帆过于靠近，路虎本・安斯利队的双体帆船开始向侧面打滑，继而船身浮出了水面，径直撞到了对手的帆船上，情况十分危急。虽然没有人受伤，但路虎本・安斯利帆船队的帆船被撞了个直径1.8米左右的洞。比赛结束后，他们将帆船驶回船坞，一靠岸，帆船就开始下沉，大家不得不开始舀水。

岸上工作人员彻夜未眠，试图及时将船修好，以便参加第二天的比赛。然而，没有人知道他们能不能做到。“昨晚离开的时候，我以为我们今天只有 20% 的出海机会。”

瞭望手戴维・“弗雷迪”・卡尔说：“我们都在 WhatsApp 聊天群中，大家互相激励着，加油打气的信息整晚未停。小伙子们喝着红牛，听着俗气的舞曲，充满能量和士气，最终让帆船得以重新出海。我从事帆船行业已经有 15 年了，从未没见过这种情况，船上破了那么大一个洞，结果第二天就能出海了。”

在资格赛期间，安斯利的大胆进攻战术帮助队伍在比赛中赢得了很好的出发位置，但队伍的表现却令人大跌眼镜。由于风速低于大约 6 节左右的规定下限，所以操纵帆船变得十分艰难。在对阵新西兰队的比赛中，机械故障影响了水翼控制；在对阵美国甲骨文队时，原本轻松领先，没想到船头突然下沉，弄坏了水翼。不过，在闯入半决赛后，全队上下都乐观起来了。

半决赛的对手取决于新西兰队的决定，因为新西兰队有积分优势。罗奇疯狂地在模拟器上测试着新型的硬件部件，至少每周 3 次，然后制造硬件、添加防水、加固硬件，最终安装到船上。帆船运动员会在比赛前 45 分钟对这些材料进行测试。罗奇说："他们每天都在驾驶不同的帆船，虽然速度越来越快，但他们必须不断去适应。"谈到队内的研发情况，他觉得队伍很有可能击败瑞典队或日本队，但很难开发出一艘能与新西兰队抗衡的帆船。当时，新西兰队拥有完美的操作技巧和导航方法。新西兰队选择了英国路虎本·安斯利帆船队。

在第一场比赛中，路虎本·安斯利帆船队原本轻松领先，然而在绕过第一道门时，翼帆却突然断裂。他们被迫退赛，立即返回基地安装新翼帆，但时间已经不够了，只得又退出了当天的第二场比赛。第三场比赛也未能取胜。在第四场比赛中，安斯利带着队员们朝着起始线进发，新西兰队被迫调转方向，突然的加速令船头下沉，新西兰队的船翻了。他们没能利用辅助船来校正主帆船，因此最终失利。

在输掉第五场比赛后，路虎本·安斯利队终于赢了一场。罗奇说："这表明，在当今时代，我们有能力与他们竞争，并把他们甩在身后。我们知道自己的速度还不够快，但我们离得够近，可以拖住他们。"路虎本·安斯利队在半决赛中 2：5 输给了新西兰队。新西兰队在随后的决赛中击败了阿尔忒弥斯队，在美洲杯比赛中，一举战胜了美国队，为 2013 年的失败一雪前耻。"就我们当时的研发速度来说，队伍可能还需要一周时间才能进入决赛。"罗奇认为，如果当时能更信任模拟器，或许就能在帆船研发方面取得更快的进展。下一届美洲杯，他们一定会这样。他说，下次他们一定要赢。

22

赢球的方式

2005 年 8 月 9 日，南安普顿足球俱乐部的分析师西蒙 · 威尔逊为球队做了赛前简报。南安普顿队在上个赛季从英超降级，现在即将迎来英国冠军联赛的首场客场作战，对阵的是卢顿镇足球俱乐部。战术简报时长约为 10 分钟：3 分钟讲球队战术，3 分钟讲对手，3 分钟讲定位球。然而，威尔逊却足足花了 20 分钟。一开始，他的笔记本电脑无法启动，然后彻底崩溃，浪费了好几分钟。他制作了非常复杂的幻灯片（他刚发现幻灯片的妙用），利用球场上奔跑的小点和对手的反应，制作了可以重现球队战术的动画鸟瞰图。他强调，在新联赛中，40% 的比赛是一球定胜负，在进球较多的比赛中，胜负往往取决于定位球。他又展示了一些带有移动小点的动画。几位助理教练提了一些相关问题。球队经理哈里 · 雷德克纳普开始不耐烦。“哈里喜欢靠直觉，不喜欢分析，”威尔逊说，“他担心分析师会给队员提供过多的信息。”

南安普顿队 2 : 3 输掉了比赛。在卢顿镇队凭借一记任意球将比分扳平之前，他们曾以 2 : 1 领先。比赛结束后，坐在大巴上，雷德克纳普转过身对威尔逊说：“我告诉你，下周，让你的电脑跟他们的电脑比试比试，看谁会赢？”威尔逊感到既伤心又尴尬。

西蒙·威尔逊是 2001 年加入专区公司的。当时，公司只有三个客户：德比郡足球俱乐部、曼联足球俱乐部和阿斯顿维拉足球俱乐部，但英超联赛对专区公司所研发的像素跟踪软件的需求激增。威尔逊是利物浦约翰摩尔斯大学科学与足球专业的首批学生之一。1998 年，托马斯·赖利设置了这个专业。后来，马尔文·迪金森和丹尼·诺西在专区公司面试了威尔逊，两人都对这位年轻的毕业生印象深刻，认为他非常符合要求：身材瘦长而结实，轻言细语，有半职业化的踢球经历。面试结束后，威尔逊飞往了芬兰，在芬兰超级联赛的 SJK 塞伊奈约基足球俱乐部内进行了为期三周的试用。随后，他收到了俱乐部的合约。一周后，他又收到了专区公司的工作邀请。威尔逊说："我认为，职业足球运动员的背景让我得以在职场上所向披靡。"他的工资是 18 000 英镑，比当时入职的其他人多 2000 英镑。威尔逊说："他们让我保密。我明智地选择了同意。"

威尔逊服务的第一家足球俱乐部是普雷斯顿足球俱乐部，当时的教练是戴维·莫耶斯（David Moyes）。普雷斯顿队在迪普戴尔球场（Deepdale）只有一个房间，队员们在那里吃饭、与经纪人会面，以及参加战术会议。房间的窗户没有窗帘，如果威尔逊想做幻灯片演示，那么就只能把毛巾挂到窗户上。

"那时候，比赛分析还没得到认可，所以第一批分析师需要遵从一些服务标准，"威尔逊说，"在那之前，俱乐部从不聘用任何分析师，如果找教练谈数据和体育运动科学，他们就会关机。另外，他们连宽带都没有。视频分析就是一个笑话。队员坐在昏暗的房间中，教练会把比赛录像快进到第 57 分钟、第 58 分钟，然后退回第 56 分钟。队员们在那里哈哈大笑，相互推搡。等到分析师出场，大家早已无心听下去了。后来，专区公司开发出了新的视频分析系统，可以直接定位到视频的任意时间段。这个功能立马让事情出现了转机，同时也改变了人们对分析的看法。"

2002 年，威尔逊被调到被大家看好的南安普顿队。上个赛季，他们取得了历史最好成绩：第 8 名。

然而两年后，他们从英超降级。作为一名充满创意的年轻分析师，威尔逊一直苦于无法发挥一己之长。“我太天真了！我不明白他们为什么不愿意去分析数据。”他说。但有些教练却深知视频分析的意义，例如威尔逊在南安普顿教练队伍中的盟友克莱夫・伍德沃德。作为英国橄榄球队的前任教练，他带领队伍赢得过橄榄球世界杯冠军。两年后，也就是 2005 年，伍德沃德拿到了一份一年期的合约，出任南安普顿队的运动表现总监。他的职责是为队伍带来一些创新的“关键的非必需”元素，也正是这些元素曾让他在橄榄球运动中大获成功。然而，在足球界，有些人将这些元素称为非必需品。

“克莱夫总在各个层面上对我发起挑战，”威尔逊说，“他会针对比赛的方方面面提问：为什么我们要花这么多时间去研究如何进球，而不是如何阻止对方进球？或者为什么守门员不需要参与带球训练？我会试着向他解释大家在做什么，但他还是一直问。通常到了最后，我发现他是正确的。”

伍德沃德和威尔逊拍摄了足球运动员的踢球动作，尝试从生物力学的角度去研究技术。然而，这些倡议要么没能产生多大影响力，要么被直接拒绝。

俱乐部教练哈里・雷德克纳普于年底前离开了俱乐部，伍德沃德在合同期满后也选择了离职，后来被任命为英国奥林匹克协会的顶尖运动员竞技总监。对于自己与伍德沃德的关系，雷德克纳普在其自传《持续管理》（*Always Managing*）中写道：“不是个性不和，而是文化冲突。克莱夫想探索足球运动的精髓，着眼于长远的未来。与此同时，我们还有周三、周六的比赛要打。他可能有好主意，但我们没有时间去实践。威尔逊比伍德沃德离开得早一些，他坚信有更好的俱乐部管理方法。”

“伍德沃德认为，无论是视频分析、统计数据，还是其他任何类型的数据，都是备战的基础。”威尔逊说，伍德沃德仍然保持着最大的影响力。“他教会我，我们不一定要一直墨守成规。”威尔逊非常清楚英超俱乐部的真实情况：被动、保守。当然，有一个例外，那就是博尔顿流浪者足球俱乐部。

博尔顿流浪者足球俱乐部是第一家聘请全职运动表现分析师的职业足球俱乐部。俱乐部从 2000 年开始使用专区公司的软件，是当时第一家订购该软件的非英超俱乐部。俱乐部教练是萨姆·阿勒代斯（Sam Allardyce），人称“大个子萨姆”。

在阿勒代斯第一次给拉姆·马尔瓦加纳姆打去电话时，专区公司的其他客户都是能支付得起高额费用的英超俱乐部。马尔瓦加纳姆告诉阿勒代斯，像博尔顿这样的低级别球队是买不起这项服务的。

“拉姆，买不买得起由我说了算，你只需要负责派人过来。”在阿勒代斯的坚持下，马尔瓦加纳姆派了一个顾问过去。待顾问回来之后，马尔瓦加纳姆问他演示结果如何。

“感觉很奇怪，拉姆，”分析师丹尼·诺西说，“我走过去，坐下来给萨姆做演示。萨姆刚洗完澡，腰上还围着毛巾。他坐在餐厅里，餐厅看起来像是黑暗时代的建筑。我给他做了演示，全程无视他裸露的身体。”

马尔瓦加纳姆给他们派去了一位极为优秀的分析师加文·弗雷格。博尔顿队成为第一支使用专区公司分析系统的低级别球队。那个赛季，他们在英国冠军联赛的决赛中以 3：0 击败了普雷斯顿队，晋级英超。

淘汰赛在周一举行。第二天，马尔瓦加纳姆接到了莫耶斯气呼呼的来电。“我听说萨姆在用你的系统？”莫耶斯问。马尔瓦加纳姆没有否认。莫耶斯要求看下演示。“莫耶斯，你没有钱。”马尔瓦加纳姆说。莫耶斯回答道：“我有没有钱你不用管，你叫人来就是了！”

在博尔顿，阿勒代斯组建了一支由廉价运动员组成的队伍，以及一支分析师队伍。他是首位聘请专区公司顾问到俱乐部做全职工作的球队经理。他聘请的顾问是一位优秀的分析师，名叫戴夫·法洛斯（Dave Fallows）。阿勒代斯还给他起了个绰号叫“金手指”。后来，在大多数英超球队只聘用一位运动表现分析师时，阿勒代斯已聘用了三位：加文·弗雷格、戴夫·法洛斯和埃德·萨利（Ed Sulley）。

他们共同创造出了一个被称为“神奇四侠”的模型，也就是决定成败的四项统计数据：一个赛季共有 38 场比赛，球队必须在至少 16 场比赛中阻止对方进球，从而避免降级；如果先进球，将有 70% 的概率获胜；约有 1/3 的进球是任意球破门，且内旋传中（球向球门弯曲）比外旋传中更容易破门；如果比对手更努力，秒速超过 5.5 米，那么不输球的概率为 80%。

阿勒代斯坚持让队员使用长传战术，以深入对方半场，但凡有队员没有遵循，他就会发疯，在他看来，进球的机会又减少了。此外，博尔顿队的运动表现分析师重新评估了分析师查尔斯·里普强调过的概念：机会最大位置，也就是球场上进球的主要区域。弗雷格等人研究了大量的界外球，计算出了足球的最大概率落点，发现机会最大位置不单单与界外球有关。在训练中，阿勒代斯会冲运动员大喊，希望他们在想要得分时朝机会最大位置进发。埃德·萨利说：“他的麦克风连接着球场周围的扬声器，这是为了让队员们都能听到他讲话。”

博尔顿队取得的成绩十分惊人。从 2003 年到 2007 年，他们每年都会跻身英超联赛前八，这样的表现仅次于联赛前四的球队。

2005 年，他们首次获得了欧洲联盟杯的参赛资格；2006 年，他们再次入围。第二年，萨姆·阿勒代斯离开了俱乐部。他一直对俱乐部老板不愿投资的事情耿耿于怀，于是辞了职，打算给目标更明确的球队效力，他所率领的后勤团队也被解散了。

“萨姆确实不擅长使用电脑，而且也不屑于伪装。他很聪明，没有自命不凡，而是将一群正确的人留在了身边，”专区公司的马尔文·迪金森说，“我记得，其他俱乐部的人起初很看不起他们，对他们所拥有的分析师数量不屑一顾，感觉像是在说‘他们在那里做什么呢’。我心想，‘你们一辈子都猜不到’。”

2006 年，威尔逊加入了曼城队，开始组建新的足球分析部门，博尔顿队就是他的好榜样。他聘用自己认识的顶尖分析师，挖走了加文·弗雷格和埃德·萨利。曼城队的情况非常特殊，辉煌岁月早已过去。在 1968 年，曼城队赢得了第一个联赛冠军，凭借的是最后一场比赛的胜利。然而，在 20 世纪 70 年代末和整个 80 年代，球队实力急剧下滑。1999 年，球队遭遇降级，只能踢第 2 梯队的比赛。2006 年，他们在英超排名中游，艰难求生。

刚到曼城队时，威尔逊发现自己在走一条老路。例如，分析师会花一周时间来观察对手，但直到比赛前几个小时才发表赛前分析，而比赛计划早就已经制订好了。“我们的情报起不了任何作用。运动员们只是点点头，然后转身去比赛，他们在场上的举动跟分析师的叮嘱毫无关系。”更糟糕的是，他们不会做赛后汇报。

“比赛之后，没有任何形式的分析，”威尔逊说，“球队经理和教练直接就翻篇了。这是俱乐部文化的一部分。他们不会问自己，比赛计划是否正确，执行程度是否良好。分析师们必须得改掉这种习惯，建立完整、连续的比赛分析体系，从场上情况到发生原因，再到应对措施。”

即使正值俱乐部动荡时期，威尔逊仍坚持建立新部门。曼城当时只是一个私人赞助的普通俱乐部，预算有限，管理不善，一直处于混乱状态。2007 年 5 月 15 日，俱乐部主教练斯图尔特·皮尔斯（Stuart Pearce）被解雇。就在同一天，泰国前总理他信·西那瓦（Thaksin Shinawatra）和一位富商受邀参观了曼彻斯特城市体育场。当年 6 月，富商出价 8160 万英镑收购了曼城足球俱乐部，没过多久，又引进了俱乐部的第一位外国主教练斯文－约兰·艾利克森（Sven-Göran Eriksson），并签订了为期 3 年的合同。尽管艾利克森带领球队在英超赛场取得了不俗的战绩，但他还是在 10 个月后离开了俱乐部，马克·休斯（Mark Hughes）取代了他的位置。两个月后，西那瓦在泰国被控欺诈和腐败，8 亿英镑资产也被冻结。

2008 年 9 月，曼城队被泰国阿布扎比酋长国王室成员谢赫·曼苏尔（Sheikh Mansour）私人名下的股份公司阿布扎比发展与投资联合集团收购。同一天，巴西球星罗比尼奥以 3250 万英镑的转会费，重磅加入曼城队，并创下俱乐部转会费的新纪录。在结束了与前东家皇家马德里队的长谈后，大家都以为罗比尼奥会加入切尔西队。

罗比尼奥在新闻发布会上说：“最后一天，切尔西给出了一个很好的提议，我接受了。”然后他更正道：“是曼城，对不起！”球王贝利一度宣称，这位 24 岁的足球运动员将是他的继任者，而此时，他斥责罗比尼奥加入了一家没有野心的暴发户足球俱乐部。“这孩子需要忠告。”他说。

2009 年 12 月，罗伯托·曼奇尼（Roberto Mancini）加盟曼城队，这是俱乐部 3 年来的第 3 位主教练。“每来一位新主教练，我们就得从零开始一次，与他在工作中逐步建立信任。”威尔逊说道。与此同时，威尔逊被提升到了高级战略岗位，手下有 5 个部门，这 5 个部门共同组成了他们口中的“足球之家”。“足球之家”主要基于以下 5 个方面：球探和招募、运动员关怀、教练和发展、医学和体育运动科学以及运动表现分析。每个部门都有独立的部门主管。足球之家由全职员工组成，服务于球队，但独立于球队主教练。“在足球运动中，主教练的平均任期为 18 个月，也就是说，每隔 18 个月就会换一位主教练，然后一些支持者也会随之离开，”威尔逊说，“所有信息、经验、教训、知识产权都会随之离开。”

新的架构令球队逐渐稳定并壮大了起来，威尔逊得到了更多的资源和时间。

加文·弗雷格在担任运动表现分析部门负责人时进行了一项宏大的项目：分析欧洲所有球队的每一粒进球。他们打电话给数据供应商要来了进球的视频脚本，然后手动重命名每个视频文件，新的文件名包括主队、客队、进球队员和助攻队员的信息。“最终，文件名都很长，但这是在电脑上检索出这些文件的唯一方法。”威尔逊说。

威尔逊回忆起一个特殊的时期，曼城队曾连续在 22 场比赛中错失角球得分的机会，因此球队决定对 400 多个得分角球进行分析。他们注意到，约有 75% 的进球来自内旋角球，所以在后来的训练中，运动员都在练习这类角球。“在接下来的赛季中，前 12 场比赛，我们利用角球机会进了 9 个球，”威尔逊说，“一支球队通常会有 6 名教练，他们拥有不同的经历，因此会提出不同的观点，但我们的客观证据足以证明我们倡导的模式才是正确的。”

他们还将自己与英国其他顶级俱乐部和欧洲顶级俱乐部进行了比较，并发现有些趋势变得愈加清晰起来：最好的球队总能掌握球场最后 1/3 区域内的控球权；70% 的控球发生在球场后 1/3 区域内；顶级球队的传球成功率很高，尤其是前锋的传球。符合这一标准的运动员，譬如巴西巨星罗比尼奥，成了曼城队的目标。

即使罗比尼奥有可能成为力挽狂澜的定海神针，但球队本身的问题依然存在。被很多人称为全球最富有的俱乐部，但他们还是很难招募到世界上的顶级足球运动员，或者说世界上最富有的足球运动员。他们依旧无法与巴黎圣日耳曼足球俱乐部这样的强者竞争，后者不仅拥有腰缠万贯的大老板，还拥有声名显赫的足球历史，他们的邻居曼联足球俱乐部就更不用说了。

威尔逊组建了一支 20 人的球探队伍。他们将针对每位运动员进行 5 到 10 场比赛的记录和分析。报告通常长达 150 页，具体到日常面貌、如何应对紧张的日程、国际赛事后恢复状态、如何应对心情不好的裁判，以及需要关注的场外行为。被分析过的足球运动员里，甚至包括意大利前锋马里奥・巴洛特利（Mario Balotelli）。

威尔逊还创建了一个运动员关怀团队，以便积极地进行管理。团队不仅要处理问题，还要保证外籍运动员的顺利融入。例如，他们发现，来自皇家马德里队的阿根廷前锋塞尔吉奥·阿奎罗（Sergio Agüero）不太会说英语，于是就把他的卫星导航系统改成了西班牙语，给他绘制了一份美食地图，地图涵盖了曼彻斯特所有不错的西班牙酒吧和餐馆，还帮他找了一个西班牙家居风格的房子。运动员关怀团队会帮运动员们处理所有相关的事情：航班、孩子的学校、交通等。他们也会将相关情况反馈给威尔逊：运动员的心理状态，子女在学校是否表现良好，是否频繁参加聚会，等等。

2006 年，俱乐部支出的转会费仅为 200 万英镑，而现在却已经能支付天价转会费了：2008 年 1.28 亿英镑，2009 年 1.25 亿英镑，2010 年 1.55 亿英镑，2011 年 7600 万英镑。在 2011—2012 赛季，曼城队的运动员名单堪称豪华，包括卡洛斯·特维斯（Carlos Tevez）和大卫·席尔瓦（David Silva）。确保这些天才运动员调整良好、准备充足，是威尔逊的责任。每一场比赛后，分析师们都会编写详尽的团队表现报告，包括防线打穿次数（橄榄球术语，即通过传球打穿对方防线）等，并分析团队进球或失球后 20 秒内所发生的一切。

当年赛季，曼城队队长文森特·孔帕尼（Vincent Kompany）会与后卫、运动表现分析师坐下来，研究球队的表现。

“他们会观看视频和统计数据，然后问问题，”威尔逊说道，“压力有效吗？他们有多少错误？失球后 10 秒钟内会发生什么？他们会在分析的基础上为比赛设计防守策略。无法利用优秀的分析师影响运动员的行为，就意味着无法利用数据赢得比赛。”

2011 年 10 月 23 日，曼城队在老特拉福德球场迎战上届联赛冠军曼联队。在比赛前夜，巴洛特利邀请朋友到家里做客。然而在派对期间，有人玩起了火，并导致浴室着火。运动员关怀团队立刻就介入了，将巴洛特利安置到了一家酒店。

第二天，巴洛特利戴罪立功。在第 12 分钟时，曼城队的左后卫詹姆斯·米尔纳（James Milner）从左路突破，在禁区边缘一记低传，将球传给了巴洛特利。巴洛特利干净利落地一脚触球，将球踢入球门右下角。他掀起了自己的球衣，露出了写着“为什么总是我”的 T 恤，然后吃了一张黄牌。

曼城队 6：1 大胜上届冠军，在积分榜上以 5 分优势领先于其他队伍。威尔逊回忆说，那场比赛十分反常。那场比赛的数据和与斯旺西队 1：1 踢平的那场比赛的数据大同小异。赛后，曼城队的更衣室内一片寂静。球队主教练罗伯托·曼奇尼跟队员们说：“这点成绩不算什么，我们要静悄悄地走出更衣室。”他们刚刚战胜了上届冠军。没有沾沾自喜，没有庆祝。

威尔逊错过了在 2012 年 5 月 13 日举行的赛季最后一场比赛。当时，曼城队与曼联队积分相同，但曼城队净胜球优势更大。他们只需要打败女王公园巡游者队这支保级球队，或者比客场对阵桑德兰队的曼联队战绩更好，就能夺冠。

开场刚 20 分钟，韦恩·鲁尼（Wayne Rooney）就进球得分了，曼联队以两分的优势领先对手。

19 分钟后，巴勃罗·萨巴莱塔（Pablo Zabaleta）将曼城队比分改写为 1：0，伊蒂哈德球场（Etihad Stadium）上的球迷疯狂起来了。

“我本来该在现场，但航班延误了，所以只能在电视上看完了上半场比赛，”威尔逊回忆说，“我们 1：0 领先，所以我很有信心。”上半场结束，威尔逊登机了。

第 48 分钟，女王公园巡游者队扳平了比分，18 分钟后又进了一球。

曼联队领先 3 球，比赛仅剩下 24 分钟。

运动员们开始流露出将在最后一刻失去冠军的焦虑情绪：不安，急于求成，草率行事。

两分钟后将进入补时阶段，情绪低落的曼城队球迷开始流着泪离场。千钧一发之际，埃丁·哲科（Edin Džeko）扳平了比分。两分钟后，塞尔吉奥·阿奎罗在禁区边缘接到球，原本可以选择直接射门。但是根据“进球期望”统计数据显示，阿奎罗所在位置的进球概率仅为 12%。进球期望是一项基于射门位置所做的进球概率统计。阿奎罗绕过一名防守队员，来到禁区角落，在进球概率为 19% 的位置上，将球踢进了球门。

当威尔逊的飞机降落在盖特威克机场时，电视屏幕上正显示着有关曼城夺冠的新闻。他看到了阿奎罗进球的回放：看台上爆发出一阵如释重负的喊声，疯狂的罗伯托·曼奇尼冲向了球场。威尔逊错过了英超历史上最具戏剧性的一场决赛。这是曼城队成立 44 年来首次夺得联赛冠军。曼城队是这一年英超联赛中失球最少的球队，也是进球最多的球队，并凭借净胜球优势赢得了联赛冠军。

2011 年夏天，泰国前总理他信·西那瓦为曼城队选定的首席执行官加里·库克（Gary Cook）因涉嫌向一名运动员的母亲发送嘲讽邮件而引咎辞职。接替他的是于 2012 年 9 月上任的费伦·索里亚诺（Ferran Soriano）。索里亚诺曾在 2003 年至 2008 年期间担任巴塞罗那队的高管。他聘用了前西班牙国脚谢基·贝吉里斯坦（Txiki Begiristain），而贝吉里斯坦曾是巴塞罗那队的技术总监。2008 年，何塞普·瓜迪奥拉（Josep Guardiola）接替弗兰克·里杰卡尔德（Frank Rijkaard）担任巴塞罗那队的主教练，两人在执教期间都发挥出了重要的作用。在瓜迪奥拉的带领下，巴塞罗那队变成了一支劲旅，在 4 年时间里两次夺得联赛冠军。他们还开发了自己的踢球风格：极致攻守，以及漫无边界的控球方式，使对方无法控球。对于极致攻守而言，最伟大的一批践行者包括梅西、哈维·埃尔南德兹·克雷乌斯（Xavi Hernandez Creus）和安德雷斯·伊涅斯塔（Andres Iniesta）等职业运动员，他们都是巴塞罗那足球俱乐部青年学院培养出来的人才。

荷兰教练里努斯·米歇尔斯（Rinus Michels）在阿贾克斯青年学院中提出了全能足球（全攻全守）概念，极致攻守就是这个模式的升级版。对于米歇尔斯来说，足球比赛就是空间控制和位置变动。在 1974 年的世界杯赛场上，荷兰队的表现充分地诠释了全攻全守这一足球策略。荷兰队在光芒万丈的约翰·克鲁伊夫（Johan Cruyff）的带领下，跟随不断变化的比赛节奏，在控球时进行扩张（用足球术语来说，让球场变大），以打开传球线；在不控球时进行收缩，以给对手施加压力。进球是最重要的，守住球是最基本的。

米歇尔斯在带领荷兰队参加世界杯之前，在巴塞罗那队做了 3 年教练，全攻全守模式已植根于巴塞罗那队。但巩固球队地位的却是克鲁伊夫。克鲁伊夫在 1973 年至 1978 年期间效力于各家俱乐部，10 年后又重返俱乐部担任教练一职。他建议俱乐部复制阿贾克斯青年学院模式，也建立一个青年学院，以教授俱乐部独创的比赛模式。拉玛西亚青年学院的方针反映了克鲁伊夫对足球的理解：没有任何两种训练阶段是完全相同的，所有训练都与球有关，没有单纯的体能训练。典型的训练方法是抢圈：队员围成一个小圈相互传球，两名队员在中间拦截。这完全是巴塞罗那队的比赛模式：大量的传球、无限的控球、带球而不是追球。这就是欧洲足球“梦之队”所要表达的美学。1992 年，球队赢得了有史以来的第一座欧洲冠军联赛冠军。当时，球队里尽是足球艺术大师：罗马里奥、罗纳德·科曼（Ronald Koeman）和赫里斯托·斯托伊奇科夫（Hristo Stoichkov）、西班牙天才谢基·贝吉里斯坦，以及拉玛西亚青年学院的毕业生瓜迪奥拉。

费伦·索里亚诺和贝吉里斯坦想要在曼城队中重现巴塞罗那队的成就：打造一支欧冠球队，队员主要来自本土，且拥有独特的风格。

然而，究竟应该采用哪种风格呢？索里亚诺在来到球队一年后问威尔逊：“这里的足球理念是什么？”威尔逊回答说，他们正在开发一个项目。

他们的确在开发曼城队的独有风格。2009 年，威尔逊觉得需要重新审视青年学院。将排在第 14 位的俱乐部转变为欧洲冠军联赛的常客，这只是挑战之一。青年学院所培养的运动员只能在英超小俱乐部中踢球，从来没人参加过欧冠比赛。

一旦索里亚诺表示出兴趣，那么创建比赛模型就成了需要优先完成的事。为了帮助他进行项目协调，威尔逊派出了队里最资深的分析师佩德罗·马克斯。

两人的第一次见面是在 2007 年。当时，马克斯还是葡萄牙体育足球俱乐部的一位分析师，他冷不丁地给威尔逊打了个电话。专区公司曾向葡萄牙体育推销过服务，而马克斯却想保留自己的独立意见。俱乐部最终没有购买专区公司的技术产品，但威尔逊和马克斯却始终保持着联系。同年，受马克斯之邀，威尔逊来到了全球久负盛名的足球学校之一：体育青年学院。“我想他肯定会十分惊讶，我们虽然不能追踪数据，但仍然可以有条不紊地进行定性分析。”马克斯说。2010 年，他受邀加入了曼城日益壮大的分析师队伍。对于已经在葡萄牙体育工作了 6 年的马克斯来说，这是一个令他无法拒绝的邀请。

马克斯于 2010 年 7 月来到了曼彻斯特，很快便接到了分析对手的任务，他的部门领导是加文・弗雷格。

起初，马克斯努力地适应着新的文化，尤其是那种不同于以往的运动表现分析方法。在英国，分析的切入点通常是专区公司的大量报告，报告详细叙述了从工作效率到比赛冲刺情况的全部信息。

“我就是不会这样分析，内容太过详细：向前传球、冲刺次数。这些都无法让我对一场比赛形成一个定性的、行为上的思考。”马克斯说。

作为一名对手分析师，马克斯本可以只看对手球队的比赛，但他渴望尽量多了解英超联赛，所以花了一年的时间不分昼夜地在体育场里和电视上观看比赛。“我没有生活。”他回忆说。但马克斯仍对大多数英超运动员不甚熟悉。看到球队更换教练、球员受伤，马克斯不得不跑去问同事，这将会给球队造成什么影响。“有些球队比较容易预测，”马克斯说，“比如斯托克城队，大家都知道他们的门将会把球传给前面的高大运动员，然后等待第 2 个球。3 场比赛过后，人们就会知道，好吧，他应该不会转变这一模式了。”

一年之后，威尔逊邀请马克斯一起开展新项目。马克斯开始忙碌于了解曼彻斯特城青年学院的基本模式。

比赛模式概念在葡萄牙足球中根深蒂固。这是卡洛斯·奎罗兹在执掌国家青年队期间所创立的一种方法。多年来，奎罗兹遍历法国、意大利、荷兰、西班牙等国，参观了不同的青年学院和国家训练中心，为的就是寻找到适合葡萄牙足球的比赛模式。他希望找到一种与队员完全适配的比赛模式。他将足球模型概念转化为以比赛目标为通用原则的层级结构，这一结构适用于任何比赛的任何情况；子原则是有关特定时刻的行动规则。他从比赛中找出了 5 个时刻：进攻、防守、进攻转防守、防守转进攻、定位球。这些时刻并不是相互孤立的，而是流动的、相互依赖的、不断转换的。“持球情况下需要进攻和防守，无球情况下也需要进攻和防守。”奎罗兹说道。

对奎罗兹来说，比赛模式应该是不断变化的，以适应教练的理念、俱乐部的文化和队员的特点。比赛模式是俱乐部身份的象征，是俱乐部的指导原则，运动员由此作为一个集体团结一致。赢得比赛的方法有很多，比赛模式体现了得到公认的获胜方式，从而告诉团队应该如何进行训练。“我本来就知道比赛模式这种说法，但与马克斯的会面让我深受触动。”威尔逊说，“他了解得更深入。”

为曼城队制定比赛模式并不需要从头开始，只要找到与球队相匹配的风格即可。“我们过去常常谈论这件事，”威尔逊说，“我们闭上眼睛，回想曼联队或巴塞罗那队，立刻就能想到他们的足球风格。当然，这些风格都是在几十年的传承中被磨炼出来的。曼城队可不是一个新俱乐部。1880 年，一名牧师的女儿安娜·康奈尔（Anna Connell）为工人们修建了一个足球俱乐部，最初的名字是圣马克西戈登足球俱乐部（St Mark's

West Gordon FC），她想让男人们远离酒精和帮派斗殴。当然，这个俱乐部并没有什么荣耀。不过我们也有深厚的历史可以挖掘，挖掘历史更像是一个研究项目。”

曼彻斯特是工业革命的诞生地，因此，曼城队的足球风格必须体现出勤奋和创新的精神。“我们想要的是一个充满斗志和激情的俱乐部，能踢出漂亮的球，能让观众看完 90 分钟并保持兴奋，”威尔逊说，“我们的比赛理念必须反映出这一点。曼城队不能被动，不能长传，不能踢慢球，必须具有创造性。”

威尔逊给了他们 8 周的时间来完成初稿。

第一次会议是在 2013 年 3 月，在墨尔本阿提哈德体育场（Etihad Stadium）的更衣室内进行的。参加的人有学院经理、教练主管、体能训练主管、学院教练、一线队招聘主管，以及马克斯和威尔逊。

马克斯在大屏幕上播放了一张足球场示意图，上面有文字说明，具体如下：

- **构建和设置比赛的策略是什么？**
- **创造空间和打破的策略是什么？**
- **创造机会和完成任务的策略是什么？**
- **赢球后有什么反应？**
- **失球后有什么反应？**
- **应该如何保持比分？**
- **如何建立一个防御屏障？**
- **如何在前场进行防守？**

威尔逊知道，对于参会的教练来说，这些是新的足球语言，是不同的分析维度。“我和很多英国俱乐部的教练共事过，当时没有一个人接触过这种思考方式，”威尔逊说，“这里的教练培训体系太落伍了。我们被别人远远地甩在了后面，我们没有正确地理解比赛。”英国的教练通常会把进攻和防守理解为线性离散元素。例如，他们通常都不重视攻防转换。在西班牙和葡萄牙的球队里，攻防转换被认为是比赛中最关键的时刻，因为双方之间的平衡会被迅速打破并被利用。“在英国，我觉得大家只承认进攻和防守，而觉得攻防转换只是一种轮换方式，”马克斯说，“在我看来，攻防转换的时间虽然很短，却是比赛中最关键的时刻：既有可能打破平静，也有可能轻易地受到攻击。”

马克斯曾告诉威尔逊，足球运动是文化和社会的产物。英国偏爱组织和秩序，拉丁国家倾向于灵活和不可预测性。足球运动乱中有序，因此，找到正确的平衡点至关重要。

每周，马克斯和威尔逊都会与俱乐部的教练组见面，从学院教练到体育运动科学家，逐步制订比赛各阶段计划。针对各个阶段，他们会写下一系列能决定团队行为的层级原则，就像是在给比赛风格写算法。他们会先播放几段曼城队的比赛片段。威尔逊会问：“好了，说说你们的信念？这样做的主要原则是什么？”教练们会详细阐释自己的观点，马克斯和威尔逊则负责写下来。他们会讨论这些方法的优缺点，然后再播放榜样球队的比赛片段。

他们会将这些原则设计到日常训练中去。“比如，运用结果反推原理，我们可能设计出了大约 80 种不同的训练，”威尔逊说，“真的太多了，而且我们必须深入分析每种训练。”他们会反复实验，直到发现保有比赛复杂性的训练方式。“边训练边比赛。”马克斯说。

8 周之后，他们已经完成了曼城队比赛模式的初稿，他们称其为曼城足球俱乐部方法论。

球队得抓住控球权。进攻时，从后场进行组织，引诱对方进入自己防守的 1/3 区域内，以便在对方半场创造出更多的进攻空间和机会。

守门员的主要任务是守住球门，但也扮演了外场运动员的角色，与比赛的进程密切相关。

传球方式最好为短传，要控制好节奏，让对方移动，以创造进攻空间。快速传球可以让球队以整体形式在球场上移动。在失去控球权时，可以靠近对方队员，向其施加压力，夺回控球权，或阻止对手前进。

防守就是让球场变小。在前场施加更多的高位压迫，创造多人围抢的局面，目的是尽快夺回控球权。尽量把球踢高，这样能离直接进攻更近一步。

那时，威尔逊除了为曼城队工作，还在城市足球集团任职，负责监控一些足球俱乐部的比赛表现、队员表现和人才管理，其中包括纽约城足球俱乐部、墨尔本城足球俱乐部、横滨足球俱乐部，当然还有曼城足球俱乐部。“我把佩德罗当作整个团体足球知识的‘守护神’，请他把这些知识传播给其他俱乐部，”威尔逊说，“一旦开始分享和教学，我们就必须坐下来评估，这些知识是否在团队中得到了应用。”他们开发了一款互动应用软件，囊括了曼城足球俱乐部的主要原则和方法论，任何城市任何足球集团的任何成员都可以使用。“我们在巴塞罗那足球俱乐部写了 5 页纸，”谢基・贝吉里斯坦对他说，“而你却创造了一本百科全书！”曼城足球俱乐部里的任何一个人，在被问及俱乐部风格时都会背：

我们想控球；创造很多机会；进许多球；控球的时候，球场会被扩大；没有控球的时候，球场会被缩小；我们需要球。

当然，比赛风格不会一成不变，相反，它会持续改变的，因为风格是与教练共存，并适应教练风格的。

在教练罗伯托·曼奇尼的带领下，一线队伍的足球风格与曼城队的比赛模式就有所不同。2013年，曼努埃尔·佩莱格里尼（Manuel Pellegrini）接任教练。这位智利教练的风格与曼城队的足球风格非常契合，而且精通足球术语。

2016年，在瓜迪奥拉加盟后，教练的理念和俱乐部的发展方向达成了一致。毕竟，瓜迪奥拉之前所率领的巴塞罗那队是新曼城队的灵感来源。尽管如此，曼城队在瓜迪奥拉执教的第一个赛季，表现得并不稳定，因为队员还在消化他的理念。第二个赛季是历史性的。2017—2018赛季，曼城队不仅击败了对手，还打破了多项纪录：连续获胜次数纪录（18场）、单赛季进球纪录（108粒）、单赛季获胜次数纪录（32场）、净胜球纪录（+79）、单场传球纪录（904次）。

更重要的是，足球运动员们都在发光，充满活力，天赋过人，拥有无限的控球、频繁的传球、流畅的转换。专家认真地讨论了这样一个问题：瓜迪奥拉所带领的曼城队是不是英超历史上最好的球队？“在曼城队，大家不太确定，我能否以这种方式取胜，”瓜迪奥拉在接受采访时说，“别说他们了，连我自己心里都在打鼓。”

结　语

体育科技的力量

佛罗里达州立大学的瑞典心理学家K. 安德斯·艾利克森（K. Anders Ericsson）是运动表现分析领域内最著名的专家。30余年来，艾利克森一直在研究金字塔尖里的人才：音乐天才、体育明星、记忆冠军等。他将专业知识视为一个整体，用来发掘天才们在音乐艺术、国际象棋、体育运动和记忆方法等不同领域内的共同成功动力。艾利克森提出的最重要的理论是：专家是后天培养的，而非天生。多年的专注、努力、专业培训造就了顶尖人才。他们也曾经历过大起大落，是永不停歇的脚步让他们登上了职业生涯的巅峰。

2008年，马尔科姆·格拉德威尔（Malcolm Gladwell）在其著作《异类》（*Outliers*）中对艾利克森的理论进行了描述，这些理论得到了人们的广泛关注。格拉德威尔在书中强调了艾利克森的开创性研究。该研究是艾利克森与柏林艺术学院的小提琴家们合作完成的，旨在剖析音乐家打磨演奏技能的过程。经过广泛且深入的调查，艾利克森认为，平均来说，最优秀的小提琴家在 20 岁前要独自练习 1 万小时。更有趣的是，这一数字与不太优秀的小提琴手形成了鲜明的对比，这些人在 20 岁前的练习时间远低于优秀的小提琴家。艾利克森表示，专业水平受练习时间的直接影响，而与“天赋”无甚关联。总之，专家是后天培养出来的，并非天生。

基于这一发现，格拉德威尔创造了著名的“1 万小时定律”：完成 1 万小时的练习，就可以成为任意专业领域的大师。后来，艾利克森推翻了格拉德威尔的概括，强调了一个事实，即格拉德威尔没能分清普通练习与艾利克森所说的“刻意练习”之间的区别：刻意练习要求专注、有动机、有反馈，必须采用经过验证的有效技巧。刻意练习的过程通常会很痛苦，意味着要以以循序渐进、深思熟虑的方式向个人目标靠近。“刻意练习是黄金标准，”艾利克森在 2015 年出版的著作《刻意练习》（*Peak*）中写道，“所有想学习新技能的人都应该孜孜以求。”

几年前，基思·戴维斯和杜阿尔特·阿劳若发表了一项研究，他们分析了为什么巴西“盛产”全球顶级天才足球运动员。巴西这个南美国家曾 5 次获得世界杯冠军，是加林查、贝利、苏格拉底、罗马里奥、罗纳尔迪尼奥和内马尔等天才足球运动员的祖国。阿劳若和戴维斯注意到，在巴西，年轻人很少接受系统的足球训练，相反，他们踢的是野球。他们可以随时随地地踢野球：在街上、在海滩上、在泥泞的田野里；球通常是由袜子做成的，球门柱是用石头做的；比赛规则是大家自创的，3 个角球等于 1 个点球，最后一个运动员可以用手保护球门。

因为没有教练，孩子们可以即兴发挥，不用担心犯错挨骂。对于环境的限制，他们选择适应。随队在 1983 年和 1986 年两次赢得世界杯冠军的前锋苏格拉底以前就经常在果园里玩牛油果。在 1958 年和 1962 年两次获得世界杯冠军的边锋加林查拥有公认的史上最强带球过人技术，曾有报道说，他会选择在斜坡边缘踢球：不能让球掉下斜坡，这非常重要，因为他讨厌跑下去拿球。

街头足球在葡萄牙、西班牙和荷兰也很常见。葡萄牙教练何塞·穆里尼奥（José Mourinho）曾说，在英国，教练教孩子们如何赢球；在西班牙和葡萄牙，教练教孩子们如何享受踢球。荷兰教练里努斯·米歇尔斯认为，没有规则和教练的约束，在大街上踢球是最自然的学习状态。

戴维斯和阿劳若则认为，踢野球是一种充满约束的自然环境，这种约束能增强创造力和适应性。踢野球与刻意实践完全相反：无拘无束、规则混乱、欢乐即兴。2000 年，戴维斯发表了一篇论文，公开批评了艾利克森的刻意实践理论。“大家无视了我的观点，因为艾利克森的理论流传得太广了。”他说。

戴维斯十分反感那种鼓励无休止重复训练的理论。他认为，这样做的后果会很严重，尤其是它在鼓励孩子从很小时候起就专注于一项运动。最新研究表明，过早进行专业化训练会导致职业倦怠和重复性压力。

戴维斯在访问英国顶尖体育学术机构时，经常会发现一些“娇生惯养”的年轻运动员穿戴着专业装备在修剪整齐的足球场里踢球。工作人员为他们准备好了一切。他说：“我们浪费了在野外肆意玩耍的机会，跑来追逐刻意练习的好处。”戴维斯坚持认为，这就是为什么自 1996 年之后，英国队就再也没能出现在重大赛事的半决赛中。

英国队队长韦恩·鲁尼在 2014 年世界杯结束后表示，英国队需要更多的街头足球经验。在那一届世界杯上，英国队再次遭遇了小组未出线的奇耻大辱。“这么多年来，我们见证了很多伟大的球队，有国际球队，也有俱乐部球队，他们都有非正规训练的经验。”鲁尼说。同年12月，英国足球协会精英发展主管丹・阿什沃思（Dan Ashworth）发表了一份名为《英国基因》（*England DNA*）的声明，旨在加强英国所有球队的同一性。很明显，英国队此举是在效仿其他国家的成功模式：2010年世界杯冠军西班牙队曾于1995年推出过相关计划，2014年世界杯冠军德国队曾在2000年出台了相关计划。当然，英国队的比赛风格依旧会秉承英国传统。

英国队的传统基因是以约束为基础的教练指导原则。官方文件详细地介绍了新的原则，重点是“开发新的训练方法，培养运动员的决策能力”，“提升练习与比赛的相似程度”，目标是“在比赛过程中，足球的滚动时间不少于70%”。不同阶段的比赛原则各不相同：控球、失球和传球，强调“智能控球”“尽快再次得球”“门将不再被看作外场运动员”。显然，大家想要提升英国足球运动的现代化程度，校正从前的训练方法：长传、直接踢球、单纯提升体能等查尔斯・休斯在《足球获胜公式》中所提及的方法。同时，他们还得忠实于独特的英式打法，尽量避免节奏过快或猛冲猛跑。“我们正在慢慢达成共识，绝不会信口开河地说，‘啊，我们这样踢吧’。我们考虑到了国家队原有的优势。”阿什沃思说。

戴维斯认为2017年是英国青年足球队的奇迹之年，这是新训练方法的直接结果。他们进入了欧洲足球赛21岁以下组的半决赛，并荣获20岁以下组的世界冠军、19岁以下组的欧洲冠军以及17岁以下组的世界冠军。

曼城队是为这些获胜球队贡献运动员最多的俱乐部。在 17 岁以下组的决赛中，英国队 5：2 大胜西班牙队。在比赛中，菲尔・福登（Phil Foden）打入了两球，成为最佳运动员。

当年晚些时候，曼城队于 12 月 6 日对阵顿涅茨克矿工队，福登又成为英国参加欧冠比赛最年轻的运动员。出人意料的是瓜迪奥拉竟让这名中场运动员打左后卫。

瓜迪奥拉之所以会注意到福登是由于谢基・贝吉里斯坦的推荐。“他看起来很瘦，不高也不壮，”瓜迪奥拉说，“但他是一个很特别的运动员。”

福登让他想起了那名被约翰・克鲁伊夫发掘的巴塞罗那队前队员。荷兰裔教练克鲁伊夫在拉玛西亚看到了这个男孩，并对他卓越的能力和敏锐的才智印象深刻。他询问了男孩为何没被提拔到成年队的预备队，得知这位名叫何塞普・瓜迪奥拉的男孩身体有些虚弱。克鲁伊夫无视这些顾虑，给了男孩一个机会。瓜迪奥拉成功了：先是成为克鲁伊夫所在的巴塞罗那队的中场大师，后来又成为俱乐部主教练，继承了克鲁伊夫的衣钵。“我当时身材瘦弱。”他说。

克鲁伊夫曾说：“弱者必须发展特殊的才智，寻找弥补身体劣势的方法。”这种方法就是用身体学习，而不是用大脑学习。

2017 年 9 月的一天下午，斯塔福德・默里在位于伦敦西北部的米德尔塞克斯大学向公众发表了演讲。这次活动气氛轻松友好，他的博士导师带着敬意向大家介绍了他。毕竟，听众中的大多数分析师或早或晚都在他手下做过事。

里约奥运会结束三周之后，默里接到了新西兰体育部门的电话。他们邀请他担任创新经理一职，这个职位类似于斯科特·德拉韦尔之前在英国体育局的职位。那时，默里认为应对英国体育学院从一而终。然而，对方给出的方案极具诱惑力，于是，他飞往了奥克兰继续洽谈。抵达新西兰后，时差和长途劳顿令他疲惫不堪。他竟然在吃饭的时候睡着了。“对方问完问题我才发现，但已经错过了开头的 10 秒钟，”默里说，“老实说，我当时表现得实在是太蠢了。”

尽管如此，他还是对这个团队印象深刻，而且他的哥哥沃里克·默里已经在当地住了一段时间，这一点让他更加心动。他最终决定离开英国体育学院，那时，他已经是学院历史上任职时间最长的体育运动科学家了。2017 年 12 月，他参加了自己在英国体育学院的最后一次年会。英国体育学院的国内总负责人奈杰尔·沃克（Nigel Walker）的讲话感动了他。“我当时哭了，”默里说，“就像多愁善感的小花。”

在位于米德尔塞克斯的工作室中，默里踱过讲台，讲着蹩脚的笑话。他在展示自己以前的照片。“这是我在特伦特桥（Trent Bridge）板球场为南非板球队工作时的照片，那时，我们称自己为标记分析师。后来，我们变聪明了，胆子也大了，就开始叫自己运动表现分析师。”他简要地描述了当时所负责的项目：撑竿跳的自动跟踪系统；实时采集运动员数据的垂直偏心加载设备；实时进行动力学分析处理的全球定位系统，精确度可以毫米计，即速度全球定位系统。最后，他还分享了一些在新西兰的经历和当时的想法，比如：“他们都是‘了不起的混蛋’，他们自己也经常这么说。所以，如果他们称你为‘了不起的混蛋’，那说明你表现不错。如果他们只是叫你‘混蛋’，那说明你表现得不好。”

■■■

在被问及如何平衡民族自豪感与为他国效力的关系时，默里犹豫了。“感觉很奇怪，这是一个非常艰难的决定。我在这里工作了 20 年，参加过 5 届英联邦运动会和 4 届奥运会，”他停顿了一下，“但到了一定的阶段，我发现自己的工作不仅关乎国家，还关乎全人类。所以，我仍会全力以赴。”

在讨论运动分析领域的未来时，除了讲述先前一直在关注的项目，例如着重提高跟踪能力和处理能力，默里还列出了新的发展方向，例如神经形态计算和人工智能。他说，技术并非最终追求，人的因素和技术应用才是关键。即便拥有最先进的技术，但如果只是为了收集数据而收集数据，不用数据去影响运动员，或者劝服教练，那数据就没有任何意义。

演讲结束后，我们一起走了出去。默里穿着一件黑色的马球衫，上面绣着一棵银蕨，心情跟往常一样，十分开心。他跟我说，他在回英国期间写完了博士论文的一章，并为这项进行了十多年的研究感到担忧，因为进度实在是太慢了。“10 年啦，伙计，”他有些恼怒地说，“研究的道路上荆棘满布。”

默里的研究主题是干扰。2003 年，伊恩·弗兰克斯和蒂姆·麦加里（Tim McGarry）在壁球运动中首次发现了这一现象。麦加里曾经与迈克·休斯一同学习过。

在壁球场上，中心区域是最具战略意义的位置。那是球场中线与分隔场地后半部的中线相接的地方，俗称“T 区”，是应付各种来球的最佳位置。戴维·皮尔森要求队员每打一球都要回到 T 区。主导 T 区意味着控制比赛节奏，让对手一直处于后场角落并承受压力。

在追踪壁球运动员与 T 区的接触程度时，弗兰克斯和麦加里注意到，运动员们像是在编排舞蹈，协调着往返 T 区和击打壁球的动作：一人走向 T 区，另一人自然离开。

大多数时候，比赛双方都在往复运动，中间穿插着有节奏的击球。有时候，比赛节奏会被突然打乱。这种干扰有可能是一记精准的击球，让对方措手不及，无法应对；或者是击球失误，将己方置于不利地位。此时，一方将暂时占据上风，而对方则会失去控场机会，不得不在球场外围追逐壁球，无法回到安全的 T 区。通常，干扰会引发一连串的效应，最终以制胜球或者一方失误的形式结束一轮往复。

这一发现印证了壁球教练们一直以来的直觉：最重要的不是最后一击，而是击球的原因。虽然很难对干扰做出客观定义，但它其实还是很容易被发现的。弗兰克斯和麦加里在向教练们播放比赛录像时发现，大多数人都能独立找出“干扰时刻”，并与大家达成一致意见。“加拿大有位苏格兰电视评论员，无论比赛中发生了什么，他都会说‘哦，哦’，例如在球队进行攻防转换的时候。果然，没过多久，就有人得分，或是形成了有威胁的进攻，”弗兰克斯说，“我看了他评论过的所有比赛，他知道什么时候会发生什么事。”

干扰所体现的是隐藏在运动背后的动力学原理，可以帮助我们掌握运动背后的自然规则。“我们不能一直数动作，”休斯说，“我们需要对动作进行评估。”后来，休斯还在橄榄球运动和足球运动中发现了干扰。

干扰是原因，而非结果。它反映了比赛双方如何给对方施压，以及如何在压力下采取措施。“对壁球运动员尼克·马修来说，干扰是一记正手截击，杀伤力极强，”默里说，“彼得·尼科尔则完全不同，他会通过提前击球，或是其他一系列小干扰，一步步地给对方施压。”因此，干扰为分析师们提供了一种更精确、更可靠的分析工具，以显示运动员的个人特征。“是迈克尔·休斯先注意到，球队在跟不同对手比赛时，打法会发生变化。另外，输赢也会影响打法，”默里回忆说，“我们回顾了从前做的资料，心想，这些写得都不好，伙计。虽然不用全盘推翻，但必须改变为运动员建档的方式。”在2010年英联邦运动会期间，英国壁球运动员不仅了解了对手的基本资料，还学习了干扰分析。

在研究过程中，默里尝试着用精确的量化参数来定义各种干扰因素：生物力学、距离、速度、产生干扰的击球方式、造成或减轻干扰的因素。“我觉得我离运动的真相还很远，”默里若有所思地说，“我们一直在为研究工作做加法。这很有可能导致某一点上的爆发。过度分析可能导致分析麻痹，让人又回到原始的视频分析中去。我们不知道世界上最优秀的人是怎么做的，跟普通人有什么区别，拥有什么样的魔力。我们不知道他为什么能成为最优秀的那个人。”

致 谢

2012 年，我开始着手写这本书，当时的我对写作一无所知，非常感激一路以来给予我帮助和教导的人们。

衷心感谢我的经纪人帕特里克·沃尔什（Patrick Walsh），他阅读了最初的出版方案，对我说这些内容的确值得出版，并邀请我成为他的客户。他的决定改变了我的人生。没有他持续不断的鼓励、信任和奉献，就不会有这本书。

谢谢卡丽·普利特（Carrie Plitt）和约翰·阿什（John Ash）。感谢康维尔 & 沃尔什文学出版代理机构（Conville & Walsh）的杰克·史密斯－博赞基特（Jake Smith-Bosanquet）和亚历山大·科克伦（Alexander Cochran）。

有幸能在利特尔 & 布朗出版社（Little, Brown）

与一群杰出的专业人士共事。非常感谢佐伊·古伦（Zoe Gullen）细致且全面的编辑工作。她帮助我发现了许多风格上的不妥之处和事实上的错误之处。如果书中还有错误，那就都是我的问题了。同时也感谢玛丽·赫伦查克（Marie Hrynczak）、邓肯·施皮林（Duncan Spilling）和格雷丝·文森特（Grace Vincent）。最重要的是，特别感谢我的编辑理查德·贝斯威克（Richard Beswick），感谢他的耐心和作为编辑的洞察力。自第一次见面以来，他一直热情似火，全力支持着这个出版项目。

感谢《连线》杂志社的同仁，本书最初是以主题报道的形式出现在《连线》上的。特别感谢主编格雷格·威廉斯（Greg Williams）。如果没有他的鼓励和指导，我恐怕压根就不会写书，更不用说是与体育有关的书了。

本书的主要素材来源于自2012年伦敦奥运会以来，对运动员、教练和科学家所进行的近350次采访，他们毫不吝啬地分享了自己的故事和见解。除了书中所提到的人之外，其他没有被直接提及的人也同样很重要。在本书中，采访的内容都使用了现在时，引用的补充材料则使用了过去时。

受访对象慷慨地为本书留出了大量的时间，还常常答应接受再一次的电话采访、再一次的会议讨论，或者再多回答一个问题。任何时候遇到斯塔福德·默里，无论是在曼彻斯特还是在巴西的里约热内卢，他都会挤出时间来陪我。斯科特·德拉韦尔，从创作的第一天开始就一直是我的灵感来源，为我提供了很多新的思路，帮助我打开了视野。

非常感谢克里斯蒂安·库克、基思·戴维斯、马克·威廉斯、阿尔·史密斯（Al Smith）和杜阿尔特·阿劳若等科学家，他们以超越体育的方式改变了我的世界观。

感谢体育运动科学的先锋们分享各自的战斗史：迈克·休斯、伊恩·弗兰克斯、沃恩·兰开斯特-托马斯和弗兰克·桑德森，他们的故事给了我很大的启发。

感谢足球分析师和规则破坏者们：佩德罗·马克斯、西蒙·威尔逊、布莱克·伍斯特、巴里·麦克尼尔、奥马尔·乔杜里（Omar Chaudhuri）、拉姆·马尔瓦加纳姆、尼尔·拉姆塞、本·迪金森、马文·迪金森、丹尼·诺西、让-马克·乔治、巴里·麦克尼尔、保罗·博阿纳斯（Paul Boanas）、克里斯·安德森、埃德·萨利和佩德罗·桑帕约（Pedro Sampaio）。

能与彼得·尼科尔、尼克·马修、丽贝卡·罗梅罗、萨拉·斯托里、艾米·威廉斯、莉齐·亚诺尔德、克丽丝塔·卡伦、海伦·理查森-沃尔什、凯特·理查森-沃尔什、本·安斯利、保罗·坎贝尔-琼斯、戴维·“弗雷迪”·卡尔、贾尔斯·斯科特和尼克·赫顿等运动员进行交谈，我觉得十分荣幸。他们的故事很感人，也很有意义。

感谢与我分享竞争秘诀的教练们：克莱夫·伍德沃德、戴维·皮尔森、西蒙·琼斯、彼得·基恩、戴夫·布雷斯福德、丹·亨特、丹尼·霍尔克罗夫特和丹尼·凯里。

感谢队伍背后的勇士：安德烈娅·乌尔斯、曼迪·德比尔、迈克尔·休斯、克里斯·怀特、朱莉娅·韦尔斯、戴夫·雷丁、谢里耶·考尔德、马尔科·卡尔迪纳莱（Marco Cardinale）、奥利弗·洛根、娜奥米·斯滕豪斯（Naomi Stenhouse）、托尼·比斯孔贝、克里斯·贾维格里奥、威廉·福布斯、马克·贾维斯、本·罗森布拉特、戴维·汉密尔顿、皮特·林赛（Pete Lindsay）和迈克·卢斯莫尔（Mike Loosemore）。

感谢迈凯伦车队的杰夫·麦格拉斯、卡罗琳·哈格罗夫、迈克·菲利普斯（Mike Philips）、安迪·莱瑟姆、邓肯·布拉德利（Duncan Bradley）和凯莱布·扎瓦德（Caleb Sawade），谢谢他们把我带到了一级方程式的神秘世界。

感谢路虎本·安斯利帆船队的詹姆斯·罗奇、罗布·威尔逊、安迪·克劳顿（Andy Claughton）、马丁·怀特马什、理查德·霍普柯克、毛里齐奥·穆诺兹和萨拉·亚历山大（Sarah Alexander）。

同样感谢设计体育未来蓝图的工程师们：蕾切尔·布莱克本，斯蒂芬·特诺克（Stephe Turnock），维克托·贝尔贡佐利（Victor Bergonzoli），保罗·胡里翁（Paul Hurrion）和迪米特里·卡特萨尼斯（Dimitri Katsanis）。

感谢英国体育学院的马克·贾维斯和奈杰尔·沃克，以及没有出现在书中的拉克伦·彭福尔德（Lachlan Penfold）、安迪·沃尔什（Andy Walshe）、约翰·科茨（John Coates）和迈克尔·默策尼希（Michael Merzenich）。

非常感谢奥吕·菲格（Olly Figg）和凯瑟琳·赫斯特（Katherine Hirst），他们慷慨地拿出了很多时间阅读本书的初稿，并真诚地提出了意见。感谢阿比盖尔·比尔（Abigail Beall）和蕾欧娜·贾奇－麦科马克（Riona Judge-McCormack）的协助。

最后，感谢以下人士的支持、善意和不离不弃：杰克·克赖恩德勒（Jack Kreindler）、玛姬·克赖恩德勒（Marje Kreindler）、霍普·劳里（Hope Lawrie）、维多利亚·帕廷森（Victoria Pattinson）和我的父母。你们永远是我最忠实的团队。

未来，属于终身学习者

我这辈子遇到的聪明人（来自各行各业的聪明人）没有不每天阅读的——没有，一个都没有。巴菲特读书之多，我读书之多，可能会让你感到吃惊。孩子们都笑话我。他们觉得我是一本长了两条腿的书。

——查理·芒格

互联网改变了信息连接的方式；指数型技术在迅速颠覆着现有的商业世界；人工智能已经开始抢占人类的工作岗位……

未来，到底需要什么样的人才?

改变命运唯一的策略是你要变成终身学习者。未来世界将不再需要单一的技能型人才，而是需要具备完善的知识结构、极强逻辑思考力和高感知力的复合型人才。优秀的人往往通过阅读建立足够强大的抽象思维能力，获得异于众人的思考和整合能力。未来，将属于终身学习者！而阅读必定和终身学习形影不离。

很多人读书，追求的是干货，寻求的是立刻行之有效的解决方案。其实这是一种留在舒适区的阅读方法。在这个充满不确定性的年代，答案不会简单地出现在书里，因为生活根本就没有标准确切的答案，你也不能期望过去的经验能解决未来的问题。

湛庐阅读App：与最聪明的人共同进化

有人常常把成本支出的焦点放在书价上，把读完一本书当作阅读的终结。其实不然。

时间是读者付出的最大阅读成本
怎么读是读者面临的最大阅读障碍
“读书破万卷”不仅仅在“万”，更重要的是在“破”！

现在，我们构建了全新的“湛庐阅读”App。它将成为你“破万卷”的新居所。在这里：

- 不用考虑读什么，你可以便捷找到纸书、有声书和各种声音产品；
- 你可以学会怎么读，你将发现集泛读、通读、精读于一体的阅读解决方案；
- 你会与作者、译者、专家、推荐人和阅读教练相遇，他们是优质思想的发源地；
- 你会与优秀的读者和终身学习者为伍，他们对阅读和学习有着持久的热情和源源不绝的内驱力。

从单一到复合，从知道到精通，从理解到创造，湛庐希望建立一个“与最聪明的人共同进化”的社区，成为人类先进思想交汇的聚集地，与你共同迎接未来。

与此同时，我们希望能够重新定义你的学习场景，让你随时随地收获有内容、有价值的思想，通过阅读实现终身学习。这是我们的使命和价值。

湛庐阅读App玩转指南

湛庐阅读App结构图：

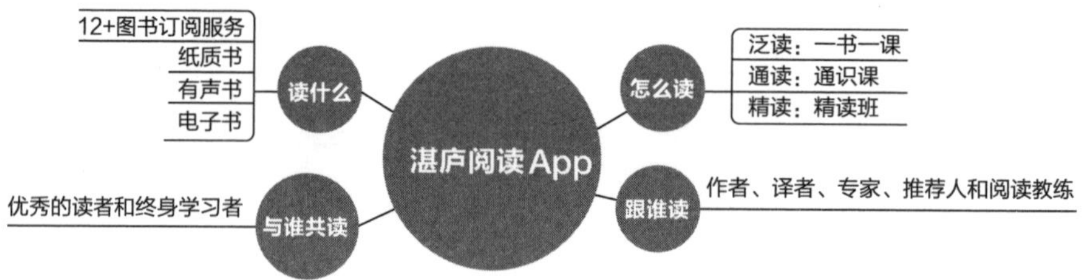

三步玩转湛庐阅读App：

App获取方式：

安卓用户前往各大应用市场、苹果用户前往App Store

直接下载“湛庐阅读”App，与最聪明的人共同进化！

使用App扫一扫功能，遇见书里书外更大的世界！

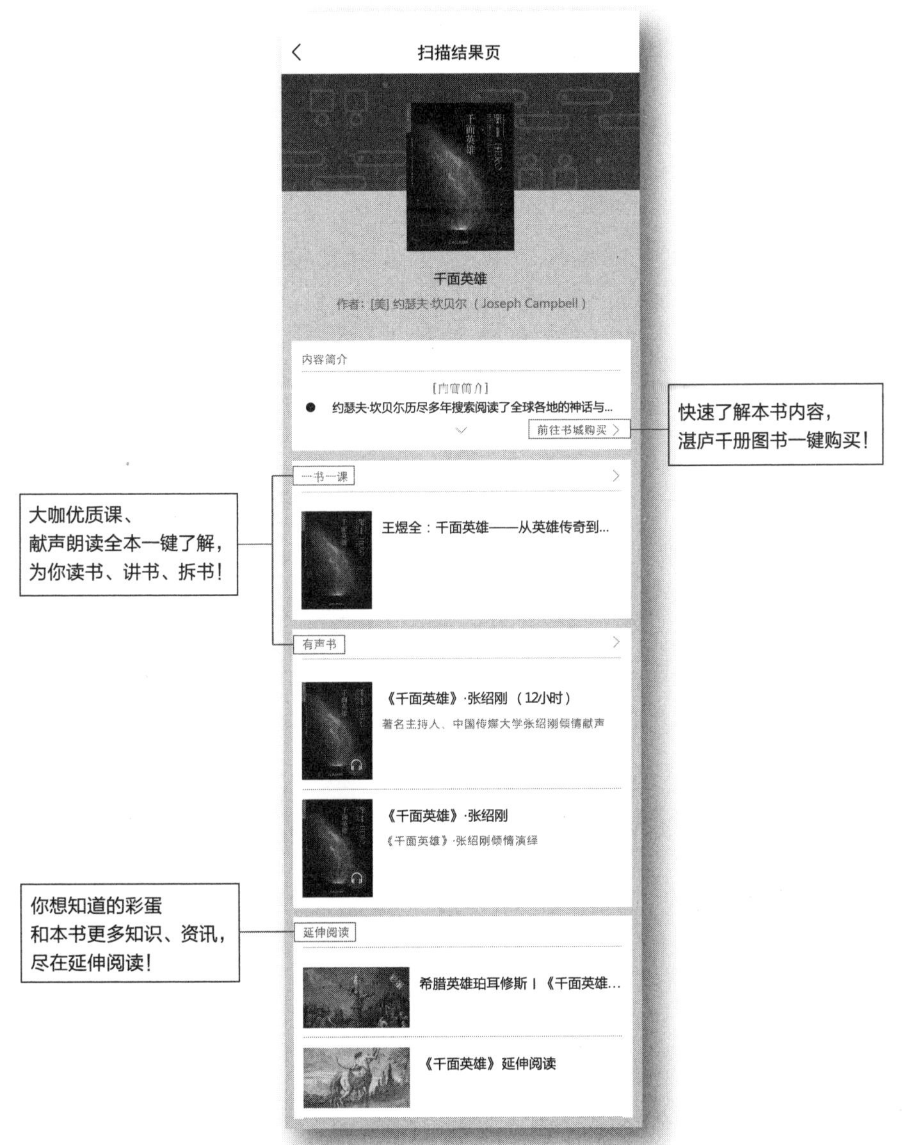

延伸阅读

《一万小时天才理论》

◎ 天才是天生的还是后天的？基因与环境哪个力量更强？天才拥有的细胞类型，我们其他人也拥有。一旦有人花费一万小时进行精深练习，任何人都可能获得技能！

◎ 熟练掌握技能的正确练习方法是什么？《一万小时天才理论》帮助你破解才能密码，为你诠释精深练习的三大秘诀！

《刷新 PB》

◎《刷新 PB》将告诉你，你可以跑得更快，可以快乐、高效地创造属于你的 PB，无论是跑 5K、10K、半马还是全马。作者霍尔·希格登是跑圈中非常有经验的专家，在《刷新 PB》中，他为各个阶段的跑者都提出了很棒的建议，速度耐力、间歇训练、法特莱克、节奏跑、动态柔韧练习……作者详细阐述了提高配速、建立耐力的完整计划，激励跑者实现自己的跑步目标。

◎ 对初跑者来说，《刷新 PB》提出的新的训练计划很容易实施；而经验丰富的跑者，可以从中发现新鲜的锻炼方式，既能提高速度又能使训练变得有趣。如果你有很长一段时间没有锻炼了，你会从书中发现如何恢复状态，同时避免受伤。

《比赛中的行为经济学》

◎ 夺冠主要靠防守吗？主场哨是怎么回事？5 次犯规的明星需要下场休息吗？防守真的比进攻重要吗？为什么超级碗冠军很难预测？《比赛中的行为经济学》将告诉你答案。

◎ 以 NBA 等国际著名体育赛事为例，向你讲述比赛中的运动员、教练、球队老板和球迷的行为背后的"秘密"。

《亚索赛事锦囊》

◎ 无论你选择哪种跑步赛事，没有人能比巴特·亚索更好地指导你的旅程了。在过去的 40 年里，亚索已经跑了 1200 多场比赛，跨越了七大洲。从地方性的迷你赛事到超级马拉松、铁人三项，他跑过了每一个你可以想象的距离。

◎ 在《亚索赛事锦囊》中，"亚索 800"发明者巴特·亚索分享了他的训练秘诀，提供了关于如何为各距离赛事准备的贴心建议，同时还分享了他参加过的 5 公里、10 公里、半马、全马、超马等经典赛事的经验、建议及靠谱攻略。此外，《亚索赛事锦囊》中还有给初跑者、跑步老手的针对性训练计划。

图书在版编目（CIP）数据

67枚奥运奖牌 / (英) 若昂・梅代罗斯著；孙焕君译. --北京：中国纺织出版社有限公司，2021.1
书名原文：Game Changers
ISBN 978-7-5180-8249-0

Ⅰ. ①6… Ⅱ. ①若… ②孙… Ⅲ. ①运动员—运动训练—研究—英国 Ⅳ. ①G815.615

中国版本图书馆CIP数据核字（2020）第238192号

责任编辑：闫　星　　责任校对：高　涵　　责任印制：储志伟

中国纺织出版社有限公司出版发行
地址：北京市朝阳区百子湾东里 A407 号楼　邮政编码：100124
销售电话：010—67004422　传真：010—87155801
http://www.c-textilep. com
中国纺织出版社天猫旗舰店
官方微博 http://weibo.com/2119887771
天津中印联印务有限公司印刷　各地新华书店经销
2021年1月第1版第1次印刷
开本：710 × 965　1/16　印张：23
字数：281千字　定价：89.90元

凡购本书，如有缺页、倒页、脱页，由本社图书营销中心调换